빅 워크

매일 쳐내는 일에서 벗어나 진짜 내 일을 완성하는 법

BIG WORK

# 빅 워크

매일 쳐내는 일에서 벗어나 진짜 내 일을 완성하는 법

# BIG WORK

찰리 길키 지음 | 김지혜 옮김

START FINISHING

위즈덤하우스

**일러두기: 《빅 워크》 사용법**

- 이 책에는 당신이 오랫동안 꿈꿔왔던 바로 그 일을 이루기 위한 무궁무진한 아이디어가 담겨 있습니다. 영감이 떠오르는 부분을 발견했다면, 펜을 들고 과감히 기록하세요. 어떤 메모도 좋습니다.
- 29쪽에는 이 책을 읽는 세 가지 방법에 대한 안내가 있습니다. 자신에게 맞는 방법으로 읽으시기를 권장합니다.
- 저자가 소개한 책 중 국내 번역돼 출간된 책은 국내 번역서 제목을, 국내 출간되지 않은 책은 한국어 번역 제목과 함께 영문 제목을 병기했습니다.

어머니,
당신의 삶보다 다른 이들의 삶을
더 성장하도록 이끌어주신 분.
그리고 아버지,
다른 시대 다른 공간이었더라면
당신의 업적으로 세상을 더 멋지게 빛내셨을 분.
두 분께 모든 영광을 드립니다.

모든 것은 일에 대한 것이다.
삶이 후반부에 접어들게 되면 당신의 행복과 자존감은
당신이 정복했던 산봉우리들과 빠져나온 골짜기들과
스스로를 위해 풀무질한 삶의 경력으로 결정될 것이다.

마야 안젤루Maya Angelou, 《구름이 감춰둔 무지개Rainbow in the Cloud》 중에서

# BIG WORK

# 1부 ▶ 빅 워크를 위한 책상 정리

# 01 지금이 바로 '그때'다

오늘 하는 일이 내일의 역사가 된다.
오늘 우리는 역사를 쓰는 중이다.

줄리엣 고든 로Juliette Gordon Low, 《국가를 위한 여성의 역할How Girls Can Help Their Country》 중에서

잠깐 시간을 내서 지난 2주간의 삶을 돌아보자. 당신은 자신에게 정말 중요한 것들에 대해 얼마나 많은 관심과 시간을 쏟아 집중했는가?

사람들의 대답은 솔직히 비슷비슷할 것이다. "그다지요."

당장 마쳐야 하는 급한 일, 책임감, 방해 요소, 피로감… 이런 것들이, 나만의 특색을 만들어내고 기쁨을 자아내는 진정한 아이디어들을 가로막고 있다. 바로 '그때'만을 기다리면서 말이다.

좀 더 시기적절할 때, 지금 당장 맡은 프로젝트가 끝났을 때, 경제적으로 더 여유가 생겼을 때, 아이들이 다 컸을 때, 좀 더 이해심 많은 상사를 만났을 때, 그러니까… 언젠가 그 어느 때.

문제는 '그때'가 결코 저절로 다가올 리 없다는 점이다.

이 책의 목적은, 그때를 향한 당신의 기약 없는 기다림을 끝내고, 지금 이 순간을 진짜 '빅 워크'를 위한 '끝내기를 시작해야' 하는 바로 그때로 만드는 것이다. 위 문장에서 당신에게 생소한 표현이 있을 것이다. '빅 워크'란 진짜 나를 성공으로 이끄는 가장 중요한 일을 말한다. 앞으로 빅 워크에 대해 거듭 이야기할 테니, 이 단어에 익숙해지길 바란다.

그리고 '시작하라'는 말 대신 '끝내기를 시작하라'고 한 이유는, 이미 당신이 상당히 많은 일들을 벌여놓았을 것이 확실하기 때문이다. 일을 저지르는 과정에서 마음속 혹은 디지털 어느 공간엔가 깊숙이 처박아둔 빛나는 아이디어들은 지금도 당신을 기다리고 있다. 당신이 그 아이디어들을 꺼내, 현실로 옮겨줄 바로 '그때'를 말이다.

여기서 뭔가를 또 시작하는 것은 이미 꽉 찬 서랍장에 더 욱여넣는 것이나 다름없다. 아이디어는 이미 충분하다.

## 가장 중요한 일을 놓치고 있다

나는 이제껏 못다 한 아이디어나 프로젝트가 없는 사람을 만난 적이 없다. 그렇기에 당신도 예외가 아닐 거라고 감히 주장할 수 있다. 심지어 이제껏 내가 만났고 함께 일하기도 했던 가장 성공한 전문가들마저도, 다들 아직 끝내지 못한 것들이 있다는 점을 자백하고 있다.

만약 당신이 가장 중요한 일을 놓치고 있다는 걸 모르고 있다면, 그 이유는 단 하나다. 바로 당장 코앞에 닥친 바쁜 일들을 처리하느라 정신이 팔려 정작 가장 중요한 일에는 집중하지 못하기 때문이다. 하지만 그 와중에도 당신 내면의 자아는 정말 중요한 일이 아직 해결되지 않은 채

남아 있다는 것을 알고 있다. 바로 그 자아가 온갖 소음과 환상, 흘러가 버리는 것들 너머의 세상으로 향하는 길을 본다.

안타깝게도 그 길은 실체가 없는 상상에 불과하다. 따라서 우리가 하려는 것은 '아이디어'가 아니다. 우리가 해내야 하는 것은 '프로젝트'다.

프로젝트는 시간과 노력, 그리고 완수하기까지 주의집중이 필요한 모든 것을 의미한다. 제한된 시간과 노력, 우리가 가진 집중력을 끌어 쓴다는 점에서 업무적 프로젝트와 개인적 프로젝트는 서로 다를 바 없다. 둘 사이에 차이가 있다면 공적인 것과 사적인 것 중에서 어떤 것에 더 우선순위를 두느냐에 따른 것이다. 보통 전자에 좀 더 비중을 두는 이유는 그것이 후자에 비해 생계유지 활동이나 사회적 지위, 정체성과 훨씬 더 직결되기 때문이다. 좀 더 자세히 살펴보자.

▶ 아이들이 개학하기 전에 챙겨야 할 목록을 확인하는 건 **프로젝트**다.
▶ 결혼(혹은 이혼)은 **프로젝트**다.
▶ 돼지우리 같은 옷장을 정리하는 건 **프로젝트**다.
▶ 새로운 직장을 구하는 건 **프로젝트**다.
▶ 교회에서 빵 굽기 봉사를 하는 건 **프로젝트**다.
▶ 새로 다이어트를 시작하는 건 **프로젝트**다.
▶ 자꾸 약속을 깨는 친구를 더 이상 두고 볼 수 없어서 새로운 드러머를 찾는 건 **프로젝트**다.
▶ 크든 작든 새로운 사업을 시작하는 건 **프로젝트**다.
▶ 다른 아파트나 주택으로 이사하는 건 **프로젝트**다.

이렇게 여러 사례들을 장황하게 배열한 이유는, 이러한 것들 역시 시간과 노력, 주의를 필요로 하는 엄연한 '프로젝트'임에도 불구하고 프로젝트로 간주되지 않는 경우가 허다하다는 점을 강조하기 위해서다. 너무 많은 사람이 별로 중요하지도 않은 일들로 하루하루를 다 채우면서도, 정작 자신에게 정말 중요한 일은 미완의 상태로 방치하고 있다.

우리의 영혼이 간절히 바라는 걸 이루기 위해서는 막연한 아이디어들을 실천 가능한 프로젝트로 바꿔야 한다. 동시에 현재 이미 진행 중인 프로젝트에 대해서도 진지하게 재접근할 필요가 있다. 이건 게으름이나 무능력의 문제가 아니다. 문제는 바로 우리를 성공으로 이끌어줄 일을 우리가 하지 않고 있다는 데 있다.

## 우리는 빅 워크를 할 때 성장한다

아리스토텔레스에서부터 달라이 라마에 이르기까지 모든 현인은 인간 행동의 목적이 '성장'이라고 주장해왔다. 언어나 문화적 맥락, 미묘한 뉘앙스 차이는 있을지언정, 큰 맥락에서 보면 의미는 같다.

그런데 '성장'에서 '인간 행동'으로 방점을 바꿔보면, 놀랍게도 통상적인 잠언이 담고 있는 중의적 의미를 하나 더 발견할 수 있다. 바로 우리가 '행동'을 통해 성장한다는 점이다. 더 간단히 말해, 우리는 뭔가를 하기 때문에 성공한다.

여기서 주의해야 할 점은 바로 성공으로 이어지는 특정한 종류의 행동이 있다는 점이다. 그렇지 않다면 우리가 너무 쉽게 굴복해버리고 마는, 무심결에 하는 수많은 '클릭질'이 성공을 위한 행동의 기준이 되고도 남을 테니까. 물론 다행스럽게도 당신은 이미 성공하기 위해 어떤 일을 해야 하는지 잘 알고 있다. 맞다. 그건 당신 머릿속을 계속 맴돌고 있는 바로 그 아이디어와 관련이 있다.

나는 사람들이 성장하도록 이끄는 일을 '빅 워크'라고 부른다. 하지만 '일'이라는 단어는 그 의미나 맥락이 매우 복잡한 개념이기 때문에, 내가 '빅 워크'라고 부르는 것에 대해 좀 더 부연 설명을 하려고 한다.

### 빅 워크에는 순수한 열정이 있다

영어의 특이한 점은 바로 욕설이나 모독적인 말, 소위 '육두문자'가 대부분 알파벳 네 글자로 되어 있다는 점이다. 이러한 단어들은 입에 올리기조차 싫은 것들로, 백번 양보해도 공손하게 표현할 때 절대 쓰지 않는다. 그런 의미에서 일 역시 이러한 단어들과 상당히 많은 감정적 반응을 공유하고 있다. 우리는 일 하기 싫어하고, 일 얘기는 꺼내기도 싫어하며, 할 수 있는 최소한의 일만을 하려고 하니까.

하지만 일이 반드시 이러한 범주에 꼭 맞는 단어라고 볼 수만은 없다. 왜냐하면 일은 신성한 것이 될 수도 있기 때문이다. 일을 통해 우리는 살아 있는 느낌을 받기도 한다. 우리는 일을 즐길 수도 있다. 때로는 일을 하면서 엄청난 영감을 받기 때문에 월급을 받지 않아도 충분하다고 느낄 때도 있다. 심지어 우리는 일을 하기 위해 빨리 휴가를 마치고 돌아가고 싶어 하기도 한다. 그간 밀린 일에 깔려버릴까 걱정돼서가 아니라, 어떤 *의무감*도 아닌, 우리가 그 일을 하고자 하는 순수한 열정 때문에 말이다. 바로 이러한 일이 '빅 워크'다.

### 오직 당신만이 빅 워크를 할 수 있다

무엇이 되었든, 당신의 빅 워크는 오롯이 당신만이 할 수 있다. 오직 당신만이 그 일을 해내는 데 필요한 관점, 경험, 전문성, 기술을 갖춘 적임자다. 모두 각자의 역할을 담당하고 있는 이 위대한 오케스트라 속에서, 당신이 맡은 악기는 오직 당신이 당신만의 방법으로 연주할 수 있다.

이는 다시 말하면 당신이 최선을 다하지 않으면, 우리 중 누구도 그 일은 대신할 수 없음을 의미한다. 당신이 빅 워크를 통해 얻은 독창적인 결과물, 관계 혹은 그 어떤 조건조차도 다른 사람이 대체하거나 재창조해낼 수 없다. 얼추 비슷하게 따라 할 수 있을지는 모른다. 그러나 우리 DNA의 아주 미세한 차이가 완전히 다른 사람들을 만들어내는 것처럼, 아무리 비슷한 결과물이라 할지라도 당신이 최선을 다했을 때의 결과물과는 분명히 다를 것이다.

**빅 워크에 최선을 다하면, 당신뿐 아니라 모두가 혜택을 받는다**

빅 워크에 최선을 다한다는 것은 당신이 아주 이기적으로 자기가 가장 하고 싶은 일에만 몰두하거나, 반대로 다른 사람들을 만족시키기 위해 평생을 순교자로 헌신할 것을 요구하지 않는다. 오히려 빅 워크에 최선을 다하는 것은 마치 우리가 어떤 이유에서든 즐거운 마음으로 열심히 각자의 나무를 심는 것과 같다. 당신은 그 나무를 심는 것 자체로 만족할 것이지만, 동시에 당신이 심은 나무에서 열린 열매로 인해 다른 사람들까지도 혜택을 받게 된다.

자신의 일에 최선을 다한 사람들의 수많은 인터뷰가 이러한 신기한 현상을 입증하고 있다. 여기엔 다른 직업은 생각조차 해본 적 없는 군인도 있고, 자신의 존재에 대한 목적을 이루기 위해 수십 년의 세월을 바처 일하는 비영리단체장도 있다. 수많은 아티스트들은 자신이 그저 기쁜 마음으로 만든 작품이 다른 사람들을 이롭게 하는 것을 보고 놀라움을 금치 못한다. 가치 있는 기업을 만들기 위해 눈뜨자마자 고군분투하는 사업가도 여기에 포함된다. 이 모든 사례 속에서 빅 워크를 통해 가장 덕을 보는 사람이 누구인지 분명히 구별해내는 것은 어렵다. 왜냐하면 그 혜택을 보는 것은 우리 모두이기 때문이다.

### 빅 워크는 진짜 노력이 필요하다

그러나 당신만이 할 수 있는 빅 워크를 통해 스스로가 덕을 본다 할지라도, 그 사실 자체가 당신이 그 일을 쉽게 할 수 있다는 걸 의미하진 않는다. 사실, 어떤 일이 당신에게 빅 워크라는 것 자체가 이미 그 일이 당신이 하기 어려운 일이라는 것을 의미한다. 여기엔 여러 이유가 있다.

그 일이 어려운 첫 번째 이유는 당신만의 방법으로 그 일을 해야 하기 때문이다. 물론 처음에는 책이나 다른 사람으로부터 배우는 것에서 시작할 것이다. 하지만, 어느 시점 이후부터는 당신만의 길을 개척해야 하고, 그 길을 통해 빅 워크를 하는 사람이 끝내 다다르게 되는 그 미지의 땅까지 도달해야만 한다. 이렇게 불확실성에 용감하게 맞서 일을 해내는 것은 겁쟁이에게는 어림도 없는 일이다.

둘째로, 당신이 빅 워크를 한다는 것은 기존의 능력과 편안함의 범주를 넘어서기 직전의 그 경계선까지 늘 스스로를 몰아붙여야 함을 의미한다. 벤다이어그램을 떠올려보자. 왼쪽 원은 당신의 현재 역량을, 오른쪽 원은 당신이 부족한 능력의 영역을 의미한다. 학습과 성장은 당신의 현재 역량 영역의 오른쪽 끝, 즉 두 영역이 겹치는 교집합에서 발생한다. 결국 빅 워크를 한다는 것은 곧 당신이 끊임없이 실패를 마주해야 함을 의미한다.

셋째로, 당신의 빅 워크는 결국 다른 사람들에게도 영향을 미치기 때문에, 다른 사람들의 평가에 노출될 수밖에 없다. 당신 덕을 보는 일부 사람들은 당신이 그 일을 더 많이 해주길 기대할 것이다. 하지만 이를 싫어하는 사람들도 있을 것이다. 어떤 사람들은 투덜대면서 당신이 다른 특정 방향으로 그 일을 해주길 바랄 수도 있다. 이렇게 당신은 수많은 사람이 만들어낸 평가의 폭풍 한가운데 서서 중심을 잃지 않으면서도 이 모든 것을 견뎌내고 앞으로 나아갈 수 있어야 한다.

따라서 왜 그렇게 많은 사람이 그들의 빅 워크를 할 수 없는지가 명확해진다. 이미 잘 알고 있는 안전한 길로만 가는 데에는 어떤 용기나 훈련, 비전도 필요하지 않다.

## 빅 워크를 대신할 핑곗거리는 많다

빅 워크는 오랜 기간에 걸쳐 상당한 노력을 기울여야 하는 일이기 때문에, 얼마든지 다른 일로 대체되기 쉽다. 언제나 빅 워크보다 훨씬 더 쉽고, 더 급하며, 더 이해가 잘되고, 덜 위험하며 혹은 다른 사람들이 훨씬 좋아하는 일이 존재하기 때문이다. 게다가 먼 훗날의 어느 시점엔 빅 워크에 오롯이 집중할 수 있다는 믿음이 우리에겐 늘 있다.

사실 삶은 지금 이 순간과 미래에 당신이 빅 워크에 집중할 수 있는 한가로운 시간, 그 사이에서 어영부영 흘러 가버린다. 그 사이, 당신의 그럴듯한 핑계로 가득한 할 일 목록이 빅 워크를 대체해버린다. 그러나 삶을 성공으로 이끄는 것은 단순히 닥친 일을 해치우는 것 그 이상이다.

특히 그 일이 당신 인생의 빅 워크가 아니라면 더더욱 쉽지 않다.

**빅 워크란 생계유지 수단 그 이상이다**

당신이 할 수 있는 빅 워크는 그동안 계속 해왔던 일로는 치환할 수 없는 일일지도 모른다. 빅 워크는 부업이나 풀타임으로 새로운 사업을 시작하거나, 비영리단체에서 무보수로 일하는 것이 될 수도 있다. 교회에서 하는 봉사활동, 어린이 야구부 코칭 또는 청소년 멘토링 같은 것도 포함된다. 취미 활동일 수도 있다.

때론 빅 워크를 생계유지 수단으로 삼는 것이 가능할 수도 있겠지만, 사실 빅 워크는 경제적 생계 수단으로서는 그다지 적합하지 않을 수도 있다. 그러나 그렇다고 해서 빅 워크의 의미나 가치, 중요성이 사라지는 것은 아니다. 왜냐하면 의미 있고, 가치 있고, 중요하다고 해서 반드시 생계유지에 도움이 될 만큼 충분하게 시장에서 거래되거나 '잘 팔리는 것'은 아니기 때문이다.

따라서 최우선으로 고려해야 할 것은 바로 어떻게 하면
당신만의 빅 워크를 통해 생계를 유지할 수 있는지가 아니라,
어떻게 하면 빅 워크가 당신 삶의 의미로 녹아들 수 있을지
그 방법을 찾는 것이다.

어쩌면 당신은 당신만의 빅 워크에 일주일에 10시간밖에 시간을 낼 수 없을지도 모른다. 하지만 어떤 사람들은 그 10시간 동안 빅 워크를 함으로써 생계를 유지하기도 한다. 아니면 당신 스스로 다른 선택지를

생각해낼 수도 있다. 예를 들면 약간 돈을 덜 받고 시간제 근무를 하는 대신 빅 워크에 시간을 좀 더 투자하거나, 배우자와 서로 일상의 숙제를 도와가며 주말 시간을 활용해 빅 워크에 더 몰입하는 방법도 고려할 수 있다.

가장 감사한 것은, 빅 워크를 반드시 풀타임 직업으로 삼을 필요는 없다는 점이다. 풀타임일 때 일을 농땡이 치기 위해 갖다 댔던 온갖 핑계와 합리화가 이제는 더 이상 먹히지 않는 게 흠이라면 흠이겠지만 말이다.

## 삶은 프로젝트로 가득하다

단순히 성공을 열망하는 것에서 실제 빅 워크를 하는 단계로 넘어가기 위해서는, 중요한 아이디어들을 삶의 단계별 프로젝트로 전환하는 작업이 필요하다. 나는 이미 하고 있거나 하려고 계획 중인 다른 프로젝트들과 명확히 구분하기 위해 이런 종류의 프로젝트를 빅 워크 프로젝트라고 부른다.

프로젝트라는 단어를 사용하는 가장 큰 이유는 막연한 부담감을 명료함으로 바꾸기 위해서다. 왜냐하면 모든 것을 프로젝트라고 규정하고, 이런 프로젝트들이 수적으로 많고, 중요도 역시 제각각이라고 생각하는 편이 좀 더 낫다고 보기 때문이다. 개인적으로는 이러한 관점의 전환이 충분히 감수할 만한 가치가 있다고 생각한다. 왜냐하면 이 같은 관점의 변화를 통해 우리의 삶과 커리어를 다시 새롭게 점검해볼 수 있기 때문이다.

예를 들어 어떤 분야의 커리어를 생각해보자. 이때 몇십 년에 걸쳐 한 회사에서 근무하며 일생을 바치는 것이 빅 워크라고 생각할 수도 있다. 하지만 그 대신 실제 현실 그대로를 반영해, 각각 3년에서 5년 정도 걸리는 여러 개의 프로젝트와 간간이 맡게 되는 소규모의 프로젝트를 통틀어 빅 워크라고 생각할 수도 있는 것이다. 지금 근무 중인 회사에서 맡은 직책은 3년에서 5년 정도 걸리는 프로젝트로, 이 일을 마치면 당신은 다른 새로운 일을 맡게 될 것이다. 만약 지금 학교에 다니고 있다면, 각 교육 단계는 3년에서 5년 정도 걸리는 여정의 한 구간일 것이고, 만약 사업을 운영하고 있다면, 3년에서 5년 정도 안에, 사업 내 당신의 지위와 사업체에 변화가 있을 것이다. 이것이 핵심이다.

우리의 삶 역시 비슷한 양상을 따른다. 매 3년에서 5년마다 뭔가 중요한 변화가 일어난다. 새로운 곳으로 이사를 간다거나, 자녀나 형제자매혹은 부모가 새롭게 적응을 필요로 하는 어떤 한계를 넘어서는 변화를 겪는다. 또는 3년에서 5년 주기로 연인 또는 부부 사이의 관계에서 새로운 단계를 경험한다. 우리는 나이가 들어가며 그동안 즐겨 해왔던 일들을 할 수 없게 됨을 깨닫는 동시에 새롭게 할 수 있는 일을 3년에서 5년 주기로 찾게 된다.

이처럼 한 단계 높은 차원의 관점으로 바라보면, 우리는 극심한 혼돈 가운데에 있으면서도 동시에 놀라울 정도로 일관성 있는 존재로 스스로를 바라볼 수 있게 된다. 아주 규칙적으로, 우리 내면과 외부 세계는 매 3년에서 5년 주기로 끝없이 변화한다. 어떤 변화가 일어날지는 확실히 알 수 없지만, 변화가 있을 것이라는 사실 그 자체는 알 수 있다.

우리가 살고 있는 이 세상은 프로젝트로 가득하기에, 우리는 이러한 불확실성을 수용하는 동시에 의도적으로 어떤 프로젝트를 할지 고를 수 있다. 감사한 건 우리가 프로젝트를 고를 때 과도한 정보로 인해 결정을 내리는 게 불가능한 교착 상태에 빠진다거나, 장기적 관점에서 돌이킬 수 없는 결정을 내리는 게 아닌지 미리 걱정할 필요가 없다는 거다. 만약 우리가 '잘못된' 프로젝트를 고른다면, 우리가 그 사실을 파악한 순간 바로 다른 프로젝트로 넘어가면 된다. '적절한' 프로젝트를 고른다고 해도 마찬가지다. 언젠간 새로운 프로젝트로 넘어가게 될 테니까.

장기적 관점에서 빅 워크 프로젝트를 하다 보면, 앞으로 이 프로젝트가 우리를 어디로 인도할지 예측할 수 없을 때도 있다. 이것은 지금껏 존재하지 않았기에 볼 수 없었던 새로운 현실과 가능성을 우리가 직접 만들어가는 것이다. 당신에게 정말 중요한 일을 했던 때를 돌이켜보라. 당신이 생각지도 못했던 일들이 얼마나 많이 펼쳐졌던가? 당신이 따를 빅 워크 프로젝트에 대해서는 20세기 스페인 시인 안토니오 마차도<sup>Antonio</sup> <sup>Machado</sup>가 이미 말한 바 있다. "나그네여, 이미 닦인 길은 없네. 그대 걷는 대로 곧 길이 된다네."

## 프로젝트는 곧 거울이자 다리다

이 책을 통해 나는 당신이 막연한 아이디어를 실천 가능한 프로젝트로 바꿔 끝까지 밀어붙일 수 있도록 안내할 것이다. 빅 워크 프로젝트를 끝내는 것은 늘 대단한 일이지만, 내가 이러한 접근법을 취하는 이유는 바로, 프로젝트가 현재 우리가 살아가는 세상에서 일어나는 일들을 반영하는 거울이자, 동시에 더 나은 세상으로 건너가기 위한 다리의 역할을 한다는 것을 깨달았기 때문이다.

프로젝트는 거울이다. 왜냐하면 우리 내면과 외부 세계에서 일어나는 일들을 반영해서 우리에게 보여주기 때문이다. 세상에 어떤 특정한 일을 선보인다는 것은 우리가 무엇에 열정과 두려움을 느끼는지를 보여주는 것이다. 어떤 특정한 일을 하고 싶어서 자연스럽게 아침 일찍 눈을 뜨고 밤늦게까지 깨어 있는 것과 일요일 저녁부터 또다시 한 주가 시작되는 게 너무도 싫어 괴로워하는 것은 똑같이 많은 것을 시사한다. 사실 빅 워크에 관한 프로젝트를 하다 보면 어려운 상황을 피하지 않고 맞서야 할 때가 있다. 하지만 빅 워크에 대한 프로젝트가 다른 프로젝트보다 더 어려운 부분이 많을지언정, 결국 프로젝트 자체는 우리와 우리를 둘러싼 세상에서 일어나고 있는 일을 그저 그대로 반영할 뿐이다.

프로젝트는 다리다. 왜냐하면 오직 프로젝트를 수행함으로써만, 우리 영혼이 가고자 하는 방향으로 다리를 놓을 수 있기 때문이다. 우리가 세상을 만들고 변화시키는 과정에서, 우리 자신 또한 만들어지고 변화해간다. 그러나 아이디어만으로는 실질적인 창조나 변화를 만들어낼 수 없다. 소매를 걷어붙이고 직접 세상의 여러 재료를 한데 섞어야만 새로운 현실을 창조해낼 수 있다.

이 책을 통해, 나는 특정한 아이디어를 실질적인 프로젝트로 변화시키고 이를 끝마칠 수 있도록 끝없이 당신을 재촉할 것이다. 왜냐하면 이것이야말로 이 책이 가진 통찰이 어떻게 실제로 당신을 둘러싼 세상을 반영하고 있는지 보여주는 동시에 당신이 만들고 싶은 세상으로 건너가는 다리를 놓는 유일한 최선의 방법이기 때문이다. 실제로 당신이 소매를 걷어붙이고 당신만의 빅 워크 프로젝트를 끝내기 시작할 때 펼쳐질 결과를 보게 되면 아마 놀라움을 금치 못할 것이다.

## 흩어져 있는 빅 워크를 하나로 모아라

세상에는 몇몇 한정된 분야에만 끊임없이 매료되어 관심을 쏟을 수 있는 축복받은 사람들도 있지만, 우리처럼 단 하나의 이름표에는 절대 만족하지 못하는 르네상스형 영혼의 소유자들도 많다. 우리 같은 부류에게 단 하나의 프로젝트만 선택하라고 하면 일단은 반발심부터 든다. 왜냐하면 그동안 이미 너무 자주, 수많은 자아 중에서 다른 사람에게 선보일 단 하나의 자아만을 선택하라고 강요당해왔기 때문이다. 또한 그 하나의 그림자로만 인식되어왔기 때문이다.

▶ 우리는 그냥 작가가 아니다. 우리는 작가이면서 동시에 드론 엔지니어다.
▶ 우리는 그냥 상품유통 관리자가 아니다. 우리는 상품유통 관리자이면서 동시에 지역사회 활동가다.
▶ 우리는 그냥 목사가 아니다. 우리는 목사이면서 동시에 롤러스케이트 선수다.

사실, 우리는 스스로를 소개할 때 '동시에'라는 단어를 상당히 많이 쓴다. 그리고 이것은 그냥 우리가 좋아서 선택한 단어가 아니다. 이것이야말로 우리 자아의 핵심이다.

나는 당신이 이 모든 '동시다발적' 자아를 하나로 포용하기를 바란다. 더불어 당신이 이미 잘 알고 있는 사실 하나를 더욱 강조하고자 한다. 바로, 당신의 여러 자아를 '프로젝트'의 관점에서 유지할 필요가 있다는 점이다. 앞으로 이 책을 통해 여러 가지 프로젝트들을 한데 아우를 수 있는 여러 방법을 살펴볼 것이다. 하지만 그에 앞서 당부하고 싶은 것이 있다. 당신이 반드시 세상에서 단 하나의 방법으로 존재하거나, 혹은 빅 워크를 하기 위한 단 하나의 영역만을 선택할 필요는 없다는 것이다.

## 철학과 출신 소위는 어떻게 생산성 향상 전문가가 되었을까

"나는 어디서나 빅 워크를 할 수 있다"라고 내가 자신하며 말할 수 있게 된 것은 바로 내 삶 자체가 이 한 문장으로 요약되기 때문이다.

2004년 나는 스물네 살의 나이로 철학 대학원 1년 과정에 다니고 있었다. 그때, 내가 속한 미 육군 주방위군 소대가 이라크 해방작전 지원에 투입되었다. 당시 소위였던 나는 마흔다섯 명의 소대원들과 함께 폭탄이 쏟아지는 이라크의 도로를 뚫고 군 장비를 수송하는 임무를 맡게 됐다. 전장에서 직접 소대원들과 함께하면서, 호송 임무와 소대 인력 관리를 동시에 수행해야 했다.

임무를 수행하던 도중 나는 상위 대대에 작전 장교로 발탁되어, 대대 내부의 모든 호송 작전의 수립과 검토를 담당하게 되었다. 이 임무는 당시 전장에서 가장 역동적이고 효율적인 수송 임무 중 하나였다. 이후에도 나에게는 두 가지 임무가 더 추가되었는데, 바로 실시간으로 모든 수송을 감시하고 지원하는 것과 매복 피해나 사고 또는 다른 예기치 못한 상황으로 임무 완수에 실패한 호송 작전에 대해 사후검토AARs: After-Action Reviews를 진행하는 것이었다. 이 사후검토 작업을 통해 나는 어떤 사건이 왜 일어났으며, 해당 부대가 어떻게 대응하였고, 이 대응의 효과는 어떠했는지 분석해, 향후 대대와 전장 전체에 적용할 수 있는 새로운 작전과 전술, 절차를 개발하거나 기존의 작전법 개선에 기여해야 했다. 이를 통해 임무 수행률을 높이고 더 많은 장병이 건강하게 무사히 고국으로 돌아가도록 하는 것이 주목적이었다.

그렇게 이라크에서의 임무를 마치고 고국으로 돌아온 뒤 2주가 흘러, 나는 학교로 복학해 다시 일상생활을 할 준비를 마쳤다. 그러나 그해에 겪은 혹독한 경험이 나를 완전히 바꿔버렸다. 물론 더 좋은 방향으로 말이다. 바로 인식론과 형이상학에 관한 '그들만의 대화'에 더 이상 흥미를 느끼지 못하게 된 것이다. 그건 내가 대화를 이해하지 못했기 때문이 아니라, 이런 종류의 대화가 실제 생활에서 개인적으로, 문화적으로 그리고 전 세계적으로 직면하고 있는 문제들과는 완전히 동떨어진 것처럼 느껴졌기 때문이었다. 이후로 나는 윤리와 인권, 사회와 정치 철학에 더 깊이 빠져들었다. 그것들은 우리가 발전하고 더 나은 인간이 되는 것 그리고 더욱 번영하는 공동체와 사회와 조직을 세우고자 하는 나의 관심사에 조금 더 부합했기 때문이었다.

장교와 학자라는 두 가지 커리어를 동시에 가지면서, 나는 장교로서는 물자의 수송을 계획하고 조정하며 수많은 군 장병을 진두지휘할 수 있었지만, 학자로서는 한 학기에 단 몇 편의 논문과 씨름해야 한다는 사실에 분통이 터졌다. 그나마 논문을 제때에 잘 마치기는 했지만, 시간이 갈수록 내 생각과는 다르게 사실상 언 발에 오줌 누는 식으로 간신히 혼란을 수습하는 것처럼 느껴졌다. 그래서 나는 두 개의 커리어를 통해 배운 것을 실천에 옮기기로 했다. 바로 내가 겪은 비슷한 문제를 해결하기 위해 다른 사람들이 어떤 방법을 사용했는지 찾아보기 시작한 것이다.

그러나 안타깝게도 내가 찾은 문헌들은 문제 해결에 별 도움이 되지 않았다. 개인적 차원의 생산성 향상과 관련된 문헌들은 너무 구체적인 문제에만 초점을 맞추는 느낌이었고, 자기계발 책들은 뜬구름 잡는 원칙에만 집중하고 있었다. 나의 문제는 그 중간의 어디쯤, 창조적 프로젝트들이 존재하는 곳에 자리 잡고 있었다. 그렇게 몇 년을 관련 문헌을 뒤지고, 적용해보고, 재해석하며, 스스로를 위한 도구를 개발한 끝에 나는 다시금 나의 두 가지 커리어가 가르쳐주었던 것을 실천하기로 했다. 바로 나의 통찰과 재해석, 정리, 도구들을 다른 사람들과 함께 나누기로 한 것이다. 바로 이 책을 통해서 말이다.

## 빅 워크를 향한 앞으로의 여정

이 책은 크게 세 부분으로 구성되어 있다. 이 구성을 따라가다 보면 아이디어에서 시작해 완수에 이르기까지 해야 하는 것들을 알 수 있다. 1부 '빅 워크를 위한 책상 정리'에서는, 우리가 프로젝트를 수행하고 있는 세상에 대한 전반적인 이해와 우리 내면에 대한 내적 이해를 통해 우리에게 정말 중요한 것이 무엇인지를 알아본다. 2부 '프로젝트 계획하기'에서는 어떻게 프로젝트를 위한 시공간을 마련하고 이를 실천 가능한 계획으로 바꿀 것인지를 알아보고, 계획을 수립하는 과정에서 맞닥뜨리게 될 일반적인 장애물들을 살펴본다. 마지막 3부 '계획 실천하기'에서는 어떻게 우리가 수립한 계획을 삶 속에서 실천할 것인지, 이를 실천하는 과정에서 우리 생각과 다르게 현실이 훼방을 놓기 시작할 때 일어나는 우여곡절과 이를 우회하는 방법들은 무엇인지 살펴봄으로써 계획을 추진하는 방법을 알아볼 것이다.

나는 이 책의 어떤 부분에서부터 읽기 시작하더라도 얻을 수 있는 게 있도록 책을 구성하려고 했다. 이 책을 읽는 세 가지 방법을 소개한다.

### 1. 처음부터 끝까지
당신만의 빅 워크에 집중한다는 이 책의 기본 아이디어가 비현실적으로 느껴지는 사람이라면, 책을 처음부터 끝까지 완독하는 것이 가장 좋은 독서법이 될 것이다. 왜냐하면 이 책은 근본적 원인을 규명하는 순서로 전개되기 때문이다. 당신의 프로젝트는 당신 자신을 비추는 위대한 거울이자 다리가 될 것이다. 하지만 이를 위해선 이에 대한 반응과 성찰, 기록할 시간을 내면에 갖춰야 한다.

### 2. 어떤 프로젝트의 특정 단계를 수행하기 위해
2부는 프로젝트 자체를 실현하는 것에 상당한 중심과 비중을 두고 있으므로, 2부부터 읽는 것이 실질적으로 도움이 될 것이다.

### 3. 특정 문제 해결을 위한 아이디어를 얻기 위해
7, 8, 9장을 읽는 것이 특히 도움이 될 것이다. 왜냐하면 이 3개의 장에서는 매일 혹은 매주 겪게 되는 일반적인 어려움들에 대해 다루기 때문이다.

나는 이 책에서 다루는 주제들에 대해 단 하나의 확고하고 단호한 해결책을 제시하려는 것이 아니다. 그보다는 오히려 몇십 년에 걸쳐 내가 훈련받고 연구하고 수행하고 실험하면서 얻게 된 여러 통찰과 전략, 훈련법들을 모두 녹여낸 그 정수만을 뽑아 전달하려고 했다. 내가 한 일은 사실 우리가 빅 워크를 할 때의 장애물, 일을 실행하는 데 유용한 방식과 마음가짐, 훈련법 등을 분명하게 정리한 것에 불과하다. 왜냐하면 이것들을 확실히 하는 것만으로도 현재 어떤 일이 일어나고 있는지, 이에 대응하기 위해 어떤 일을 해야 하는지 쉽게 알 수 있기 때문이다.

생산성, 창의력, 자기계발을 위한 책들은 종종 사람들이 자기 자신에 대해 부정적으로 생각하도록 교묘하게 부추기는 경향이 있다. 그래서 나는 처음부터 분명하게 말하고 싶다. 당신만 유별나게 부족한 게 아니라고. 당신이 애초에 문제에 휩싸이도록 타고난 것이 아니라고. 당신만이 유독 자제력을 발휘하기 어려운 운명을 타고난 것은 아니라고 말이다. 우리가 행동하고 생각하는 말도 안 되게 황당하고, 자기 비하적인 방법들을 꼬집어내는 이유는, 내가 그 거짓말들을 낱낱이 지적함으로써 그 실체를 분명히 밝힐 수 있기 때문이다. 우리는 우리가 생각하고 행동하는 그 이상의 존재다. 우리는 새로운 생각과 행동을 통해 우리 최고의 모습을 보여줄 수 있다. 이 책을 통틀어 나는 '우리'라는 단어를 '당신'이라는 단어만큼이나 자주 사용했다. 나를 포함해 우리 모두가 동일한 난관을 반복해서 겪는 존재이기 때문이다. 심지어 반복되는 어려움을 극복했다고 스스로 확신하고 있을 때조차도 우리는 난관을 겪는다.

당신은 당신이 생각하는 그 이상의 존재다. 왜냐하면 우리 모두가 우리 생각 이상의 존재이기 때문이다. 당신이 최고의 모습이 되지 못하도록 방해하는 이야기는 당신이 직접 고쳐 쓰면 된다. 당신은 스스로를 선보이고, 일을 계획하고, 어쩔 수 없는 문제에 대응하는 방식을 직접 바꿀 수 있다. 장렬히 전사하거나 꼭꼭 숨어버리지 않고도 충분히 성공할 수 있는 것이다. (그렇다, 바로 당신이 그 주인공이다!)

나는 우리가 이제껏 알아왔던 것보다 더 많은 잠재력이 당신에게 내재되어 있다는 점을 끝없이 알릴 것이다. 이것이야말로 갓 고등학교를 졸업한 아이들이 전쟁터의 영웅이 되고, 우울하고 내성적인 사람이 자신만의 영역에서 창의적인 선구자가 되며, 별 볼 일 없어 보이던 전업주부가 비영리단체를 통해 자신의 삶은 물론 가족과 지역공동체까지 바꾸는 놀라운 현상들을 설명할 수 있는, 내가 아는 유일한 진실이기 때문이다. 나는 그동안 그들과 같은 삶의 경기장에서 이 모든 변화가 일어나는 것을 함께 지켜봐 왔다. 때론 느리기도 하고, 때론 빠르기도 했다. 하지만 자신의 자리를 박차고 일어나 앞으로 나아가는 사람들이 남들과 다른 유일한 특징은 바로 그들이 자리를 박차고 일어나 앞으로 나아갔다는 그 사실뿐이다.

당신이 지금까지 어떻게 살아왔는지 나는 알지 못한다. 우리 중 누구도 우리 앞에 놓인 다리가 우리를 어디로 인도할지 알지 못한다. 우리가 알고 있는 것은 그저 당신에게는 당신의 빅 워크를 할 자격이 있으며, 이 세상 역시 더 나아질 가치가 있는 곳이라는 진실뿐이다.

당신의 뒤에는 언제나 당신을 믿는 내가 있다. 믿고 함께 시작해보자.

▶ 우리가 하는 것은 아이디어가 아니다. 우리가 해내는 것은 프로젝트다.

▶ 프로젝트는 완수하기까지 시간과 노력, 주의집중이 필요한 모든 일을 말한다.

▶ 우리는 우리 자신만의 빅 워크를 함으로써 발전한다.

▶ 우리 삶과 커리어는 3년에서 5년 주기의 프로젝트로 점철되어 있다.

▶ 프로젝트는 거울이다. 우리 내면과 외부 세계에서 일어나고 있는 일들을 반영해서 보여주기 때문이다. 또한 프로젝트는 다리다. 프로젝트를 실천해야만 우리 영혼이 가고자 하는 방향으로 건너갈 수 있기 때문이다.

▶ 우리 자신이 생각하는 모든 자아는 '프로젝트'의 형태로 유지될 수 있다.

▶ 우리는 스스로를 위해 새로운 현실을 창조해낼 수 있다. 단, 내가 남들보다 특히 부족하다는 생각 자체를 버릴 때에만 가능하다.

# 02 나만의 **빅 워크를** 선언하라

당신은 현재 하고 있는 일과 하고자 열망하는 일 사이에 거리가 존재한다는 사실을 아마 알아차렸을 것이다. 어쩌면 이미 예전에 빅 워크에 더 매진하려는 시도를 해봤을 수도 있다. 하지만 당신에게 가장 먼저 닥친 현실은 바로, 단 며칠 혹은 몇 시간 동안 그걸 했을 뿐인데도 기존의 평범한 삶이 요구하는 희생과 기대, 난관이 빅 워크를 하고자 하는 당신의 선한 의도를 무자비하게 방해하고 당신을 원상 복귀시켜버렸다는 점이었을 것이다.

만약 빅 워크가 이미 하고 있는 다른 일들과 비슷하다면, 당신은 그 일이 전혀 하고 싶지 않은 일들과 크게 다를 바 없다고 치부하고 단념하게 될 것이다. 하지만 당신의 진정한 빅 워크는, 마음 아주 깊은 곳에서부터 당신이 정말로 하고자 하는 바로 그 일이다. 뿐만 아니라, 당신은 그걸 해야만 하고, 세상도 당신이 그 일을 하기를 기대한다. 따라서 이건 단순히 당신이 빅 워크를 하기 위한 동기나 의욕을 찾는 수준의 일이 아니다. 당신 삶의 어떤 부분이 빅 워크를 못하도록 계속 방해하는지 분명히 찾아내야만 한다.

중요한 아이디어가 무엇인지 고르기에 앞서서 먼저 이 격차에 대해 논하는 이유는, 다른 사람들처럼 당신 역시 무의식적으로 현재 상태에 들어맞는 방향으로만 생각할 것이기 때문이다. 어쨌든 빅 워크를 하면 현재 상태 자체가 변화할 것이므로, 당신의 현재 상태를 유지시키려고 애쓰는 것이 무엇인지를 살펴볼 필요가 있다.

## 큰 그림과 매일의 현실은 왜 동떨어져 있는가

당신의 삶을 두 개의 식빵으로 만들어진 샌드위치라고 생각해보자. 비전, 사명, 목적, 목표와 같은 큰 그림은 위에 놓인 식빵이고, 매일매일 마주하는 현실은 아래에 놓인 식빵이다. 많은 사람의 샌드위치에는 이 둘 사이에 아무 연결고리가 없다. 일명 '에어 샌드위치'▪다.

보기에는 그렇지만, 사실 두 빵 사이에는 다섯 가지의 장애물이 존재한다. 바로 이것들이 한데 섞여 우리가 가장 중요한 것을 하지 못하도록 방해한다.

---

▪ 작가 태라 젠틸Tara Gentile이 나에게 소개해준 개념으로, 전략가 닐로퍼 머천트Nilofer Merchant가 2016년부터 경영 현장에서 사용하기 시작한 단어다. 나는 이를 개인에게 적용했다.

- ▶ 우선순위 충돌
- ▶ 생각 쓰레기
- ▶ 현실성 없는 계획
- ▶ 부족한 자원
- ▶ 손발이 안 맞는 팀

위 다섯 가지 장애물을 순서대로 자세히 살펴보자.

## 우선순위 충돌

염소 한 마리를 모는 것은 매우 간단한 일이다. 아무리 염소가 미쳐 날뛴다 한들, 어쨌든 고삐를 죄어 통제할 수는 있으니까. 하지만 염소가 일곱 마리라면 이야기가 달라진다. 염소들이 시시각각 제멋대로 가고 싶은 방향으로 움직일 것이기 때문이다.

우리의 삶은, 방향이 모두 제각각인 여러 희망사항들에 휘둘린다는 점에서 염소 일곱 마리의 시나리오에 좀 더 가깝다. 부모로서 역할을 다 하는 것은 커리어를 쌓는 것과는 상충된다. 운동을 하려는 마음은 다른 취미생활과 충돌한다. 여행하고 싶은 마음은 저축하려는 마음과 부딪친 다. 우리는 이런 '우선순위 충돌'을 겪고 있다.

모든 욕구가 우선권을 갖는 것은 아니지만, 내면의 깊은 곳에서부터 우러난 욕구들은 분명하게 우선순위에 대해 말하는 바가 있다. 특히 "행 동이 곧 우선순위를 말한다"는 마하트마 간디의 말을 신뢰한다면 더더 욱 그렇다. 하지만 때론 우리가 특정 욕구에 더 높은 우선순위를 둔다고 해도, 여전히 충돌은 존재한다. 그것이 바로 그 시점에서 더 크고, 고집

불통에, 제멋대로인 염소들인 셈이다.

　더 심각한 문제는 바로, 우리가 삶을 살아가는 데 두는 우선순위가 때로는 우리의 것이 아니거나 거의 우리 눈에 보이지 않는 것이라는 점이다. 예를 들어 우리는 무의식적으로 끊임없이 남들보다 뒤처지지 않으려고 애쓴다. 부모들은 종종 일어나지도 않은 일의 이유에 대해서는 무척 골똘히 고민하면서, 정작 눈앞에 아이들과 함께하는 시간의 중요성은 뒷전으로 미뤄둔다. 다시 말해 한편으로 우리는 남의 양을 몰면서, 또 한편으로는 우리가 몰아야 하는 양을 몰지 않고 있는 것이다.

### 생각 쓰레기

　지난 1장에서 우리는 스스로 되뇌는 이야기들에 대해 짧게 살펴본 바 있다. 우리는 흔히 하는 자기 비난이나 스스로를 옥죄는 이야기뿐만 아니라, 각자의 머릿속에 개인적인 경험과 과거, 맥락에 기반한 '생각 쓰레기'들을 가지고 있다.

　생각 쓰레기 대부분은 우리 어린 시절의 경험이나 가족에 의해 형성된 것이지만, 성인이 되어 스스로 선택한 것도 있다. 예를 들어, 오랜 시간 동안 제대로 된 계획을 세우지 못하다 보면, 우리는 스스로 계획을 세우는 데 영 소질이 없거나 자신이 너무 '창의적'인 부류의 사람이라 계획을 세우고 실천하지 못한다고 믿어버린다. 그래서 실제로 계획을 세워야 하는 중요한 일이 닥쳤을 때, 우리는 진짜로 그 일에 실패한다. 그러고는 빅 워크 프로젝트를 해내지 못한 자기 자신에 대해 또 다른 이야기를 꾸며낸다.

　우리는 사람마다 각자 나름의 문제가 있다는 식으로 이야기를 만들고 이를 굳게 믿는다. 우리와 다를 것 없는 수많은 사람이 결국에는 성공을 성취해내고, 난관을 극복하며, 마침내 능숙해진다는 차고 넘치는 증거들이 있음에도 불구하고 이런 것들은 우리에게는 적용되지 않는다고, 우리만큼은 예외로 만들어주는 무언가가 존재한다고 믿는 것이다. 결국 우리는 우리가 다른 사람보다 유별나게 못났다는 자기 예언을 충족시켜버리고 만다. 우리와 다를 것 없는 사람들은 일을 해결해냈지만, 결국 우리는 해결하지 못했으니까.

우리가 그 생각을 직접적으로 말해보면 생각 쓰레기는 언제나 우스꽝스럽고 말도 안 되게 느껴진다. 왜냐하면 실제로 그렇기 때문이다. 그건 말하자면 성인 버전의 침대 밑 괴물인 셈이다. 어둠 속 괴물의 위력은 사실 우리가 그들에게 얼마나 힘을 실어주는지에 따라 달라진다.

## 마크 & 엔젤 체르노프Marc & Angel Chernoff ▪
## 다르게 볼 순 없을까?

'다르게 볼 순 없을까?' 이 질문이야말로 아주 간단하지만 우리가 스스로에게 좀 더 자주 물어야 하는 질문이다. 현실적으로 이 질문을 우리 삶 속에 적용하는 방법은 바로 브레네 브라운Brené Brown 박사가 말한 '재구성' 도구를 사용하는 것이다. 나는 약간 수정해서 이 도구를 내가 나 자신에게 하는 이야기라고 부른다. '다르게 볼 순 없을까'라는 질문도 우리의 사고방식을 재구성하고 시야를 넓히는 데 유용하긴 하다. 하지만, 골칫거리가 되는 생각들 앞에 '나는 스스로에게 이렇게 말한다'라는 말을 접두사처럼 사용하면 훨씬 더 확실하게 건강한 관점으로 문제를 바라볼 수 있다.

이 질문이 작동하는 방식은 이렇다. 예를 들어 최근 당신의 목표 중 하나가 생각처럼 잘 풀리지 않고 사실상 역효과가 나고 있다고 가정해보자. 그렇게 당신은 며칠을 허송세월하며 아직도 의미 있는 성취가 없다는 사실에 분노를 느낀다. 이때 당신이 이러한 분노의 감정을 수용하면서, 이렇게 말하는 것이다. '나는 스스로에게 이렇게 이야기하고 있다, 내가 목표를 성취하지 못하고 있는 이유는 삶에서 의미 있고 긍정적인 결과를 얻어내는 데 내가 완전히 무능하기 때문이다'라고 말이다. 그 후 아래와 같이 자문해본다.

▶ 내가 스스로에게 하는 이 이야기가 틀림없는 사실이라고 확신할 수 있는가?(이를 뒷받침할 근거가 있는가? 반대 의견을 뒷받침할 근거는?)

▶ 이 이야기를 사실이라고 결론 내릴 수 있는 또 다른(더 건설적인) 가능성은 없을까?

이 질문들을 충분히 숙고하라. 스스로의 사고방식에 의문을 제기하라! 내가 나에게 하는 이야기라는 다르게 보게 만드는 도구를 사용해 좀 더 건설적인 마음가짐으로 현실을 점검하라.

■ 마크 & 엔젤 체르노프는 〈뉴욕 타임스〉 베스트셀러인 《인생 파헤치기 프로젝트》의 저자이자 〈포브스〉에서 선정한 가장 영향력 있는 자기계발 블로그인 '마크와 엔젤의 인생 파헤치기(Marc & Angel Hack Life)'의 개설자다. 부부는 지난 10년 동안 글, 코칭, 현장 이벤트 등을 통해 지속적인 행복과 성공을 찾기 위한 검증된 전략들을 널리 알려왔다.

## 현실성 없는 계획

현실성 없는 계획은 상당한 난관이며, 각 단어 하나하나가 무척 중요한 의미를 담고 있다. 어떤 사람들은 계획은 갖고 있지만 '현실성'이 전혀 없다. 다른 사람들은 계획 자체가 '없다'. 왜냐하면 그들은 계획이 중요하다고 생각하지 않거나 스스로 '계획하는 부류'가 아니라고 생각하기 때문이다. 또 다른 사람들은 단순한 열정이나 아이디어를 계획과 혼동하고, 결국 아무 진척을 이루지 못한다.

이 에어 샌드위치를 극복하기 위해서는, 당신의 비전과 목적, 큰 목표들을 매일의 현실과 구체적인 계획이 필요한 프로젝트들과 연결하는 과정이 필요하다. 이 책을 통해 나는 당신에게 이 일을 하는 방법과 함께 현실에 적응하고 변화하는 계획을 세우는 방법까지 모두 보여줄 것이다.

## 부족한 자원

우리가 빅 워크를 미루는 이유는 목표를 이루기 위해 필요한 *자원이 너무 부족하다고* 생각하기 때문이다. 금전적 여유가 좀 더 있었더라면 비영리단체를 운영할 수 있었을 텐데. 시간이 좀 더 많았더라면 책을 쓸 수 있었을 텐데. 제대로 된 사람을 만났더라면 회사를 운영해볼 수 있었을 텐데. 이런 식으로 말이다.

그렇게 어영부영하는 사이, 우리는 늘 하던 대로 일을 쳐내느라 정신이 팔려 정작 필요한 자원 근처에는 못 가본다. 심지어 하던 대로 하던 중에 운명처럼 필요한 자원들을 마주치게 되더라도, 이를 못 보고 지나친다. 마치 스타벅스를 찾느라 혈안이 되어 당장 눈앞에 있는 커피숍을 못 보는 것처럼 말이다.

"할 수 있는 일을 하라, 지금 손에 쥔 것을 가지고, 서 있는 그 자리에서." 시어도어 루스벨트 전 미국 대통령의 이 말은, 마치 우리에게는 적용될 수 없는 말처럼 느껴진다. 왜냐하면 우리는 가진 것보다 훨씬 더 많은 것이 필요하다고 느끼기 때문이다. 그렇게 우리는 갖고 있지도 않은 것들 때문에 할 수 있는 일조차 하지 못한다.

### 손발이 안 맞는 팀

일반적으로 우리는 팀을 업무나 스포츠의 맥락에서 생각하는 경우가 많지만, 나는 이 개념을 삶의 좀 더 넓은 영역에 적용하고자 한다. 하지만 같은 맥락에서 내가 말하는 팀은 단순히 당신 주변의 사람들 모두를 의미하는 것은 아니다. 왜냐하면 당신 주변에 있는 사람들이 전부 당신의 빅 워크에 관련이 있지는 않기 때문이다.

당신과 당신의 반려자, 친구, 직장 동료, 혹은 지역사회가 모두 공유하는 목표에 일사불란하게 집중했던 때를 생각해보라. 그다음엔 그렇지 않았던 때를 생각해보라. 이 둘 사이에는 노력과 결과, 그로 인한 기쁨의 관점에서 어마어마한 차이가 있다.

우리 팀이 손발이 안 맞는 이유는, 팀 내 사람들끼리
싸우기 때문이 아니라, 서로가 무엇을 원하고 필요로 하며
꿈꾸고 있는지 충분히 소통하지 않기 때문이다.

때론 팀에 맞지 않는 사람이 있어서, 우리가 무엇을 원하고 필요로

하며 꿈꾸고 있는지 속내를 낱낱이 보이기가 두려울 수 있다. 혹은 우리가 정말로 원하고, 필요로 하고, 꿈꾸는 것이 무엇인지 몰라서 그저 어떤 영감이 우리에게 떠오르기만을 기다리고 있을 수도 있다. 그러나 그사이에 몇몇 사람들은 자신만의 길을 따라 움직이기 시작하고, 우리는 스스로를 희생해가며 그들의 일에 그저 들러리를 서게 된다.

## 다섯 가지 장애물은 함께 작동한다

우리 각자는 특정 한두 개의 문제와 씨름할 수도 있지만, 여러 개의 문제를 한꺼번에 맞닥뜨릴 때도 있다. 그게 바로 우리가 단순한 일들에 발목이 잡혀 있는 이유이기도 하다. 우리는 간단하고 단순한 문제를 해결하는 것에만 능숙하고, 여러 단계로 이뤄진 복잡한 문제를 다루는 데에는 형편없다.

예를 들어, 우리는 계획을 세우고 이를 실천하는 부류의 사람이 아니라는 것(생각 쓰레기)을 학습해버렸기 때문에, 빅 워크처럼 인생에서 큰 규모의 프로젝트를 실행하기 위한 현실성 있는 계획을 세우지 못한다. 그래서 우리는 일을 시작할 수 있는 소소한 방법들이 있다는 점을 깨닫지 못하고(부족한 자원), 우리를 도와줄 수 있는 주변 사람들마저도 우리와 똑같이 믿어버린다(손발이 안 맞는 팀). 혹은 여행을 하고 싶은 마음과 아이들의 학업 환경을 안정적으로 유지하고 싶은 마음 사이에서 극심한 갈등을 느끼고 있기 때문에(우선순위 충돌), 방학을 이용해 여행 계획을 세울 수 있다는 점을 간과하게 되고(현실성 없는 계획), 그래서 이를 위한 저축은 아예 생각도 하지 않게 된다(부족한 자원).

"하나에만 집중하라"는 말은 대체로 일리 있는 지침이지만, 앞서 말한 다섯 가지의 난관에는 적용되지 않는다. 우리는 모든 난관들에 동시에 대처할 수 있다. 바로 의도적으로 하나에 집중함으로써 다른 문제도 다룰 수 있다는 점에서 그러하다. 첫 번째 사례를 예로 들어보면, 우리가 말하는 '계획하는 부류'의 사람 같은 건 원래 없다는(혹은 있다면 우리도 그중의 하나일 수 있다는) 점을 인정하는 순간, 우리는 이미 주어진 자원들과 주변인의 도움을 활용해 현실성 있는 계획을 세울 수 있게 된다. 물론 다른 사람들에게 도와달라고 부탁하는 행위가 도움을 요청하는 행위에 대한 생각 쓰레기를 더 증폭시킬 수도 있다. 그러나 이렇게 부탁함으로써 적어도 삶의 비전과 우리의 하루하루를 맞추는 데 한 걸음 더 가까이 다가간 것만은 분명하다.

## 빅 워크를 현실로 만드는 다섯 가지 핵심 열쇠

에어 샌드위치 문제를 해결하고 싶다는 생각에 강력하게 사로잡히게 되면, 우리는 자연스럽게 할 일 목록이나 계획, 생산성 관련 애플리케이션, 참고할 만한 책 같은 것들에 손을 뻗게 된다. 그러나 이런 시도들은 아무리 최선을 다한다 한들 결국은 위에 해당하는 수준의 문제만을 다루기 때문에 대부분 실패로 끝난다. 사실 에어 샌드위치 속 문제들은 아래쪽에 있다. 예를 들어, 하루 일과를 계획하는 것 자체는 전혀 어렵지 않다. 진짜 난관은 바로 우리가 계획을 실천하는 것이다. 그리고 이를 도와주는 어떤 핵심 애플리케이션이나 체계, 아이디어도 존재하지 않는다.

정말 우리에게 도움이 되는 것은 훈련과 한계를 분명히 하는 것이다. 우리에게 빅 워크를 현실로 만드는 핵심 열쇠들은 아래와 같다.

▶ 의도
▶ 인식
▶ 한계
▶ 용기
▶ 훈련

이 열쇠들은 아리스토텔레스 철학의 덕목과 행동 지침의 현대식 통합본이라고 볼 수 있다. 내가 덕목이라는 단어를 쓴 것은 아리스토텔레스와 같은 이유다. 이것들은 훈련된 행동이기에 너무 과하거나 모자랄 수도 있기 때문이다. 그러나 과하든 부족하든 양극단은 우리가 누릴 수 있는 성공을 줄일 뿐이므로, 우리는 이 두 극단의 중간점을 취해야 한다. 적절한 열쇠를 찾아 적절한 수준으로 적용하는 문제는 천 년 전이나 지금이나 동일하다. 하지만 에어 샌드위치가 어떤 문을 열어야 하는지 보여주고 있다면, 적어도 우리는 이 문을 열 수 있는 다섯 가지 열쇠를 갖고 있다고 볼 수 있다.

각각의 열쇠를 좀 더 상세하게 살펴본 뒤, 각 열쇠가 에어 샌드위치 문제를 어떻게 다룰 수 있는지 알아보자.

### 의도

왜라는 질문부터 시작하라. 마무리를 염두에 두고 시작하라. 3년 후 당신의 인생이 어디에 위치할지를 숙고하라. 이 평범한 조언들은 사실 모두 똑같은 말을 달리 표현하고 있는 것일 뿐이다. 바로 '의도'다.

목적에 대해 나누는 대화의 대부분은 의도에 뿌리를 두고 있다. 여기에는 우리가 목적을 분명히 알고 있다면 우리가 훨씬 의도적으로 우리의 나날과 인생 전체를 사용할 수 있다는 가정이 깔려 있다. 만약 우리가 목적을 모른다면, 우리의 행동은 어떤 연관성이나 의미가 없는 것처럼 느껴질 것이다. (그래서 사실 목적을 찾는 행위는 불확실성에 대한 뿌리 깊은 두려움을 잘 위장한 것이라 말하기도 한다.)

고객이나 학생들과 이야기하다 보면 늘 어김없이 의도에 대해 이야기하게 된다. 왜냐하면 우리는 계획에 대해 이야기하고 있기 때문이다. 계획을 세우기 위해서는 목적이 있어야 한다. 계획과 목적은 곧 당신이 시간을 사용하는(혹은 사용하지 않는) 방식에 대한 의도이자 동시에 당신에게 무엇이 중요하고 중요하지 않은지를 말해주는 기준이다. 우리가 빅 워크를 하지 않는 이유는 그에 대한 분명한 의도가 없기 때문이다. 하물며 우리가 하루 일과를 계획하는 수준까지 파고든다면, 두말해 무얼 하겠는가.

의도는 과도하게 만들어진 경우보다는, 충분히 개발되지 않은 경우가 더욱 흔하다. 적어도 보기에는 그렇다. 하지만 특정 목표를 달성하기 위해 특정 시간, 특정 방법에 과도하게 집착하느라 극심한 불안감에 시달리는 사람들도 있다. 이들을 보면 얼마나 많은 사람이 자기가 의도한 대로 세상이 돌아가도록 만들고 싶다는 지독한 집착으로 인해 고통받는지 깨닫게 된다. 세상은 우리가 원하지 않았던 방식으로 돌아가면서 우리를 약 올린다. 하지만 13세기 페르시아의 시인이었던 루미<sup>Rumi</sup>는 이렇게 말한다. "어제의 나는 영리했기에, 세상을 바꾸고 싶었다. 오늘의 나는 현명하기에, 나 자신을 바꾸려 한다."

이해할 수 있는 의도라면, 의도하는 '대상'이 분명히 존재한다. 우리가 일을 변화시킬 때 '프로젝트'를 닻으로 삼는 가장 주된 이유 중 하나는, 프로젝트를 통해 우리가 의도적으로 어떻게 우리의 시간과 에너지, 주의를 해당 프로젝트에 사용할 수 있을지 중심을 잡을 수 있기 때문이다. 프로젝트란 마치 우리가 명상을 할 때 호흡이나 특정한 감정에 집중하는 것과도 같다.

### 인식

"너 자신을 알라"라는 격언은 소크라테스에서부터 노자와 부처, 힌두교 성전인 《바가바드기타》와 《성경》에 이르기까지 전 세계를 통틀어 가장 기본이 되는 핵심 철학이라 할 수 있다. 위 언급된 경전들은 모두 재앙이 자기 자신을 알지 못하는 사람을 따른다고 말하고 있다.

실존적 고찰을 한쪽으로 미뤄둔다 하더라도, 인식은 여전히 중요하다. 예를 들어 우리가 빅 워크를 위한 계획을 세울 때는, 우리가 현재 가진 것 중에서 어떤 종류의 에너지를 얼마나 사용할 수 있는지 인식하고 계획을 세워야 한다. 아주 심오하고 창의적이며 집중을 요하는 일은 특정한 에너지를 필요로 한다. 어떤 사람들은 하루 중 특정 시간에는 유별스레 고약해지거나 반대로 유별나게 친절해질 수 있다. 이런 식의 것들을 모두 인식해야 하는 것이다.

인식은 자신의 빅 워크가 무엇인지 알고, 그 빅 워크를 하고 있는 도중에 언제 감정과 존재감이 움직이는지 알아차리는 데 필수적인 요소다. 우리 중 자신의 빅 워크가 무엇인지 정확하게 아는 사람은 매우 소수에 불과하므로, 우리 대부분은 자기만의 길을 찾기 위해서는 내면에서 속삭이는 말들과 마음이 이끄는 세심한 손길에 주의를 기울여야만 한다. 우리가 성장하기 위해서는 우리가 언제 깨달음을 얻고 경이로움을 느끼며 몰입하는지 혹은 언제 억울함을 느끼고 아무런 감각도 느끼지 못하며 두려움에 사로잡혀 있는지 주의를 기울여 인식의 수준을 높여야 한다. 이것이 성장의 핵심이다.

지금까지는 인식을 어떻게 세우는지에 대해 이야기했다. 프로젝트의 위험과 기회를 직시할 때 우리는 변화의 바다에서 파도에 휩쓸리지 않고 자유롭게 헤엄칠 수 있다. 에어 샌드위치를 채우는 것이 무엇인지 직시할 때 우리는 어떻게 이 장애물들을 조금이라도 극복할 수 있을지 알 수 있다. 보이지 않는 것은, 이기기는커녕 활용조차 할 수 없다.

## 한계

한계를 이야기할 때에는 대체로 *사회적* 한계라는 맥락에서 이야기를 한다. 즉, 이때의 논제는 주로 당신이 타인의 행동을 수용할 수 있는 한계와, 상대방과 그들의 행동으로부터 어떻게 거리를 둘 수 있는지에 대해 집중하는 것이다. 물론 이것도 중요한 이야기이긴 하다. 하지만 이런 식의 논의는 한계를 상당히 편협한 시각으로 바라보게 만들어 사람들이 한계에 대해 논하고 싶지 않게끔 만든다. 왜냐하면 이들은 한계가 사람들을 밖으로 떠미는 것 혹은 사람들이 다른 사람을 떠밀어낼 수 있도록 문을 여는 것과 같다고 보기 때문이다.

그러나 한계를 좀 더 넓은 관점에서 생각할 수도 있다. 한계에는 긍정적 한계와 부정적 한계가 모두 존재한다. 긍정적 한계란 어떤 대상을 위하여 거리를 두는 것이며, 부정적 한계란 어떤 대상을 격리하기 위해 거리를 두는 것이다. 앞 문단에서 이야기했던 사회적 한계는 부정적 한계의 사례다. 긍정적인 사회적 한계는 우리가 아이들이나 반려자 혹은 친구를 위해 유지하는 거리를 말한다. 물론 때로는 적당한 거리를 두기 위해 무언가를 배척해야 할 때도 있다. 다시 말해, 긍정적 한계를 만들기 위해 동시에 부정적 한계를 만들어야 할 때도 있다는 것이다. 여기서 중요한 것은 의도다. 사람들의 부정적 한계가 무너지는 이유는 그들이 어떤 목적으로 그 한계를 정했는지 불분명하기 때문이다.

만약 당신이 빅 워크를 하기 *위한* 한계와 빅 워크를 하지 못하도록 방해하는 일로부터의 한계를 분명히 하지 않는다면, 다른 일들이 항상 당신의 빅 워크를 제쳐놓을 것이다. 한계를 분명히 하고 이를 유지하는 것은 힘든 일이다. 하지만 그건 당신에게만 해당되는 이야기가 아니다. 삶 속의 수많은 다른 일처럼, 한계도 그 나름의 가치가 있다.

## 용기

세상에는 똑똑하고 열정 넘치는 사람들이 수도 없이 많다. 하지만 이들은 멋진 아이디어와 넘쳐나는 노하우를 알고 있음에도 불구하고, 용기가 부족하다는 이유 단 하나만으로 그 멋진 아이디어들을 실천에 옮기지 못하고 있다. 용기야말로 가장 중요한 일을 끝마치는 데 있어 재능보다 더 중요한 것이라 할 수 있다. 왜냐하면 용기 있는 행동은 재능을 살리지만, 두려움은 우리를 과거의 한계 속에 가두기 때문이다.

사실 용기를 말할 때면 전장의 병사나 생명을 구하는 소방관 혹은 부당한 조치에 맞선 사람들 같은 영웅담이 머릿속에 떠오른다. 많은 사람들은 용기 있는 행동을 뭔가 뉴스에 실리거나 소설이나 영화가 될 만한 어떤 것이라고 생각한다.

물론 이런 행동들 역시 용기에서 비롯된 행동이 맞고, 분명 칭찬받아 마땅한 것이다.

하지만 이런 종류의 영웅적 행위를 용기를 발휘한 대표 사례로 삼게 되면, 우리 삶을 윤택하게 하는 데 필요한 매일의 용기는 쉽게 가려질 것이다. 용기를 실천하지 않을 핑계로 삼기도 쉬워진다.

빅 워크를 하기 위해 매일 선택을 거듭하면서, 당신은 용기를 발휘하는 연습을 한 것이다. 어려운 말을 먼저 꺼내거나 난감한 대화에 참여하는 것 혹은 선을 지키는 하루를 보냄으로써, 당신은 또 하루 용기를 발휘하는 연습을 한 것이다. 당신의 빅 워크를 과감하게 다른 사람들에게 공유하면서, 당신은 용기를 발휘하는 연습을 또 하루 한 것이다. 일을 하다가 '옴짝달싹 못하는' 상황에 빠졌을 때 도망가지 않고 이 상황을 인정하고 받아들이면서, 당신은 또 용기를 연습한 것이다.

물론 반대로 생각하면, 난감한 대화를 거부하고, 빅 워크를 피하며, 교착 상태에 빠진 프로젝트에서 발뺌한 날, 당신은 비겁한 행동을 연습한 것이다. 이로써 다음번에 비겁한 행동을 하는 것은 더욱 쉬워질 테다. 하지만 겁쟁이 혹은 겁쟁이의 탈을 썼다고 불리기를 원하는 사람은 없을 것이다. 그런 운명을 피하는 힘은 우리 안에 있다.

우리가 빅 워크를 하지 못하도록 방해하는 것이 결국 내 안에 용기가 부족하기 때문이라는 것을 올바르게 깨닫고 나면, 앞으로 어떻게 해야 나아갈 수 있을지 더 강력하고 예리하게 질문할 수 있게 된다. 예를 들어, 지식에 격차가 있다고 착각할 때 우리는 이를 메꿀 행동들을 연구한다. 그러나 빅 워크에 있어서는, 원하는 정보와 얻을 수 있는 정보 사이에 항상 괴리가 있을 수밖에 없다. 왜냐하면 빅 워크에 투입한 노력과 이에 따른 결과에 어떤 보증도 없기 때문이다. 빅 워크는 현재 시점의 어떤 정보로도 온전히 예측할 수 없는 방향으로 우리 자신과 세계 전체를 변화시킨다.

같은 맥락에서 만약 우리가 경쟁력이나 재능의 격차, 즉 종종 "능력이 안 된다"고 말하는 상황에 처했다고 생각해보자. 이때 우리는 빅 워크를 진척시키기 위해 스스로를 성장하도록 몰아붙이기보다는, 안전한 학습 환경 속에서 시간을 보내면서 우리가 아직도 부족하다는 불신을 키워가기 쉽다. 전문가로 성공하기 위해 필요한 근본적인 용기를 키우는 데 아무 쓸모도 없는 학위와 자격증을 따는 것에 수많은 시간과 돈이 낭비되고 있는 현실이 이를 입증한다. 이것들은 전문직의 세계에서 살아남는 데 아무 쓸모가 없다.

여기서 우스운 질문을 해보자. 당신에게 제일 중요한 프로젝트 세 개를 생각한다. 그리고 이 프로젝트에 대해 아래 두 가지 질문을 자문해보자.

① 이 프로젝트를 하기 위한 가장 똑똑한 다음 단계는 무엇일까?
② 이 프로젝트를 하기 위한 가장 용감한 다음 단계는 무엇일까?

만약 스스로 솔직하게 대답한다면 두 질문에 대한 당신의 답에는 상당한 차이가 있을 것이다. 단순히 질문에 대한 느낌뿐 아니라, 실제로 다음 단계로 나아가기 위해 어떻게 행동할지에 대해서도 말이다. 그러나 사실 가장 현명한 다음 단계는 아마도 가장 용기를 필요로 하는 단계일 것이다. 똑똑한 사람은 이미 충분하다. 우리에게 필요한 것은 용기 있는 사람이다.

당신이 빅 워크를 하고 있다면, 두려움이 스멀스멀 흉측한 얼굴을 드러낼 때마다, 끊임없이 포기하고 싶은 충동과 맞닥뜨릴 것이다. 그러나 두려움은 사실 그 얼굴을 감추고 삶 속에 위장해 당신을 은밀히 지켜보고 있을 때 가장 강력하다. 정보, 노하우, 재능 혹은 일반적인 준비 상태 같은 것들만으로는 앞으로 나아가는 데 충분하지 않다. 오직 용기와 믿음만이 당신의 유일한 무기이자 갑옷이다.

하지만 다행히도, 그게 당신에게 필요한 전부다. 게다가 용기는 쓰면 쓸수록 더욱 강해진다.


훈련

재능과 경험은 부족하더라도 잘 훈련된 사람은, 조금 서투를지언정 결국은 성공으로 가는 길을 밀어붙일 수 있다. 이 말은 사실 우리처럼 '창의적인' 사람들에게는 대단히 좌절을 안겨주는 말이다. 절대 그만둘 수 없는 아이디어와 관심사의 반의반 정도를 우리가 꾸역꾸역 해내는 동안, 잘 훈련된 사람들은 (우리가 보기에는) '너무 편협하고', '너무 제한적이며', '너무 흔한' 일들에서 몇 걸음이나 더 진보를 이뤄낸다. 이를 목격한 우리는 열심히 일하는 것은 진즉에 때려치우고 저녁에 집에 가서 그냥 아이스크림이나 더 퍼먹기로 한다.

사실 우리는 마음 깊은 곳에서 알고 있다. 우리가 겪고 있는 좌절감이, 성공을 향해 열심히 돌진하고 있는 훈련된 사람들 때문이 아니라 사실은 우리 자신의 훈련 상태에 대한 것임을. 또 우리가 충분히 훈련했다면 얼마나 더 행복해졌을지 우리는 잘 알고 있다. 그러나 우리는 타고나길 훈련될 수 없는 것처럼 느끼고, 훈련이라는 단어 자체에 본능적으로 거부감을 느낀다. (추측컨대 당신이 이 부분을 계속 읽고 있는 이유도, 미간을 잔뜩 구긴 채로 좀 더 편안한 주제로 넘어가고 싶은 충동보다, 당신의 호기심과 자기 인식이 더 강력하기 때문일 것이다.)

내면의 재능, 창의성, 의욕은 적절한 훈련으로 연결될 때,
우리의 타고난 힘을 일깨운다.

훈련이 동반되지 않으면, 우리는 절망적이고 하찮으면서 충족되지 않는다고 느끼게 된다. 훈련은 우리 에너지가 목적을 가지고 건설적인 방향으로 움직이도록 길을 터준다. 하지만 훈련이 부족하면 우리의 에너지는 파괴적인 방향으로 이리저리 분출된다. 우리가 가장 손쉽고 빠르게 파괴할 수 있는 대상은 바로 우리 자신이다.

습관은 자동으로 굳어진 훈련을 말하지만, 이들이 처음부터 자동으로 유지되었던 것은 아니다. 늘 하는 아침 일과는 훈련으로 굳힌 습관의 좋은 사례다. 그러나 효과적인 아침 일과가 처음부터 저절로 그렇게 굳어진 것은 아니다. 당신이 그 습관을 형성하는 한계를 설정하고 훈련을 통해 그 한계를 잘 지켜야만 하는 것이다.

끝내야 할 몇 개의 프로젝트를 잘 골라서, 여기에 집중하는 것 역시

도 훈련이 필요하다. 당신은 그간 너무 많은 프로젝트를 수락하는 바람에, 지금 떠맡은 프로젝트가 상당히 많을 것이다. 사실상 잘 거절하는 것만으로도 엄청난 진전을 이룰 수 있다.

훈련에 대해 반감을 느끼는 주된 이유는 훈련이 자유나 행복 같은 것보다는 처벌이나 고통과 더 자주 연결되기 때문이다. 우리가 어렸을 때는 훈련이 곧 처벌과 고통을 의미했기에 이런 연관성도 나름의 근거가 있다. 하지만 이 경험이 훈련의 전부는 아니다. 우리처럼 창의적인 사람들 중에서 가장 행복하고 성공적인 부류는 오히려 가장 훈련을 잘 받은 사람들이다. 예를 들어, 자기계발 분야의 베스트셀러 작가인 팀 페리스 (《타이탄의 도구들》을 집필했다 – 옮긴이)가 인터뷰했던 거물급 혹은 멘토급 사람들 중 거의 모든 사람이 명상 혹은 운동요법을 아주 보편적인 훈련법으로 활용하고 있었다. 나 역시 사회적으로 매우 성공한 친구들과 동료들, 고객들에게서 비슷한 양상을 발견한 바 있다.

훈련이 가진 또 다른 효과는 우리 대부분이 경험한 선택 피로를 줄여준다는 점이다. 꾸준하고 규칙적인 아침 일과처럼 습관은 수많은 선택지를 감소시켜준다. 일의 종류에 따라서 시간적 제약이 선택지를 더욱 단순하게 줄여주기도 한다. 매일 그렇게 선택지들을 줄여나감으로써 우리는 감정과 창의적 에너지를 절약하고, 이 에너지를 우리가 빅 워크를 할 수 있는 동력으로 바꿔 쓸 수 있다.

우리는 각자의 빅 워크를 끝까지 해냈을 때 가장 행복하다. 적절하게 적용되고 개발되면, 훈련은 빅 워크를 더 많이 할 수 있도록 해준다. 역설적으로 들리겠지만, 자유와 행복은 훈련한 만큼 정확하게 증가한다. 왜냐하면 가장 중요한 일을 하기 위한 기초가 훈련이기 때문이다.

## 제임스 클리어 James Clear ■

## 프로와 아마추어의 차이

너무 중요해서 삶의 어떤 영역에서든, 어떤 종류의 경쟁 속에 있든, 당신을 돋보이게 해주는 하나의 기술이 있다. 바로 '훈련'이다.

매일 출석하고 시간 약속을 지키며 일을 해내는 습관. 특히 당신이 그렇게 하고 싶지 않을 때도 그렇게 해내게 만드는 훈련은 정말 중요하다. 이 습관이야말로 말 그대로 당신이 상위 1퍼센트가 되는 데 꼭 필요한 것이다.

그렇다면 잘 훈련된 삶이란 어떤 모습일까?

훈련된다는 것은 정말 중요한 것을 중요하다고 단순하게 말하는 것을 넘어서, 실제로 그것에 전념하는 것이다. 그러면 심지어는 멈추고 싶은 순간에도 그 일을 시작하게 된다. 더 일하고 싶어서가 아니다. 당신의 목표가 너무 중요해서, 그저 마냥 상황이 좋을 때만을 기다리지 않고 우선순위를 현실로 만드는 것이다.

잘 훈련되었다고 해서 당신이 반드시 워커홀릭인 것은 아니다. 훈련되었다는 것은, 원하지 않는 순간에도 삶의 희생양을 자처하며 인생에서 벌어지는 일을 그대로 손 놓고 바라보기만 하지 않고 당신에게 중요한 것을 위해 쓸 시간을 마련하는 능숙함을 의미한다.

당신이 일을 하다 보면, 출근하고 싶지 않은 날이 있을 것이다. 운동을 하다 보면, 지금 이 운동만큼은 하고 싶지 않을 때가 있을 것이다. 글을 쓸 때면, 아무것도 쓰고 싶지 않을 때가 있다. 하지만 짜증 나고, 괴롭고, 죽을 것 같은 순간을 넘어서는 것. 그것이 바로 프로와 아마추어를 구별하는 차이다.

프로는 정해진 스케줄을 지키는 훈련을 받은 사람들이다. 아마추어는 삶이 흘러가는 대로 내버려두는 사람들이다.

■ 제임스 클리어는 습관을 연구하는 연구자로, '습관 아카데미Habits Academy'의 설립자이자 〈뉴욕 타임스〉 베스트셀러인 《아주 작은 습관의 힘》의 저자이다.

## 에어 샌드위치를 극복하는 다섯 가지 열쇠 활용법

이상적으로 생각하면, 에어 샌드위치 사이에 있는 장애물들은 각각 고유한 열쇠로만 해결이 가능하다. 같은 의미에서 우리는 한 번에 하나의 장애물만 놓여 있다고 생각한다. 하지만 현실에서는 여러 개의 큰 장애물들이 서로 다른 프로젝트에 얽혀 있어 이를 해결하기 위해선 여러 개의 열쇠를 동시에 사용해야 한다. 단, 열쇠가 하나쯤 모자라도 프로젝트를 밀어붙이는 데 큰 문제가 되지 않는다.

이제부터 여러 종류의 장애물과 이에 대처하기 위해 필요한 열쇠들에 대한 간략한 지침을 소개하려고 한다. 반드시 이 지침대로 열쇠를 사용해야만 하는 것은 아니지만, 아마도 이 열쇠들이 당신 앞길을 가로막는 돌덩이들을 밀어내기 위한 가장 효과적인 지렛대가 될 것이다.

### 충돌하는 우선순위를 정리하라

우선순위가 충돌한다는 것은 우선순위가 무엇인지도 제대로 모르고,

우리 목표와 계획이 서로 맞지 않는 걸 알아차리지 못해서 일어난 결과다. 이 점을 인지한다면, 충돌하는 우선순위를 정리하는 열쇠는 상당히 간단하다.

**의도**

당신에게 중요한 것이 무엇인지 확실히 하고, 이 우선순위를 밀어붙여라. 노력하는 한 항상 현재보다 더 큰 성취를 이룰 수 있음을 인지하라.

**훈련**

중요한 것을 먼저 하라. 다른 쉬운 것이 있더라도 말이다.

**한계**

다른 사람들의 우선순위가 영향을 미칠 수 없도록, 상황과 기대 수준을 설정하라.

생각 쓰레기에 대해서 고민하다 보면 '맞아, 하지만~'이라고 변명하게 되는 경우가 허다하다. '맞아, 하지만~'에 대처하는 손쉬운 방법 중 하나는 똑같은 생각 쓰레기를 해결하려고 하는 친구에게 뭐라고 조언할지 생각하는 것이다.

## 생각 쓰레기를 버려라

생각 쓰레기의 실체를 보고 나면 사실 아무것도 아니다. 하지만 그렇다고 해서 생각 쓰레기가 저절로 사라지는 것은 아니다. 게다가 어떤 것은 거짓이라고 해도 얼마든지 영향력을 발휘할 수 있다. 아래 열쇠들이 당신의 생각 쓰레기를 깨끗이 버릴 수 있도록 도와줄 것이다.

### 인식

언제 자기 파괴적인 믿음의 양상이 나타나는지 예의 주시하라. 무엇이 현실이고 무엇이 쓸데없는 생각인지 파악하라.

### 용기

용기를 갖고 이러한 터무니없는 믿음에 도전하라. 이런 믿음 패턴을 약화시키는 실험을 고안하라. 당신이 겪고 있는 모든 것은 당신의 결정과 반응이 함께 만들어낸 것이라는 현실을 인정하라.

### 훈련

믿고 있는 것에 끝없이 의문을 제기하고, 실험을 계속하며, 책임감을 가지고 변화를 추구하라. 훈련되지 않은 용기는 욱하는 감정만 불러일으킬 뿐, 근본적인 변화는 가져오지 못한다.


## '현실성 없는 계획'을 '현실적인 계획'으로 바꿔라

현실적인 계획을 세우는 데 도움이 될 열쇠들을 살펴보기 전에 분명히 알아야 할 것이 있다. 계획은 그저 상황을 명확하게 해줄 뿐, 그 어떤 것도 보장하지 않는다는 점이다. 많은 사람이 계획을 세우고도 만족하지 못하는 이유는, 그들이 스스로 뭘 해야 할지 알고 있으면서도 그것이 성공으로 연결되리라는 확신이 없기 때문이다. 또는 현실적인 계획을 세웠다 하더라도, 일을 마무리하는 데 필요한 자원을 충분히 모으지 못할까 봐 지레 겁먹었기 때문이다. 그래서 결국 그들은 프로젝트에서 한 발 뒤로 물러서서 앞으로 벌어질 일을 보지 않으려 한다.

다음 장에서는 우리가 시도하는 것은 아이디어가 아니라, 바로 '프로젝트'라는 점을 살펴볼 것이다. 어쩌면 당신은 이미 이전에 계획을 세웠을 수도 있다. 그 경우라면 아래의 열쇠들이 도움이 될 것이다.

### 인식

어디서 당신이 무너지고, 어디서 당신이 빛나는지, 어디쯤에서 프로젝트를 그만둘 것 같은지 인식하라. 이 문제는 7장에서 좀 더 자세히 살펴보겠다.

### 훈련

밝고, 반짝반짝 빛나는 요주의 대상의 유혹에도 흔들리지 말고 계획에 집중하라. 여기서 말하는 '밝게, 빛나는, 요주의 대상'이란 불쑥불쑥 끝없이 나타나 우리 주의를 산만하게 만드는 것들이다. 우리는 이를 발견하고 대처할 수 있다.

### 의도

분명하고, 순수하고, 구체적이면서도 유용한 목표나 목적지를 설정하라. 소설가이자 철학가인 루이스 캐롤Lewis Carroll의 말처럼, "목적지를 모르고 걷다 보면, 아무 길이나 다 목적지가 될 것이다". 우리는 딱 하나의 길을 걷는 것보다, 갈 수 있는 모든 길을 다 그리는 것을 더 좋아한다.


## 자원 부족을 극복하라

빅 워크를 하기 위해 필요한 모든 자원을 충분히 갖고 있을 가능성은 매우 낮다. 더 크게 성공할수록, 빅 워크는 새로운 능력에 맞도록 더 커진다. 갖고 있는 자원의 크기에 상관없이 지략을 발휘하는 능력을 배우는 건 인생의 기술이다. 아래 열쇠들이 당신이 갖고 있는 능력을 최대한 활용할 수 있는 방법을 알려줄 것이다.

### 인식

지금 갖고 있지 않은 것보다는, 내가 다른 사람에 비해 더 많이 갖고 있는 것에 초점을 맞춰라. 그리고 자문하라. "어떻게 하면 X라는 자원 없이 프로젝트를 마칠 수 있을까?", "이 프로젝트를 마치는 데 내가 아직 사용하지 않은 것은 무엇인가?"

### 훈련

효율성을 극대화하는 데에는 훈련이 필요하다. 우리 대부분은 우리가 가진 것을 비효율적으로 사용하고 있다. 어떻게 하면 이미 갖고 있는 자원들을 더 효과적으로 사용할 수 있을까?

### 용기

용기를 갖고 소수의 프로젝트에 좀 더 온전하게 몰입하라. 우리가 소수의 목표와 프로젝트에 자원을 집중하지 않는 이유는, 우리가 이 프로젝트에 성공하리라는 확신이 없는 탓에 혹시 모를 위험을 줄이고 싶기 때문이다. 그 결과, 프로젝트를 성공시키기에 너무 적은 자원을 투입하게 되고, 그 자원은 조금씩 수많은 프로젝트에 분산된다. 만약 위험을 고려하지 않는다면, 어떻게 자원을 투자할 것인가?

---

## 이시타 굽타 Ishita Gupta ■

## 용기 근육을 키워라

*용기. 두려움. 실패. 자신감.*

우리 인생은 이 단어들을 중심으로 돌아가지만, 우리는 이 단어들이 무엇을 의미하는지 이해하지 못하고 있다. 당신도 모르고, 나도 모른다.

이제 이 네 단어에 대한 새로운 정의를 제안하려 한다. 새로운 정의를 통해 당신은 좀 더 안심하고 희망을 가질 수 있는 것은 물론이고, 보너스로 더 나은 미래를 얻을 수 있을 것이다. 그 정의는 바로 **연습**이다.

사실 우리가 하는 혼잣말이 형편없다는 것은 큰 문제가 아니다. 진짜 문제는 우리가 이를 **연습**한다는 점이다. "난 부족해." "내가 왜 이걸 하고 있지?" "난 못해." 우리는 이 말을 매일 수천 번 반복한다.

그 하루가 삼 일이 되고, 열흘이 되고, 한 달이 넘어버린다. 머지않아 우리는 정말 그런 사람이 되어버린다. 불가능하다고 생각하는 사람. 우리의 뇌는 이를 알아차리고 목표를 설정한다. '모험 금지.'

물론 우리가 이 사실을 메일로 모두에게 광고하지는 않는다. 회의에서 말하는 것도 아니고, 웅변을 하는 것도 아니다. 그렇다면 우리는 어떻게 하는가? 우리가 하는 것이라곤 우리 자신에게 반복해서 끝없이 이야기하는 것이다. 바로 우리 스스로 초라하게 느끼도록, 안에서부터 곪아 죽도록 하는 거짓된 이야기를 말이다.

그것이 바로 우리 스스로 매일 키우기로 선택한 근육이다. 하지만 만약 우리가 용기를 갖고 있는지 의문을 갖기보다 그냥 그것을 반복해서 연습하면 어떻게 될까? 실패하면 어떻게 될지 걱정하는 대신, 그냥 그 위험을 감수하는 것을 마음으로 연습한다면? 하루 종일, 그렇게 매일을, 우리 뇌를 체육관에 데려간다면? 그 하루가 삼 일이 되고 열흘이 된다면? 마음 체육관은 우리가 어떻게 위험을 감수하는지 훈련하는 곳이다. 이곳에서 행동을 취하는 근육을 훈련시키되, 부끄러움의 근육은 퇴화시켜라. 자신감과 긍정적인 자기 대화를 반복해서 쌓아올려라.

부탁하라. 이메일을 보내라. 겁이 좀 나도 괜찮다. 망쳐도 된다. 다시 하라. 다시, 또다시 반복하라. 이것이 바로 당신 뇌의 새로운 기본값이 될 때까지. 우리가 지금 달리고 있는 이 경주 대신, 우리가 달리고 싶은 경주를 생각하며 마음을 다잡으면 어떻게 될까?

■파격적인 이야기꾼이자 브랜드 설계자인 이시타 굽타는 미디어, 비즈니스, 출판을 활용해 높은 성과를 내는 사람들에게 브랜드와 여러 자원을 연결해주는 일을 하고 있다. 마케팅 구루로 유명한 세스 고딘의 수석 홍보인으로, 이시타는 세스 고딘의 책 다섯 권을 베스트셀러에 올려놓은 것은 물론이고, 잡지 《용감한Fear.less》을 펴내 두려움을 극복해낸 선도적인 작가들, 사상가들, 기업가들을 소개하기도 했다. 현재는 미 전역을 돌면서 모험, 리더십, 사고방식, 성과, 자신감에 대한 강의를 하고 있다.

## 당신의 팀이 함께, 당신을 위해 일하도록 만들어라

팀이 잘 정비되었는지에 따라, 제자리에서 빙빙 돌 수도 있고 뒤에서 불어오는 바람을 업고 수월하게 전진할 수도 있다. 사람들은 각자의 계획을 가지고 있으며, 타인의 마음을 읽는 게 불가능하다는 점을 고려하면, 이런 상황에서 그들이 함께, 당신을 위해 일하도록 하는 건 당신에게 달렸다. 아래의 열쇠들이 문제를 해결하는 데 도움이 될 것이다.

### 인식
당신이 진실로 원하고, 필요로 하고, 꿈꾸는 것이 무엇인지 명확하게 인식하라. 그리고 그것에 대해 다른 사람들과 분명하게 의사소통하라. 이렇게 하는 것은 생각보다 훨씬 더 어렵다.

### 한계
목표 달성에 필요한 기대 수준, 구조, 공간을 잘 설계하라. 언젠가, 누군가,

어느 시점 같은 모호한 단어를 구체적인 날짜, 사람, 시간으로 바꿔라.

**용기**
자리를 확실히 잡고, 주저 말고 도움을 구하라. 당신만 희생하고 있다고 엄살 부리지 마라. 그래야 사람들이 당신을 좋아할 것이다.

## 더 연습해야 하는 열쇠는 무엇인가?

당신의 성장환경, 교육, 경험, 선택, 선호도가 당신이 어떤 열쇠를 더욱 활성화하고 더 연습해야 하는지에 매우 큰 영향을 줄 것이다. 아마 당신은 특정 열쇠를 특정 영역에서 훨씬 더 많이 혹은 덜 사용했을 것이다. 나의 경우 많은 영역에서 훈련은 상당히 쉬운 편이다. 하지만 달리기를 하는 습관을 들이는 것이나 감자 편식을 극복하는 것에는 늘 어려움을 겪는다. 비슷하지만, 나는 사람들 앞에 서서 연설을 하거나, 영업을 하거나, 내가 하는 일을 대중에게 공개하는 것에서는 용기를 쉽게 발휘할 수 있다. 하지만 노래를 하거나 기타를 연주하는 것만큼은 다르다. 내가 창피해하지 않아도 될 만큼 충분히 잘한다는 평가를 받음에도 불구하고, 그 모습을 보여줘도 된다고 믿을 수 있는 사람 앞이 아니면 노래와 기타 연주를 할 수 없다.

그러나 내 경험을 돌이켜보건대, 대부분의 사람들은 자기가 어떤 열쇠를 더 잘 쓰고, 어떤 열쇠를 더 연습해야 하는지 잘 알고 있다. 기억하라. 열쇠들은 우리가 더 자주 쓸 때에만 습관이 된다는 사실을. 이 핵심 열쇠들은 타고나는(혹은 타고나지 않는) 식의 내재된 재능이 아니다. 한계를 확실히 정하지 못하겠다고 말하는 것은, 말하자면 나는 그걸 연습하지 않겠다고 스스로 선택하는 것이나 다름없다.

핵심 열쇠들을 더 많이 연습할수록, 당신이 빅 워크를 끝마치고 성공을 이루는 것도 더욱 쉬워진다. 당신이 어떤 열쇠를 선택하느냐에 따라 이 열쇠들은 빅 워크를 막는 장애물이 될 수도, 끝마치는 지름길이 될 수도 있다. 이제까지 무엇을 연습하기로 선택했는지에 대해 말했다면, 이제는 이 다섯 개의 핵심 열쇠를 연습하고 당신에게 중요한 문제가 무엇인지 선택할 시간이다.

# 02
----
## 요약

▶ 에어 샌드위치는 당신이 가진 큰 그림과 당신이 겪는 매일의 현실 사이의 격차를 말한다.

▶ 샌드위치 사이에는 당신이 빅 워크를 다 하지 못하도록 방해하는 다섯 가지 장애물로 채워져 있다. 우선순위 충돌, 생각 쓰레기, 현실성 없는 계획, 부족한 자원, 손발이 안 맞는 팀이다.

▶ 다섯 가지 장애물은 한데 어우러져 여러 프로젝트에 걸쳐 다양한 방식으로 드러난다.

▶ 빅 워크를 하기 위한 다섯 가지 핵심 열쇠는 의도Intention, 인식Awareness, 한계Boundaries, 용기Courage, 훈련Discipline이다(앞글자를 따면 IABCD가 된다).

▶ 특정 열쇠들은 특정 난관을 극복하는 데 특히 더 효과적이다.

▶ 이 다섯 가지 핵심 열쇠들은 연습을 통해 더 계발할 수 있다. 우리는 어떤 열쇠는 좀 더 능숙하게 다루지만, 어떤 것에는 특히 어려움을 겪기도 한다.

# 03 가장 중요한 **아이디어**를 선택하라

꽃봉오리 안에 웅크려 있는 고통이 꽃을 피우는 위험보다 더 커지는 날.
그날이 오고야 말았다.

엘리자베스 아펠Elizabeth Appell, 1979년 존 F. 케네디 대학교 홍보 책자 중에서

우리는 모순적인 존재다. 한편으로는 빅 워크를 하고 싶어 한다. 하지만 동시에 다른 한편으로는 빅 워크를 피하기도 한다.

이러한 역설은 우리 내면에서 일어나고 있는 수많은 일을 정확히 인지할 때에만 이해할 수 있다. 우리 내면에서 일어나는 많은 일들은 우리가 빅 워크를 하지 못하게 방해하고, 정말 중요한 아이디어를 선택하기 어렵게 만든다. 수많은 회의, 출퇴근길, 알람, 할 일들에 둘러싸여서 우리는 종종 우리 마음과 생각 속에서 일어나는 일들을 다 알아차리지 못한 채 살아간다.

실제로 우리는 빅 워크를 둘러싼 많은 일을 하면서도, 정작 빅 워크 자체는 시작도 하지 못할 때가 있다. 몇 시간, 며칠, 몇 주에 걸쳐서 빅

워크를 연구하고, 생각하며, 꾸물거리기도 하고, 건드려볼지는 모른다. 하지만 사실은 그 일을 살려두기만 할 뿐, 실제로 추진하지는 않는다.

정말 중요한 일을 선택하기 위해서는 성공을 열망하고 빅 워크를 하고자 하는 자아가, 위험을 꺼리고 안락함을 추구하며 불안을 회피하는 자아를 이겨내야만 한다. 이제는 당신이 하고 있던 일이 의미 없는 일이었을지도 모른다는 것을 당신이 처절하게 받아들일 시간이다.

## 더 중요할수록, 더 괴롭다

몸부림은 내가 쓰는 단어로, 아무 의미 없는 감정 소모와 일을 위한 일처럼 우리가 빅 워크에 온전히 몰입하지 않았을 때를 지칭한다. 사실 이때 우리는 생각 쓰레기들과 씨름하고 있을 뿐이다. 두려움, 가면 증후군, (때로는) 자기 약점에 대한 무의식적인 인식 같은 것들 말이다. 우리가 몸부림치는 것은 마치, 흔들의자가 아무리 크게 흔들려도 결국 제자리인 것과 같다.

하지만 흔들의자를 흔드는 것은 실제로 의자를 움직이는 것보다 더 힘이 들 수도 있다. 더 최악의 상황은, 우리가 몸부림치고 있다는 것을 알면서도 왜 그런지는 모를 때이다.

문제는 바로, 우리가 쓰레기를 버리거나 설거지를 하는 것 같은 일에서는 몸부림치지 않는다는 데 있다. 저녁을 요리하거나, 도서관에 가는 것을 어떤 수준으로 할 것인지에 대해 우리는 실존적 위기를 느끼지는 않는다(만약 당신이 나와 비슷해서, 도서관에서 어떤 책을 '안' 빌릴지 고르는 것에 심각한 내적갈등을 경험하는 사람이라면 이야기가 좀 다르다).

만약 스티븐 프레스필드Steven Pressfield(영화 〈300〉의 원작 소설인 《불의 문》을 집필했다 - 옮긴이)가 말한 저항의 개념을 알고 있다면, 아마 몸부림이 저항과 같은 것이 아닌가 하고 생각할 수도 있다. 하지만 그렇지 않다. 저항은 우리가 내면에 지니고 있는 모든 부질없는 생각을 대변하는 목소리이자 배우이며, 몸부림은 우리가 저항하기 위한 '행동'을 말한다.

둘 사이에 큰 차이가 없는 것처럼 보일 수도 있다. 내가 두 개념을 구분하는 손쉬운 방법은 바로, 우리가 몸부림치고 있다는 것을 알아차리고 나면 저항감이 아무리 더 크고 격렬하게 소리를 질러대도, 뭔가 이를 대체할 다른 일을 하려고 마음먹는다는 점이다. 그뿐만 아니라, 우리가 몸부림치고 있다는 것을 알아차리면, 우리는 그 일이 어떤 것인지 다른 사람들에게 이야기함으로써 그들이 그 일을 못 하게 말릴 수 있다. 우리 마음과 머릿속에서 무슨 일이 일어나고 있는지 다른 사람들이 추측하도록 내버려두는 것과는 분명 다르다.

우리는 스스로에게 정말 중요한 일을 할 때에만 몸부림을 친다. 결혼을 할 때, 자신만의 사업을 하기 위해 다니기 편한 직장에 사표를 낼 때, 책을 쓸 때, 비영리단체 운영을 시작할 때, 자유발언 행사를 진행할 때, 새로운 관객에게 예술작품을 선보일 때, 파괴적 전략의 프로젝트를 시작할 때 등등. 이 모든 일은 누군가를 몸부림치도록 만들 것이다. 실제로 많은 사람이 몸부림만 치다가 끝나고 만다.


당신에게 중요한 일일수록, 더욱 몸부림치게 될 것이다.
정확하게는 그 일의 성공과 실패 여부가 당신에게
매우 중요하기 때문이다.

우리는 길가의 쓰레기통을 얼마나 완벽하게 줄을 세우는지에 전혀 신경을 쓰지 않지만, 얼마나 완벽하게 우리 빅 워크를 선보이는지에 대해서는 무척 신경 쓴다. 왜냐하면 길가의 쓰레기통과는 다르게, 우리 빅 워크는 자기 내면의 성격과 능력, 뛰어남을 표현하는 것이기 때문이다 (적어도 스스로에게 말하는 이야기는 그렇다).

우리에게 중요한 모든 프로젝트는 어느 정도의 몸부림을 수반하게 되어 있다. 하지만 어디서 흔들리게 되는지는 사람마다 각각 다를 수 있다.

## 우리가 몸부림치는 순간들

### 아이디어에 착수하기 직전
'이 프로젝트를 하는 나는 누구인가?', '이 프로젝트가 정말 중요하긴 한 건가?', '프로젝트가 충분히 독창적인가?', '내가 정말 이걸 할 수 있을까?'

### 프로젝트를 하는 중간에
'대체 어떻게 해야 이 프로젝트를 본래 궤도로 돌려놓을 수 있을까?', '이 프로젝트는 나한테는 왜 이렇게 버거울까?', '내가 이 프로젝트를 끝낸다고 해서 신경 쓸 사람이나 있을까?', '이 일이 내가 지금 당장 할 수 있는 빅 워크긴 한가?'

### 프로젝트가 끝날 무렵에
'이 정도면 충분한가?', '사람들은 어떻게 생각할까?', '불평꾼들은?', '내가 만약 중요한 걸 빼먹었으면 어떡하지?'

### 프로젝트의 모든 과정마다
우리는 모두 끝없는 몸부림 대가들이다.

몸부림치다 보면 자연스럽게 조금 더 쉬운 아이디어를 고르고 싶어진다. 극심한 피로와 혼란, 무언가 실질적으로 끝내고 싶은 욕구 때문에 쉬운 프로젝트로 갈아타는 것이 꽤 괜찮은 생각처럼 보일 것이다. 그 누구도 한나절을 꼬박 온몸이 닳도록 일하고도 아무것도 남지 않은 걸 바랄 사람은 없을 테니까.

프로젝트가 허무하게 느껴지면 좀 더 쉬운 프로젝트를 시작하려고 할 가능성이 매우 크다. 프로젝트가 허무해진다는 것은, 프로젝트를 아무리 추진한들 어떠한 성과도 없고, 이 공허함에서 어떻게 빠져나올 수 있는지 전혀 보이지가 않는다는 것이다. 빅 워크 프로젝트는 특히나 이러한 빈틈이 한두 번 정도에서 그치지 않는다. 그게 바로 빅 워크가 더 쉬운 다른 프로젝트에 쉽게 밀리는 또 다른 이유이기도 하다.

하지만 "더 쉬운 프로젝트로 갈아타라"는 세이렌의 노래를 조심하라. 좀 더 쉬운 다른 프로젝트로 바꾼다 한들, 결국 몸부림치기는 마찬가지일 것이다. 아마도 현재 하고 있는 프로젝트에서 몸부림치고 있는 바로 그 지점에서 또다시 몸부림치게 될 확률이 높을 것이다. 더 쉬운 프로젝트로 바꾼다고 해서 자동적으로 전에 하던 프로젝트에서 몸서리치게 만들었던 그 문제가 해결되는 것이 아니기 때문이다. 그리고 설령 더 쉬운 프로젝트로 바꾸고 잘 마쳤다고 해도, 아마 전에 하다 말았던 그 프로젝트를 마친 것만큼의 만족감은 절대 느낄 수 없을 것이다. 마치지 못한 이전 프로젝트의 망령에서도 절대 벗어날 수 없을 테고 말이다.

따라서 몸부림은 당신이 이 프로젝트를 끝마칠 수 없다거나 당신이 프로젝트를 잘못 선택했다는 표시가 아니다. 그것은 당신이 정말로 중요한 무엇인가를 하고 있으며, 이 일이야말로 마치고 나면 당당하게 뽐

낼 만한 대단한 프로젝트라는 증표다. 게다가 몸부림은 피한다고 피할 수 있는 것도 아니다. 당신이 더욱 강해지고 더 큰 일을 성취할수록, 당신이 해결하려고 애쓰는 일들은 그만큼 더 넓고 깊고 어려워질 것이기 때문이다.

## 빅 워크를 회피하면 창조적 변비가 쌓인다

빅 워크는 늘 어렵다. 왜냐하면 당신에게 중요한 일이기 때문이다. 중요하기 때문에, 분명 그 일을 하는 과정에서 몸부림칠 수밖에 없을 것이다. 그렇게 빅 워크는 수상쩍게도 어려운 일처럼 보이기 시작하고, 우리는 본능적으로 어려운 일을 피하고 조금 더 쉬운 일을 찾을 것이다.

빅 워크를 하지 않으면 두 가지 큰 대가를 치르게 된다. 바로 ① 성장하지 못한다는 것 ② 창조적 변비에 걸린다는 것이다. 성장하는 것과 빅 워크에 대한 관계는 이전에 충분히 설명했으므로, 이번에는 창조적 변비, 즉 빅 워크를 하지 않는 고통에 대해서 이야기해보자.

창조적 변비는 단어가 전하는 어감 그대로이다. 아이디어와 영감을 받아들이면, 이것이 열정과 목표, 프로젝트로 변환된다. 그러다 어느 시점부터, 이것을 완성된 프로젝트의 형태로 내보내지 않으면 역류하기 시작한다.

그리고 실제로 변비에 걸렸을 때처럼, 어느 정도 이 상태가 지속되면 우리는 중독 상태가 된다. 더 이상 어떤 아이디어도 받아들이고 싶지 않다. 그 어떤 프로젝트도 추진하고 싶지 않다. 더 이상의 목표나 계획도 세우고 싶지 않다. 이미 속이 더부룩해서 진절머리가 난 것이다.

이러한 내적 중독 상태는 우리 자신과 우리를 둘러싼 세상에 대한 모든 이야기를 물들여버린다. 머릿속 생각 쓰레기들은 더욱 크고 강해지며, 우리는 세상의 밝은 면보다 어두운 면에만 집중하게 된다. 창조적 변비로 인해 우리는 세상을 더욱 비난하게 되고, 때로는 그보다 더 혹독하게 우리 자신을 깎아내린다. 우리는 최선을 다하는 다른 사람들에게 분개하게 된다. 심지어 그 사람들이 우리가 사랑하는 사람들이라 할지라도 말이다. 긍정적인 감정의 정점을 느끼는 능력은 감소하는 동시에, 부정적인 감정의 바닥을 느끼는 능력은 극대화된다. 당신은 창조적 변비로 인해 고통받고 절망에 빠진 영혼을 만난 것이다. 바로 당신의 영혼 말이다.

거의 대부분의 전통 종교들이 창조와 파괴를 연결하는 이유가 있다. 창조를 불어넣는 에너지가 파괴에도 동일하게 사용되기 때문이다. 유대교, 기독교, 이슬람교의 신은 창조와 파괴를 동시에 했다. "칼날을 다듬어 쟁기를 만드는 것." 이 말의 역 또한 성립하는데, 그것과 같은 이치다. 힌두교의 시바Shiva 신은 파괴를 통해 창조하는 신이다. 도교에서는 창조와 파괴가 음과 양의 관계로 끝없이 이어지는 것이라고 본다.

이러한 종교적 통찰은 우리가 겪는 매일의 삶에서도 똑같이 나타난다. 뭔가 삶이 만족스럽지 못할 때, 얼마나 자주 쇼핑으로 기분전환을 하게 되는지 생각해보라. 하지만 쇼핑으로 인해 결과적으로 당신의 시간과 자원이 동시에 얼마나 많이 파괴되었는지도 말이다. 간절히 바랐던 변화를 만들어내지 못했을 때 충동적으로 식탐에 빠진 때는 또 얼마나 많은가. 그간 쌓아온 경력과 삶의 시간들이 내면의 깊은 욕구를 충족시키지 못했을 때 중년의 위기에 빠진 사람들은 또 얼마나 많은가.

이번엔 당신이 알고 있거나 책에서 읽은 적 있는 사람들, 자신만의 빅 워크를 해낸 사람들을 떠올려보자. 이들이 얼마나 더 건강하고, 훨씬 행복하며, (많은 경우) 경제적으로 좀 더 안정적이고, 다른 사람들과 좋은 관계를 유지하는지 보이지 않는가? 빅 워크를 함으로써 그들은 의미를 창조해냈다. 동시에 그 의미는 그들이 세상 속에서 어떤 사람이 되고자 하는지를 함께 창조해냈다. 이 사람들은 빅 워크를 하는 것이야말로 *세상 속에서 변화와 의미, 성장을 연결하는 고리가 된다*는 것을 잘 알고 있다. 단순히 생각만으로는 절대 상상할 수 없는 것이다.

정신적으로나 현실적으로나, 우리는 내면의 에너지를 잘 다스려 빅 워크를 하도록 함으로써 성장할 것인지 혹은 이 에너지를 날뛰게 놔두어서 결과적으로 우리 자신과 여러 관계, 우리가 가진 자원들, 우리를 둘러싼 세계를 서서히 모두 파괴하도록 할 것인지 선택할 수 있다. 물론 창조의 고통을 감수하는 편이, 우리가 초래한 파괴를 수습하는 고통보다는 훨씬 수월하다.

## 우리는 괴물을 잡을 수 있다

몸부림치는 동안에는 빅 워크를 하기가 어렵다. 그러나 빅 워크를 하지 않는다 해도, 또 다른 종류의 고통을 겪게 될 것이다. '괴물이 있다'는 것은, 성공을 위해 빅 워크를 해나가는 여정의 당연한 수순이다. 몇몇 괴물은 피할 수 있을지도 모른다. 특히 스스로 만들어낸 가짜 괴물들이라면 말이다. 하지만 모든 괴물을 다 피할 수는 없다.

쉬운 일, 혹은 낮게 매달린 열매만 따는 일에는 되도록 회의적인 태도를 취하는 편이 훨씬 도움이 된다. 너무 많은 사람들이 아무런 성장도 없는 일, 혹은 보기에만 그럴듯한 일을 몇 년이나 하고 난 뒤에야, 우리가 거의 아무 노력도 하지 않았다는 사실을 깨닫는다. 편한 일은 패스트 푸드와 같다. 빠르고, 쉽고, 싸다. 하지만 만족스러운 식사가 될 수 없고, 너무 많이 먹으면 속이 '불편'해진다.

하지만 우리가 알아야할 것이 있다. 바로 우리가 타고난 괴물 사냥꾼이라는 사실이다. 우리는 수백 수천 년 동안 창의력과 근성, 상상력, 협동 정신을 가지고 살아남았다. 우리는 불과 쇠, 그리고 모든 세상의 에너지를 길들여 우리가 처한 현실을 바꿔왔다. 또한 수많은 재앙, 전쟁, 기근에서 살아남았다. 물리적으로 보면 포식자들 중에서 우리가 가장 약하고 무능하지만, 그럼에도 현재 이 행성 생태계의 정점에 있는 최강의 포식자는 바로 우리다.

우리야말로 대대로 이어진 괴물 사냥꾼의 후예다.
우리는 회복력이 빠르고, 적응력이 탁월하며, 독창적이고,
큰 성취를 이뤄낸 종족이다.

이 길의 여정에 괴물이 좀 있다면 어떤가? 괴물은 언제나 있었고, 앞으로도 늘 있을 것이다. 우리보다 더 적은 수의 사람들도 그들과 싸워 이겼는데, 우리라고 그러지 못하라는 법은 없다.

괴물은 우리가 잘못된 길을 선택했다는 신호가 아니다. 오히려 그 반대로, 우리가 옳은 길을 선택했다는 증거다. 그러니 만약 앞길을 막고 있는 괴물 때문에 놀라거나 주저하게 되면, 지금이야말로 앞에 놓인 길이 앞으로 나아가는 바른 길이라고, 단지 올 것이 왔다고 생각하면 된

다. 명심하라, 당신은 타고난 괴물 사냥꾼이라는 것을.

## 실패가 주는 선물

당신이 괴물 사냥꾼으로 태어난 것은 맞지만, 그렇다고 항상 괴물을 이길 수 있는 것은 아니다. 실패는 피할 수 없다. 만약 당신이 실패 없이 그냥 몇 번의 나쁜 선택을 하는 정도로 넘어갔다면, 사실상 당신이 한 일은 빅 워크가 아니다. 빅 워크에 수반되는 불확실성과 함께 진짜로 춤을 추겠다는 것은, 도전을 위해 당신이 집어삼킬 위험을 과소평가하고, 우선순위를 낮추며, 이에 대한 준비를 하지 않는다는 것을 의미한다.

그러나 실패는 어떤 성격적 특징이 아니다. 그보다 뭔가가 어긋났다는 신호에 더 가깝다. 아마도 당신은….

▶ 도움을 구하지 않고 혼자 밀어붙였을 것이다.
▶ 이미 맡은 일이 많은 데도 아무 생각 없이 일을 수락했다.
▶ 연속적으로 쉽게 성공하면서, 아직 대처할 준비가 되지 않은 새로운 수준의 도전을 너무 빨리 맞닥뜨렸다.
▶ 우선순위에 부합하지 않는 아이디어를 선택했는데, 실제로 당신의 우선순위와 관련 있는 프로젝트가 이를 밀어내버렸다.
▶ 잘못된 이유로, 팀에 맞지 않는 사람을 뽑았다.
▶ 당신만의 기술을 연마하고 필요한 자원을 모으기 위해 더 많은 시간이 필요했다.
▶ 완벽한 계획을 갖고 있었지만, 당신이 예상치도 못한 정말 놀랍고도 끔찍한 방법으로 현실이 계획을 산산조각 내버렸다.

과거의 실패는 과거일 뿐이다. 과거의 실패는 당신이 앞으로 무엇을 할 수 있을지 말해주지 않는다. 당신이 할 수 있는 것은 체로키 인디언의 속담을 따르는 것뿐이다. "어제가 오늘을 너무 많이 좀먹도록 내버려 두지 마라."

하지만 그럼에도 실패가 가져올 고통은 실존한다. 당연하지만 "더 중요할수록, 더 괴롭다"는 말은, 더 중요한 문제일수록 실패했을 때 당신이 겪을 고통 역시 더 클 것이라는 걸 의미한다. 이 사실은 우리가 빅 워크를 피하려고 하는 또 다른 이유이기도 하다.

실패가 주는 선물은 바로 당신에게 중요한 것은 무엇인지,
언제 당신이 궤도에서 벗어났는지,
어디까지 성장했는지를 밝혀준다는 것이다.

오늘이 바로 어제의 교훈을 새롭게 시도해볼 수 있는 날이다. 어제는 오늘을 구속하지 못한다. 그런 면에서 실패는 당신이 듣고 싶어 하는 말이 아니라, 당신에게 꼭 필요한 말을 해주는 친구와도 같다. 물론 실패 말고도 당신이 게임에 계속 임하도록 해주는 친구는 더 있지만 말이다.

## 첼시 딘스모어 Chelsea Dinsmore ■
## 삶이 멋대로 흘러갈 땐 어떻게 해야 할까

삶에는 통제할 수 없는 것들이 너무나 많다. 삶이 우리의 계획을 멋

대로 바꿀 때 무력감을 느끼지 않을 수 없다. 나는 이 교훈을 너무 감당하기 힘든 방식으로 배워야 했다. 바로 남편 스콧과 함께 킬리만자로 산을 하이킹하다가, 조난 사고로 인해 그를 잃은 경험을 통해서 말이다. 나는 이렇게 갑작스럽고 끔찍한 사고의 모든 과정을 직접 지켜봐야했을 뿐 아니라, 이 모든 과정을 우리가 함께 세웠던 전 세계적 공동체가 보는 앞에서 대처해야만 했다. 나에게 일어난 일은 내가 통제할 수 있는 범위 밖에 있었다. 하지만 어떻게 대처할 것인지 만큼은 내가 통제할 수 있는 것이었다.

내가 사람들에게 어떤 상황에서든지 일단 '반응'하기보다는 의도적으로 '대처'하는 연습을 하도록 조언하는 것도 같은 이유에서다. 먼저 우리에게 벌어진 일이 우리의 감정까지도 조종할 수 없다는 것을 인식해야 한다. 감정들을 만들어낸 것은 우리의 생각이다. 우리는 생각을 바탕으로 여러 감정들을 드나드는데, 때로는 우리가 어떤 것에 집중하느냐에 따라 그 생각이 달라지기도 한다. 우리를 둘러싼 환경은 실제이지만, 우리의 감정은 순간적인 것이다. 할 수 없는 것에 집중하면 무력감을 느끼지만, 할 수 있는 것에 집중하면 의욕이 생긴다.

고통스럽거나 기쁜 감정을 만들어내는 것이 우리 생각이라는 것을 깨닫게 되면 우리는 그 양상을 밝혀내고, 감정을 유발하는 요인을 이해하며, 어떤 순간이 주어지더라도 우리가 어느 방향으로 더 잘 집중할 수 있는지 통찰을 얻게 된다. 순간적으로 반응하지 않고 마음을 더욱 잘 다스리게 되면 어떤 상황 속에서도, 어떤 어려움이 와도 우리는 그 상황에 잘 대처할 수 있게 된다.

이것이야말로 어떤 환경도 빼앗을 수 없는 강력한 당신만의 힘이다!

## 대체는(처음엔 적이지만 결국은) 당신의 친구다

시간이야말로 가장 거대한 괴물 중 하나다. 결코 충분하지도 않고, 되돌릴 수도 없다.

지구별에서 보내는 시간이 길어질수록, 나는 이토록 유한한 시간을 우리에게 가장 중요한 의미를 만드는 데 더욱 아껴 써야 함을 느낀다. 시간 제약 때문에 우리는 대체*Displacement*를 선택하게 된다. 대체를 진지하게 고민함으로써 우리는 좀 더 나은 선택을 할 수 있다. 대체란 단순하게, 우리가 선택한 행동으로 인해 똑같은 시간과 공간에서 할 수 있었던 셀 수 없이 많은 것들을 대신하는 현실을 말한다.

좀 더 구체적으로 살펴보자. 잡지 《지구대백과*Whole Earth Catalog*》를 창간한 스튜어트 브랜드*Stewart Brand*는 중요하고 영향력 있는 아이디어라면 최소 5년이라는 시간 동안 집중적으로 완벽하게 실천해야 한다고 말한다. 숫자 85에서 당신의 나이를 뺀 뒤 이를 5로 나누어보라. 이것이 당신에게 남아 있는 중요한 프로젝트의 숫자다.

이 책이 출판될 즈음이면 나는 40살을 살고 있을 것이다. 이는 나에게 앞으로 주어진 중요한 프로젝트가 약 9개 정도 된다는 것을 의미한다. 이것은 내가 이사회 일원으로 활동할 수 있는 비영리단체의 숫자이기도 하고, 내가 쓸 수 있는 작품 숫자이기도 하며, 지역 공동체와 국가를 위해 헌신할 수 있는 방법 혹은 내가 이주해서 진정한 경험을 할 수 있는 지역의 수이기도 하다. 맞다. 내 삶의 에너지를 모두 쏟아부을 수 있는 양동이가 오직 9개밖에 없다고 생각하면 마음이 답답해지는 것이 사실이다. 하지만 동시에 나는 훨씬 더 냉철하게 내가 선택할 수 있는 것 중 정말 중요한 프로젝트는 무엇인지, 그 프로젝트를 위해 얼마의 시간이 남았는지를 계산할 수 있다.

우리가 시간을 어떻게 사용하든, 우리 각자에게 주어진 시간이 하루에 24시간이라는 점은 변함이 없다. 이러한 시간 제약은 우리 모두를 지독하게 구속한다.

하지만 동시에 시간 제약은 하늘이 내려준 선물이 될 수도 있다. 우리에게 더 많은 것이 주어졌을 때 이를 얼마나 많이 낭비했는지를 생각해보라. 지난 하루, 지난 일주일을 돌이켜보았을 때 우리가 얼마나 많은 시간을 무계획적으로 사용했는지, 그저 많은 시간이 주어졌다는 이유 하나만으로 그 많은 시간을 허비했다는 사실에 얼마나 좌절했는지를 말이다. 단지 지루하다는 이유 하나만으로 얼마나 많은 시간을 페이스북을 클릭하면서 허투루 보냈던가? 그저 시간이 넘쳐나고 딱히 당장할 일이 없다는 이유 하나만으로 말이다.

대체가 주는 또 하나의 큰 선물은 바로 우리가 너무 많은 프로젝트와 책임들에 자원을 분산시키는 것이 얼마나 낭비인지를 알려준다는 것이다. 예를 들어, 내 꿈은 5년마다 책을 한 권씩 펴내는 것이다. 하지만 그렇게 하기 위해서, 나는 다른 전업 작가들처럼 내 삶에서 상당히 많은 부분을 포기해야만 한다. 만약 내가 불필요한 것들을 포기하기로 마음먹고 일주일에 열 시간을 잡아먹는 일을 선택지에서 배제한다면, 나는 그 시간을 오롯이 책을 집필하는 데 투자할 수 있다. 이 시나리오대로라면 나는 책을 매년 한 권씩도 쉽게 펴낼 수 있다. 그런 의미에서 제약은 분명 도움이 되기도 한다. 하루에 쓸 수 있는 창조적 에너지는 정해져 있고, 이것이 사람들이 생각하는 것보다 훨씬 더 적다는 점에서 말이다.

영향력 있는 아이디어에 5년이 필요하다는 말이 정말 사실인지, 혹은 정말 중요한 프로젝트란 과연 무엇을 의미하는지 등등에 대해 시비를 걸 수도 있다. 하지만 이에 대해 논쟁한다고 한들, 우리에게 주어진 시간에는 제약이 있고, 우리가 그 시간에 어떤 것을 하기로 선택한다면 다른 것은 할 수 없다는 것, 이 사실은 결코 변하지 않는다.

앞장에서 이야기했던 다섯 가지 핵심 열쇠를 좀 더 능숙하게 활용해서 당신만의 빅 워크에 집중한다면, 대체는 훨씬 더 훌륭한 친구가 될 것이다. 별로 중요하지도 않고, 시간과 에너지와 관심을 쏟을 가치가 없는 일이 나타나면, 당신은 즉각 이를 느낄 수 있다. 뿐만 아니라 당신은 현재 진행 중인 프로젝트를 포기할 때의 예상 비용까지도 알 수 있게 된다. 우리 뇌는 앞으로 얻을 이득에서 오는 기쁨보다 손실로 인한 고통을 더욱 크게 느끼도록 설계되어 있다. 지금까지 해오던 일에 대한 통제력과 추진력을 포기하면, 마치 빗방울을 튕겨내는 우비처럼, 의미 없는 일의 물방울들을 튕겨내는 것도 수월해질 것이다. 사람들로부터 잊히는 것에 대한 당신의 두려움은 그 대상이 바뀔 것이다. 바로 다른 사람이 무엇을 하고 있는지 놓치는 것에 대한 두려움으로부터, 그 시간을 잘 활용한다면 당신이 할 수 있는 다른 것들을 놓쳐버릴지도 모른다는 두려움으로 말이다.

하지만 처음에는 대체에 대항해 몸부림칠 것이다. 이것은 그저 무한한 자아가 유한한 굴레에 저항하는 것이다. 인간 조건의 고통은 바로 무한한 감각체가 유한한 신체 안에 갇혀 있다는 점이다. 그러나 무한한 감각의 힘이 유한한 시공간을 통해 발휘된다는 점 역시, 인간 조건이 가진 아름다움의 일부다.

　내가 대체에 수반되는 이 긴장 관계를 중점적으로 소개하는 이유는 우리가 앞으로 이 긴장감이 극대화되는 '선택'을 할 것이기 때문이다. 이번 장이 끝날 때쯤 당신은 하나의 아이디어를 골라서 시작하고, 이를 앞으로의 아이디어들을 이해하는 렌즈로 쓰게 될 것이다. 당신은 선택의 고통을 경험하게 될 것이다. 그리고 이 고통의 가장 큰 부분은 바로 본인이 선택을 하는 주체라는 전제 자체에 대한 저항감에서 비롯된다.

　때가 되어 선택의 고통을 마주하면, 아래 세 가지를 명심하라.

▶ 당신은 어떤 일을 선택함으로써 분명히 다른 어떤 일은 할 수 없게 된다.
▶ 당신에게 정말로 중요한 일을 마치려면 혼신의 시간을 기울여야 한다.
▶ 당신이 어느 한 프로젝트에 에너지를 집중할수록, 더 빨리 그 일을 끝내고 다른 프로젝트로 넘어갈 수 있다.

장기적인 관점에서 봤을 땐 선택을 아예 안 하는 것보다
차라리 중요한 프로젝트를 하나씩 선택해서 끝내는 편이
비용이 훨씬 덜 든다.
비록 대체로부터 자유로울 수 없을지라도,
우리의 빅 워크를 끝내기 위해 이를 활용할 수는 있다.

## 큰 것을 얻기 위한 작은 포기

우리가 무언가 대체하려고 할 때, 당신이 현재 진행하는 모든 아이디어와 프로젝트, 이것들이 대체하고 있는 것들에 대해서 생각하는 것은 도움이 된다. 당신은 지금 여러 가지 프로젝트와 책임이 담긴 큰 자루를 들고 있다. 이 자루 안에는 대부분 당신의 빅 워크 혹은 앞으로 당신이 성장하고 전진하는 데에는 크게 도움이 되지 않는 행동 또는 아이디어가 들어 있다. 자루 안에 들어 있는 것 중에서 그나마 당신의 빅 워크에 가장 근접한 몇몇 소수의 프로젝트는 정체 상태에 빠져 있을 확률이 높다. 마치 지금 당장 하고 싶지는 않지만 결코 대놓고 내버릴 수는 없는 물건들을 벽장 속에 죄다 쑤셔 넣은 것처럼 말이다.

나는 지금 가치판단을 하는 것이 아니다. 그러나 지금까지 계속 말해 왔듯이, 당신의 할 일 목록을 전혀 중요하지 않은 일들로 가득 채우는 것은 너무 쉽다. 그렇게 그 목록에 올라간 모든 일이 다 처리될 그날을 기다리는 동안, 정말로 중요한 빅 워크들은 서서히 시들어가고 있다. 그러나 우리 모두는 맹세코 그날이 올 것이라 믿고 있다. 일생에 걸친 증거들은 절대로 그럴 일이 없음을 시사하고 있는데도 말이다.

앞으로는 중요하지 않은 일들을 일부 제거하는 동시에, 그간 벽장 속에 넣어뒀던 진심으로 하고 싶은 아이디어와 프로젝트를 시작해야 한다. 이는 언뜻 보기엔 시작하기에 부적절한 지점처럼 보일 수도 있다. 그다지 중요하지 않은 것들을 더 많이 시작하는 게 비용 대비 효과가 좋지 않을까? 우리 시간의 80퍼센트를 중요하지 않은 것들에 쓰고 있다면, 그중에 25퍼센트를 빼서 되찾은 시간과 자원을 벽장 속에 넣어뒀던 일들에 투입하면 되는 것 아닌가?

아마도 아닐 것이다. 여기에는 두 가지 이유가 있다. 우선, 지금 할 일 목록에 있는 일들은 다 나름의 이유가 있다. 그 일들이 그렇게 쉽게 제거할 수 있는 것이었으면, 벌써 지우고도 남았을 것이다. 이는 우리 자신이 스스로에게 부과했거나 과거 어느 시점에 자연스레 받아들였던 것들이다. 어떤 경우든, 여기에는 이미 어느 정도 노력이 들어갔고, 그렇게 해야 했던 나름의 사연도 있었다. 따라서 그 에너지를 모두 날려버리고 이야기를 재구성하려면 꽤나 적극적인 노력이 필요하다.

우리가 자동적으로 빅 워크를 시작할 가능성이 낮은 두 번째 이유는, 일단 여유가 생기면 중요하지 않은 일들로 공백을 채우고 보는 기존 경향 때문이다. 만약 당신이 남에게 맞춰주기 급급한 사람이라면, 그 공간을 그동안 당신이 너무 바빠서 하지 못했던 '비위 맞춰주는 행동'들로 채울 것이다. 만약 당신이 완벽주의자라면, 아마 당신은 예전에 하다 말았다고 느낀 일들을 다시 완벽하게 마무리하려 들 확률이 높다. 그 일이 여전히 남아 있는지 아닌지는 상관없이 말이다.

당신이 의식적으로 변화를 주려고 노력하지 않으면, 기존의 습관과 행동 패턴이 우리가 만든 빈 공간을 계속 메워버릴 것이다. 우리는 이 공간들을 정말 중요한 일로 채우기 시작해야 한다. 그것이 바로 대체가 선물인 이유이기도 하다. 우리는 이 빈틈과 구멍들을 훨씬 대체하기 어려운 것들로 채워 넣을 수 있다. 꾸준히 연습하면, 구멍을 막기 위해 엉성한 철조망과 내구성 떨어지는 테이프를 쓰는 대신, 빅 워크라는 훨씬 단단한 벽돌과 시멘트로 대체할 수 있을 것이다.

하지만 이렇게 빅 워크를 통해 진척을 이뤄내기 위해서는, 당신이 벽장 속에 넣어두었던 모든 일들을 다 해내고자 하는 자연스러운 충동과 싸워 이겨야만 한다. 그 길의 끝에는 결국 집중력 부족과 부진한 진행으로 인해 불만족스러운 느낌만이 남기 때문이다. 심지어 벽장을 열었을 때보다 미완의 일들을 더 많이 욱여넣을 가능성도 매우 높다.

이미 경험해본 길을 또다시 걷고 싶지는 않을 것이다. 그보다는, 애초에 아이디어 중 일부는 그냥 포기하기로 마음먹어야 한다.

> 때로는 어떤 일을 마치는 최선의 방법이
> 그냥 미완의 상태로 중간에 놓아버린 채
> 내버려두는 것일 때도 있다.
> 그 일을 끝내 지켜보지 못했다는 통한과 후회, 슬픔이
> 가슴에 비수처럼 꽂힐지라도 말이다.

마치 이성적으로 판단해서 이 아이디어와 프로젝트들 중에서 일부를 포기하는 척하지 말자. 이는 감성적 행동이며, 당신의 영혼과 감정, 창조적 에너지가 이 아이디어들과 연결되어 있다. 때로는 금전적, 사회적으로 이미 상당히 투자를 했을 수 있다. 과거에 투자한 금액이나 그간 들였던 공을 포기하는 수치를 느끼고 싶은 사람은 없을 것이다. 못 먹어도 들고 있는 편이 낫지 않을까, 언젠가 그 일에 다시 인연이 닿을지 누가 아는가.

이렇게 말하고 있으니 아버지가 생각난다. 똑똑하고 성실한 만물박사였던 우리 아버지는 종종 공사판이나 일터에서 물건들을 주워 오시곤 했다. 이 고물들을 손봐 무언가 아버지가 하고 있는 목적 불명의 프

로젝트에 사용하기 위해서 말이다. 아버지는 그동안 타셨던 모든 탈 것 들도 전부 보관하셨다. 언젠가 그 물건들을 고쳐서 다시 쓰실 요량으로 말이다. 아버지는 어느덧 80세가 되셨고 최근에는 치매 증상도 보이신 다. 우리 형제들에게는 지난 60년의 세월 동안 아버지가 모으기만 하고 절대 버리지는 못하셨던 수많은 고물들만이 남았다. 아버지는 당신이 모았던 '손볼 것들'이 언젠가는 실제로 쓸 수 있는 무언가가 될 거라고 생각하셨다. 심지어 지금까지도, 몸 상태가 좋지 않으심에도 그동안 모 았던 물건들을 생각하면서 어디에서부터 일을 시작할지 골몰하신다. 도 대체 아버지의 영혼은 절대 시작도 하지 못할 일들에 얼마나 단단히 붙 들려 있는 것일까?

우리 아버지는 아버지 시대, 즉 실제 세상을 만들기 위해 물리적인 물 건을 수집했던 시대의 산물이다. 그리고 아버지가 태어난 지 80여 년이 지난 지금, 우리 사회는 원자의 시대에서 '비트'의 시대로 바뀌어버렸다. 기업가이자 TED 컨퍼런스 큐레이터, 작가인 크리스 앤더슨<sup>Chris Anderson</sup>의 말에 의하면 그렇다. 더 많은 사람들이 서비스 같은 무형의 일에 투입되 고 있는 요즘, 더 이상 유형의 일에는 사람이 필요하지 않다. 이제는 손 봐야 할 유형의 물건들이 쌓여 있지 않다. 오히려 반대로 우리가 '손봐야 할' 것들은, 거의 비슷한 수준으로 영혼의 공간을 차지하고 있다.

다음 장에서는, 앞으로 작업하거나 기준점으로 사용할 하나의 아이 디어 혹은 프로젝트를 골라 이 책에서 얻은 배움을 적용해보는 시간을 가질 것이다. 하지만 이번 장에서만큼은 앞으로 절대 실천하지 않을 아 이디어를 골라내는 작업을 할 것이다. 그래야 그 일에 쓰일 에너지를 절 약할 수 있을 테니 말이다. 결코 쉬운 일은 아니지만, 이 일을 해야만 실행해야 하는 할 일 목록이 훨씬 짧아져서 이다음에 할 일이 훨씬 쉬워진다.

이제 아이디어와 프로젝트로 가득한 벽장을 열어보자. 내가 추천하는 방법들은 아래와 같다.

**두 시간 정도 방해받지 않고 작업할 수 있는 시간을 확보한다.**

**주로 당신이 일하는 공간이 아닌, 다른 공간에서 이 일을 하라.**
카페나 도서관 정도면 충분하다.

**연필과 종이를 준비하라.**
연필로 써야 나중에 필요하면 쉽게 고쳐 쓸 수 있다. 아마 무언가 고쳐 쓰게 될 확률이 높다. 그리고 종이에 직접 써야, 문명의 기기들을 만지작거리면서 지금 당장 확인할 필요가 없는 일들을 확인하느라 시간을 허비하지 않을 수 있다. 그냥 목록을 배열하는 것보다는 마인드맵을 그리는 것이 훨씬 도움이 된다. 하지만 지금은 마인드맵을 공부하는 시간은 아니므로, 마인드맵에 익숙하지 않다면 사용하지 않는다.

**하고 싶은 모든 아이디어와 프로젝트를 목록으로 정리한다.**
'전문적인' 아이디어와 프로젝트 이상의 것까지도 모두 생각해본다. 마당 및 집 개선 프로젝트, 공동체를 위한 법안 발의나 이벤트, 네팔 여행, 재정 상태 정비 혹은 반려동물을 들이는 것까지도 모두 포함된다. 죽기 전에 하고 싶은 버킷리스트가 포함될 수도 있지만, 꼭 그 목록에 있는 것일 필요는 없다.

일단 목록을 작성하고 나면, 스스로 아래 질문에 답해보고, 질문의 기준을 충족하는 항목 아래에 별표를 치자.

**① 목록에서 지웠을 때 실제로 큰 타격이 없는 항목은 무엇인가?**

과거의 당신이 목록에 넣었지만, 지금 당신의 모습과는 크게 상관이 없는 프로젝트나 아이디어를 찾아보라. 예를 들어, 취업하기 위해 취득했던 학위나 자격증과 관련된 것은 더 이상 필요하지 않은 것이다. 과거의 당신이 스스로를 입증하기 위해 절실하게 필요로 했던 창의적인 프로젝트들은 현재의 당신에게는 더 이상 필요가 없다. 왜냐하면 이제 당신은 더 이상 타인의 인정을 필요로 하지 않기 때문이다.

**② 목록에서 지웠을 때 가장 마음이 편안한 항목은 무엇인가?**

목록에서 지워버리기 위해 필요한 것을 생각하기보다는, 이미 목록에서 지웠다고 가정했을 때 어떤 느낌이 드는지에 좀 더 집중하라.

**③ 목록 중에서 다른 사람의 우선순위에는 해당하지만, 당신이 성장하는 데에는 어떤 도움이 될지 잘 모르겠는 항목은 무엇인가?**

**④ 좋은 아이디어이지만 뭔가 좌절이나 짜증, 분노, 영감, 발전 혹은 사명과 무관한 항목은 무엇인가?**

당신 내면에 어떤 감정적인 불꽃도 일으키지 않는 것이라면, 아무리 좋은 아이디어라 하더라도 불을 지필 수가 없다.


만약 당신이 앞의 질문들을 충분히 활용했다면, 아마도 목록 중에 상당히 많은 부분을 제거할 수 있었을 것이다. 얼마나 많이 지웠는지는, 얼마나 오랫동안 당신이 그 벽장을 비우지 않고 채우기만 했는지에 따라 달라진다. 만약 자주 벽장을 정리하는 편이었다면 지울 것이 그렇게 많지는 않았을 것이다. 하지만 정리한 지 꽤 시간이 흘렀다면 지울 것도 그만큼 많았을 것이다.

이제 가장 중요한 부분은 바로 이것이다.

미루지 말고 이 목록들을 아예 없애버려라.
나중에 하겠다고 벽장을 다시 열지도 마라.

그 나중이 언제가 되더라도, 우리는 이 목록에 별표 치기를 또 해야 할 것이다. 평가라는 매우 힘든 작업을 이제 겨우 끝마쳤다. 이 어려운 일을 또 하지 마라.

각 항목을 지우면서 이별 의식을 치르는 것이 도움이 되기도 한다. 예를 들면, 어떻게 이 아이디어를 생각하게 됐는지, 그것이 어떻게 도움이 되었는지, 이 아이디어를 내려놓는 것이 지금 시점에 중요한 새로운 문제를 위해서 얼마나 많은 에너지를 가져다줄 수 있을 것인지에 대해서 생각하는 것이다. 좀 더 간단한 방법으로는 "이제 그만 내려놓는다", "이제는 다 마쳤다" 같은 말을 하는 것이다. 특히 목록을 실제로 불사르는 것은 내가 비슷한 과정을 함께한 사람들과 경험했던 가장 카타르시스 넘친 행위였다. 하지만 중요한 것은 어떻게 하는지가 아니라, 계획적으로 깨끗이 단절을 해야 한다는 것이다.

이제 당신에게 덜 중요한 것들을 떨쳐냈으니, 더 중요한 것들을 채워 넣을 수 있게 되었다. 이를 준비하기 위해 당신의 목록을 다시 적어보자. 최종 목록에 이름을 올린 아이디어와 프로젝트들만 적는다. 떨쳐 내버린 항목들은 더 이상 볼 필요가 없다.

## 수잔 피버<sup>Susan Piver</sup> ■

## 번뜩이는 아이디어를 버려야 할까?

예전에는 통념상 성공이 당신의 지적 능력, 기술, 의욕, 인맥, 회복력에 달려 있다고 믿었다. 장애물을 마주하더라도 그냥 열심히 하면 된다고. 아무 희망이 없는 것처럼 보일 땐 더 노력하라고. 그러다보면 결국엔 당신의 생각이 이뤄질 거라고 말이다.

하지만 이 말은 사실이 아니다. 이 관점에는 뭔가 빠진 것이 있다. 장애물은 단순히 여기저기 발에 채여 걸리적거리는 벽돌이 아니다. 장애물이야말로 지혜의 원천이다. 때로는 지혜가 더 나은 길을 보여주기도 하지만, 때로는 우리가 받아들이기 어려운 말을 하기도 한다. 멈추고 포기해야 한다고, 건너뛰어야 한다고 말이다.

그렇다면 언제 밀어붙이고 언제 내려놓아야 하는지는 어떻게 알 수 있을까? 이 질문에 답하기 위해서는, 문제의 중심에서 당신 스스로를 약간 분리해서 생각하는 것이 도움이 된다. 우리는 우리 일이 자신의 자아, 재능, 열정에 관한 것이라고 생각한다. 하지만 이 말은 절반만 맞고 절반은 틀리다. 왜냐하면 당신의 프로젝트나 아이디어가 제대로 작동하기 위해서는, 어느 순간 불꽃이 튀어야 하기 때문이다. 소비재 시장이든 사업 영역이든 단일한 고객사이든, 그 어떤 세계이든지 당신과 눈이 맞아야 한다.

아이디어는 마치 소개팅을 하는 것 같다. 어느 쪽이든 서류만 봐서는 똑똑하고, 재미있고, 매력적인, 완벽한 사람처럼 보인다. 하지만 만약 두 사람 사이에 아무런 불꽃이 일지 않는다면, 이 관계는 성립되지 않는다. 수백 번의 소개팅을 한다고 해도, 이 사실만큼은 바뀌지 않는다. 이것은 과거, 현재의 타이밍, 그리고 운명이라는 미스터리의 합작이다. 겉으로 보기에 잘 어울리는 것은, 사실은 그저 시작에 불과한 것이다.

만약 이 세상이 당신의 작업에 푹 빠지게 된다면, 당신은 이를 알아차릴 수 있을 것이다. 그때 스스로 강하고 자신감 있는 상태를 유지하라. 그러면서도 앞으로 닥쳐올 일들이 보내는 신호를 분명하게 읽고, 대담하게 대처하며, 열린 마음으로 이를 받아들일 충분한 준비를 해야 한다. 그러면 아마 당신이 상상한 것보다 훨씬 더 멋진 일이 벌어질 것이다.

■ 수잔 피버는 국제적인 명상 전문가로 〈뉴욕 타임스〉의 베스트셀러 9권을 펴낸 저자다. 그녀는 온라인 최대 마음챙김 커뮤니티인 '열린 마음 프로젝트Open Heart Project'의 설립자이기도 하다.

## 가장 중요한 아이디어를 골라내는 다섯 질문

앞의 과정을 잘 마쳤다면 아마도 그동안 중요하다고 생각해왔던 일들이 사실은 전혀 중요하지 않았고, 반대로 중요하지 않다고 생각해서 한편으로 미뤄두었던 일이 실제로는 무척 중요한 일이었음을 깨닫고 놀랐을 것이다. 만약 감정이 롤러코스터를 탄 것처럼 느껴진다면 다행이다. 이것이야말로 좀 더 열린 마음으로 스스로에게 솔직해졌다는 뜻일 테니까. 당신은 지금 잘 따라오고 있다.

삶을 살면서 인생을 배우는 것처럼, 우리는 빅 워크를 직접 함으로써 빅 워크를 배우게 된다. 빅 워크를 해내는 최선의 방법은 바로 특정한 아이디어 하나를 골라 작업하는 것이다. 이제는 하나의 아이디어를 고를 시간이다. 만약 앞의 프로젝트를 잘 따라 하면서 중요하지 않은 프로젝트와 아이디어들을 내려놓았다면, 앞으로 할 일은 훨씬 더 쉬울 것이다. 사소하고 작은 부탁들이 쌓이다 보면 매우 부담이 되는 것처럼, 중요하지 않은 자잘한 아이디어들도 똑같기 때문이다.

앞으로 작업할 프로젝트를 고르기 위한 질문들을 살펴보기에 앞서 명심해야 할 것은 '지금은 안 된다'가 '아예 안 된다'와는 다르다는 점이다. 어떤 한 아이디어를 고른다는 것은 다른 아이디어에 '지금은 안 된다'고 말하는 것이나 다름없다. 이것이 바로 '대체' 효과라고 볼 수 있는데, 가끔은 이 '지금은 안 된다'는 것이 '아예 안 된다'처럼 받아들여질 때가 있다. 의식적으로 어떤 아이디어를 실천하지 않는 것은, 무의식적으로 그렇게 하는 것보다 훨씬 마음을 불편하게 할 수 있다. 하지만 어떤 아이디어를 하지 않기로 마음먹음으로써 우리는 여기에 들어갈 에너지를 의도적으로 하나의 프로젝트에 집중할 수 있고, 그렇게 한 프로젝트를 마치면 새로운 프로젝트에 또 집중할 수 있게 된다. 다섯 개의 핵심 열쇠(그중에서도 특히 용기와 훈련)를 사용하면 좀 더 의도적으로 한 번에 하나의 아이디어를 끝내는 데 도움이 될 것이다. 아무 열쇠도 쓰지 않고 무의식적으로 여러 개의 아이디어에 에너지가 분산되어 아무것도 끝내지 못하는 것보다는 훨씬 낫다.

잘못된 프로젝트를 고를지도 모른다는 두려움 때문에 선택을 꺼릴 수도 있다. 하지만 여기서 분명히 기억해야 할 것은, 아이디어 하나를 다 완수하고 나면 더 빨리 다른 아이디어에 착수할 수 있다는 사실이다. 현재의 아이디어에 딸린 여러 가지 마음의 미련이나 갚아야 할 빚 같은 건 없이, 깔끔하게 일을 마치고 다음 새로운 아이디어에 더욱 빨리 착수할 수 있게 된다.

위에서 작업했던 짧은 목록을 가지고, 아래 질문들을 활용해 가장 중요한 프로젝트 딱 하나를 선별해보자.

① 친구들 혹은 가장 사랑하는 사람들과 지난 한 해 당신이 했던 일 중에서 가장 중요한 일을 축하하고 있다고 상상해보자. 목록 중에서 단 하나만 골라야 한다면 어떤 것일까?

② 목록에 있는 것 중에서 만약 완전히 지워버린다면 마음 깊은 곳에서부터 가장 괴로움을 유발할 것 같은 항목은 무엇인가? '마음 깊은 곳에서 우러나는 괴로운' 느낌이 와닿지 않는다면, 당신이 가장 아끼는 물건이 화재로 불타버렸다고 상상해보라. 목록에서 지웠을 때 이 같은 느낌을 가장 강하게 줄 것 같은 항목은 무엇인가?

③ 목록에 있는 것 중에서, 그 일을 하기 위해 두 시간 일찍 일어나거나 두 시간 더 늦게 자거나 혹은 그 일을 하기 위해 어떻게 해서든 두 시간을 더 마련하게 되는 것이 있는가?

④ 목록에 있는 것 중에서, 완수했을 때 향후 5년간 당신에게 가장 중요한 영향을 미칠 항목은 무엇인가? 미래 성장의 관점에서 본다면 말이다.

⑤ 목록에 있는 것 중에서 앞으로 당신 삶에서 할 수 있는 '가장 중요한 프로젝트'로 삼을 수 있을 만한 항목은 무엇인가? 가장 중요한 프로젝트란, 우리가 앞서 대체에 대해서 이야기하면서 언급했던 숫자(85에서 나이를 빼고 이를 5로 나눈 뒤 반내림한 숫자)를 말한다.

이 질문들을 통해 단 하나의 아이디어가 확실하게 우위를 점하는 편이 가장 이상적이지만, 실질적으로는 어떤 질문에 가장 중점을 두는지에 따라 하나에서 세 개의 아이디어가 함께 후보에 오를 수 있다. 이렇게 여러 아이디어가 함께 후보에 올랐을 경우에는 ③번 질문에서 가장 우위를 점하는 아이디어를 선택하라. 그 이유는 모든 상황을 고려했을 때 ③번 질문이 가장 중요하기 때문이 아니라, 당신이 시간을 우선 투자할 수 있는 아이디어에서 추진력을 발휘하는 편이 훨씬 낫기 때문이다.

하나의 아이디어를 선택했다면, 아래의 세 단계를 수행하라.

① 당신이 선택한 아이디어에 동그라미를 친다.
② 목록을 적은 종이 위쪽에 날짜를 적어라. 그래야 이 결정을 내린 날을 기억할 수 있다.
③ 작업한 종이 목록을 사진으로 찍어 디지털 사본을 만들어둔다. 종이는 눈에 잘 띄는 곳에 붙여서 일주일에 몇 번씩 볼 수 있도록 한다. 게시판이나 화이트보드, 냉장고도 좋고 액자에 넣어 책상 위에 놓아도 좋다.

위에 소개한 세 단계를 거치면 장기적인 관점에서 엄청난 수준의 에너지를 절약할 수 있다. 왜냐하면 첫째 선택 과정을 다시 거칠 필요가 없고, 둘째 종이를 잃어버린다고 해도 사본이 남아 있으며, 셋째 당신이 선택하지 않았던 아이디어들을 상기시켜주면서, 동시에 처음 선택한 아이디어를 마무리하는 동안 다음 순서를 기다릴 수 있도록 해주기 때문이다. 위 세 단계를 하는 데 드는 몇 분의 시간으로 인해 앞으로 몇 주, 몇 달의 시간을 절약할 수 있게 될 것이다.

이제는 아이디어 끝내기를 시작할 시간이다. 만약 '아이디어 끝내기'를 한다는 말이 좀 우스꽝스럽게 들린다면, 당신은 성공할 가능성이 높다. 왜냐하면 사실 우리가 해야 하는 것은 아이디어가 아니라 프로젝트이기 때문이다. 아이디어를 앞으로 끝마칠 '실천 가능한' 프로젝트로 변환하는 것에 대해서는 다음 장에서 다룰 것이다.

# 03
요약

▶ 무언가가 당신에게 중요할수록, 그로 인해 더 많이 몸부림치게 된다. 왜냐하면 그 무언가의 성공 혹은 실패 여부가 당신에게 너무나도 중요하기 때문이다.

▶ 빅 워크를 하지 않으면 창조적 변비를 겪게 된다. 어느 순간 당신은 중독 상태가 되어 새로운 아이디어를 받아들일 수 없게 된다. 왜냐하면 밖으로 내보내지 못했기 때문이다.

▶ 우리는 대대로 용감한 문제 해결사들의 후예다. 우리는 타고난 괴물 사냥꾼이다.

▶ 실패가 주는 선물은 바로, 우리에게 가장 중요한 것이 무엇인지, 우리가 언제 궤도를 이탈했는지, 얼마만큼 성장했는지를 알려준다는 점이다.

▶ 대체, 즉 지금 무언가를 하는 것이 다른 어떤 것을 하지 못하게 한다는 사실로 인해 우리는 중요한 것에 집중할 수 있게 된다. 하지만 우리에게 주어진 시간과 에너지가 한정되어 있다는 것을 인정할 때에만 그러하다.

▶ 당신이 성장하는 데 도움이 되지 않는 프로젝트와 아이디어들은 포기해야 한다. 그래야만 이를 당신이 성장할 수 있는 프로젝트로 바꿀 수 있다.

▶ '지금은 안 된다'는 것이 '아예 안 된다'는 것은 아니다.

# BIG WORK

2부 ▶ **프로젝트 계획하기**

# 04

# 아이디어를
# **프로젝트**로 변환하라

생각을 실천으로 옮기는 능력이야말로 외적 성공의 비결이다.
헨리 워드 비처Henry Ward Beecher, 플리머스 설교단Plymouth Pulpit의 잠언 중에서

이제 가장 중요한 아이디어를 선택했으니 빅 워크를 실행하는 데 훨씬
더 가까워졌다. 아이디어를 고르는 것은 무척 어려운 일이었겠지만, 그
일을 해낸 덕분에 당신은 끝까지 이 일을 밀어붙일 만한 강력한 무엇인
가를 스스로에게 부여한 것이다.

이제는 당신이 선택한 아이디어를 프로젝트로 변환할 시간이다. 프
로젝트를 위한 공간을 마련하고, 프로젝트를 끝까지 추진할 수 있도록
도와줄 사람들과 함께 이야기를 나눠야 한다. 우리는 아이디어가 아니
라 '프로젝트'를 실행하는 것이다. 이 프로젝트가 앞으로 당신을 어디로
데려갈지부터 함께 살펴보자.

## 아이디어를 스마트한 목표로 변환하기

목표가 아닌 아이디어에 매달리는 것은, 무한한 가능성의 망망대해를 헤엄치는 것과 같다. 처음 얼마간은 재미있을지 몰라도, 오래 하면 지쳐버리게 된다. 아이디어를 목표로 바꾸는 것은 수영할 수 있는 안전한 해안선을 만들어준다.

특히 목표를 명확하게 서술하는 건 다른 사람들보다 훨씬 목표를 잘 달성할 수 있게 도와준다. 아래 두 표현을 비교해보자.

- 책.
- 2019년 말까지 카푸치노의 역사에 관한 책을 집필하기.

둘 중 어떤 것이 달성하기 쉬울까? 우리 연구에 따르면 두 번째가 더 쉽다.

이 둘을 비교하는 것이 무슨 의미가 있을까 싶겠지만, 창의적인 사람들을 수없이 연구해본 결과, 많은 목표들이 첫 번째보다는 두 번째에 훨씬 더 가까웠다. 목표가 멀어 보일수록 첫 번째와 더욱 유사해진다. 예를 들어 '노후 준비'와 같은 목표를 생각해보자. 이 목표를 달성하는 데 필요한 구체적인 사항들, 우선순위, 도구, 혹은 진행 과정을 추적할 만한 것이 준비되어 있는가? 어느 정도가 필요할 것인가? 이런 식이다.

아래 소개할 스마트 목표 설정 공식▪은, 기존의 시간 관리 세미나에서 주로 소개되는 것을 특별히 창의적인 사람들에게 잘 맞도록 바꾼 것이다. 기존의 프레임워크는 특정 맥락, 특히 목표를 부여받는 사람의 입장에서는 잘 맞았지만, 스스로 프로젝트를 만들어낼 수 있는 창의적인 사람들에게는 잘 맞지 않았기 때문이다.

내가 추천하는 스마트SMART 프레임워크의 변형은 아래와 같다.

▶ 단순한Simple ▶ 의미 있는Meaningful ▶ 행동 가능한Actionable ▶ 현실적인Realistic
▶ 추적 가능한Trackable

이제 이 항목들을 하나씩 뜯어보자.

### 당신의 목표는 단순한가?

목표가 단순하다는 것은 보자마자 이해할 수 있다는 것이다. 그 뜻을 이해하기 위해 다른 무언가를 찾아볼 필요가 없어야 한다.

단순한 것이 반드시 쉬운 것은 아니지만, 단순하게 정리된 목표는 해당 아이디어를 진행하기 위해 어떤 일을 해야 하는지를 정확하게 알려준다. 만약 어떤 목표를 보고 그 목표를 달성하기 위해 무엇을 해야 하는지 좀 더 생각을 해야 한다면 당신의 목표는 단순하다고 할 수 없다.

복잡한 목표를 설정하면 그 의미를 이해하는 데 계속해서 어려움을 겪게 된다. 특히 완전 몰입한 상태에서 복잡한 목표를 설정하면, 몰입 상태가 아닐 때는 이를 이해하기가 힘들다. 자기 전에 다음 날 아침에 무엇

---

■ 조지 T. 도란George T. Doran은 스마트한SMART 목표 프레임워크를 1981년에 논문을 통해 처음 공식화하였다. ["There's a S.M.A.R.T. Way to Write Management's Goals and Objectives," *Management Review 70*, no. 11 (November 1981): 35-36.]

을 하려고 하는지 생각했다가, 다음 날 아침 우리가 뭘 해야 하는지 다시 생각하는 건 괴롭다. 우리가 이미 밟았던 땅을 되짚어가는 것은 더 혼란스럽다. 우리가 성공하도록 도와주는 것은 단순한 목표다.

앞으로도 살펴보겠지만, 단순함과 행동 가능함이 연결된 경우를 종종 볼 수 있다. 이는 행동 가능한 목표가 보통 단순한 편이기 때문이다. 하지만 그렇다 해도, 단순하지만 행동하기 어려운 목표, 혹은 행동에 옮길 순 있어도 단순하지는 않은 목표도 충분히 가능하고, 또 흔히 볼 수 있다.

### 당신의 목표는 의미 있는 것인가?

어떤 목표가 의미가 있다면, 우리는 그 목표를 보자마자 이를 이루는 것의 중요성을 빠르게 이해할 수 있다.

만약 이전 장에서 당신이 정말 중요한 아이디어를 선택했다면, 당신은 이미 그 일을 마친 셈이다. 이전 장에서 우리는 우리에게 중요한 문제를 다룰 때 더 성공할 확률이 높다는 것을 배운 바 있다. 하지만 우리의 머리와 마음을 이어주지 못하는 아이디어는 그렇지 않다.

사람들은 종종 의미와 희망사항을 동일시하는 실수를 저지른다. 하지만 이는 불필요한 등식이다. 당신이 의미 있는 일을 하고 싶은 마음이 없더라도, 그 일은 여전히 의미가 있다. 예를 들어, 당신은 세금을 내고 싶지 않고, 아이들의 개학 준비를 위한 준비물 마련을 하고 싶지 않으며, 연로한 부모님의 노인돌봄서비스 신청을 돕고 싶지 않을 수도 있다. 하지만 이 일들은 삶의 더 큰 맥락에서 봤을 때 분명 의미 있는 일이다.

재미있는 일은 즐거움을 가져다주지만,

의미 있는 일은 성취감을 준다.

의미 있는 일이 재미있는 일이 되지 말라는 법도 없다.

### 당신의 목표는 행동 가능한 것인가?

행동 가능한 목표는 그 목표를 달성하기 위해 어떤 행동을 취해야 하는지 즉각 분명히 알 수 있는 목표를 말한다.

목표를 달성하기 위해 할 수 있는 일이 아무것도 없다면, 그건 목표가 아니라 '소원'이다. 소원은 다른 사람 혹은 다른 어떤 것에 의해 부여받는 것이기 때문에, 당신이 통제할 수 있는 것이 아니다. 계획을 세우거나 스케줄을 비워두고 어떤 작업을 할 수도 없다. 소원 목록이 나쁘다는 얘기가 아니다. 하지만 소원 목록과 행동 목록을 한데 섞는 것은 좋은 생각이 아니다.

행동 가능성은 어쩌면 가장 충족하기 쉽고 단순한 기준일 것이다. 왜냐하면 목표를 달성하는 데 어떤 행동을 해야 하는지 떠올릴 수 있으면 되기 때문이다. 목표를 행동 가능한 것으로 설정하는 가장 단순한 방법은 바로 동사를 활용한 명령문을 만드는 것이다. '1장'이라고 하는 대신, '1장 쓰기'라고 적어보자.

### 당신의 목표는 현실적인가?

현실적인 목표란 현재 주어진 자원을 고려했을 때 끝까지 추진할 수 있는 목표를 말한다.

우리처럼 창의적인 사람들은 이 지점에서 많은 마찰을 겪는다. 바로 우리가 현실을 특별한 방식으로 변화시키는 기이한 능력을 갖고 있기 때문이다. 독창적이라는 것은 때론 현실의 일부를 바꿀 수 있다고 보는 것이다.

하지만 우리가 어떤 방식을 변화시킬 수 있다고 해서 이 모든 것을 그 즉시 한꺼번에 또는 기본적인 현실의 제약을 무시한 채로 할 수는 없다. 시도는 해볼 수 있겠지만, 잘 해내기 위해선 어느 정도 시간이 필요하다는 점, 혹은 충분한 수면을 취해야 한다는 점은 변하지 않는다. 사회적인 현실 또한 하룻밤 사이에 바뀌지 않는다. 만약 그렇게 되었다면, 그건 아마 우연히 그렇게 되었을 확률이 크다.

땅속에 머리만 파묻은 채 현실을 부정하려 하기보다는 차라리 당신의 목표가 현실적인지 아닌지 주변에 물어보는 편이, 당신이 성공할 수 있는 확률을 높이는 방법을 찾는 데 훨씬 더 도움이 될 것이다. 방해 요소Drag point, 즉 당신이 목표에서 벗어나게 만드는 지점이나 요소를 분명히 파악하면 이를 극복하기 위한 계획도 세울 수 있다. 당신이 이미 알고 있는 괴물에 맞서 싸우는 편이, 마치 그 괴물이 없는 듯 행동했다가 괴물이 나타났을 때 깜짝 놀라는 것보다 훨씬 낫다.

현실성 있는 목표와 추적 가능한 목표는 서로 굉장히 긴밀하게 연결되어 있다. 특히 그 목표를 시간에 기초해 추적할 때에는 더욱 그렇다. 만약 그 목표를 달성하는 데 얼마나 걸릴 것 같은지, 어느 정도 시간을 투여해야 하는지 당신이 기대하는 정도를 바꿀 수 있다면, 비현실적인 목표라 하더라도 충분히 현실성 있고 실행 가능한 목표가 될 수 있다.

### 당신의 목표는 추적 가능한가?

추적 가능한 목표는 양적이든 질적이든, 진척 상황이 분명히 무엇을 의미하는지 알 수 있는 목표를 말한다.

스마트<sup>SMART</sup>한 목표를 지지하고 따르는 대부분의 사람은 'T'가 '특정 시간'을 의미한다고 생각하지만, 나는 좀 더 넓은 의미에서 생각하는 것을 더 선호한다. 어떤 목표는 시간적으로 추적하는 것이 부적합할 수 있다. 하지만 그렇다고 해도 그 목표를 달성하기 위해 적극적으로 행동할 수는 있다.

'좋은 친구 되기'라는 막연한 목표를 생각해보자. 6월 1일까지 좋은 친구가 된다는 목표는 의미도 없고 단순하지도 않은 목표다. 하지만 만약 당신이 특정 사람들에게 좋은 사람이 되기 위해 무엇을 했는지 꾸준히 점검할 수 있다면, 이 목표는 막연하긴 해도 '반복적인' 목표는 될 수 있다. 이런 식으로 목표를 이해하다 보면 사색이나 직관, 마음챙김, 혹은 비구조적 학습 같은, 엄격한 시간 프레임을 적용하기 어려운 독특한 인간 행동들을 다 포용할 수 있게 된다.

> 대부분의 목표는 시간을 특정할 때 가장 잘 정리된다.
> 시간을 안배함으로써, 우리는 목표를 달성하기 위해
> 우리가 할 수 있는 가장 단순한 단위의 행동을 파악할 수 있는
> 동시에, 목표를 더욱 현실감 있게 만들 수 있다.

게다가 당신의 목표를 양적으로 측정할 방법이 있다면, 용기를 가지고 그 방법을 활용할 때 실제 성공으로 연결될 계획을 세울 수 있다. 예를 들어 사람들은 더 나은 세상을 만들고 싶어 하지만, 어떤 변화를 만들고 싶은지 숫자로 특정해 생각하지는 못한다. '어린이들이 굶주리지

않게 한다'는 것은 매우 숭고한 목표다. 하지만 '굶고 있는 10만 명의 어린이에게 식량을 제공한다'는 것은 숭고하면서 동시에, 명쾌하고 측정 가능하며 설득력 있는 목표다. ('그럼 10만 명이 아닌 다른 아이들은 어떻게 할 것인가?'라고 묻는 사람이 있을 것이다. 그러나 만약 10만 명의 어린이를 먹이지 못하면, 그 이상의 어린이는 당연히 더 먹일 수가 없다. 그러니 우리가 할 수 있는 최선은 일단 첫 10만 명의 어린이를 기아 상태에서 건진 후, 그 범위를 더 넓혀가는 것이다.)

## 나만의 목표를 스마트한 목표로 바꾸는 단계

스마트SMART한 목표에 익숙한 사람들도 있지만, 우리처럼 창의적인 사람들은 불행하게도 이런 목표에 항상 어려움을 느낀다. 하지만 그냥 연습하면 된다. 그리고 일단 연습해보면 당신도 스마트하지 않은 목표를 참고 지나가기가 어려워질 것이다. 나 역시 너무 오랜 시간 스마트한 목표에 익숙해진 탓에 스마트하지 않은 목표를 보면 마치 '둥근 사각형'을 생각하는 것과 같은 어색한 상태가 된다. 실제로 나는 누군가 그 목표를 고쳐주거나 시야에서 사라지게 만들기 전까지는 다른 생각을 할 수조차 없다.

현실적인 관점에서 당신의 아이디어를 스마트한 목표로 바꾸는 가장 쉬운 방법은 앞으로 소개할 각 단계를 하나씩 차근차근 따라가는 것이다.

① **동사를 활용하라.**

목표를 달성했을 때의 상태를 가장 잘 표현하는 동사를 목표에 넣어본다. 예를 들면 '알렉스를 애틀랜타로 이사시킨다', '책을 출판한다', '채용 전략을 수정한다' 같은 문장으로 말이다. 생각이 잘 안 날 땐, 일단 *끝낸다*는 동사를 사용해본다. 프로젝트를 좀 더 작은 목표로 쪼갤 수 있으면 완결을 표현할 다양하고 특정한 단어가 생각날 것이다.

② **마감을 정하라.**

목표를 달성할 때까지 필요할 것 같은 합리적인 시간을 계산한 다음, 이를 두 배로 늘린다. 우리는 무언가 끝마치는 데 들어가는 시간을 끊임없이 과소평가하는 경향이 있기 때문이다. 갑절의 시간을 계산함으로써 좀 더 현실적인 목표를 세울 수 있다.

③ **현실을 점검하라.**

방금 예상 시간의 두 배를 이야기하긴 했지만, 당신은 분명 그보다 훨씬 빨리 끝낼 수 있다고 자신하고 있을 것이다. 하지만 당신은 이 프로젝트뿐 아니라 다른 프로젝트도 함께하고 있다는 사실을 잊지 마라. 우리처럼 창의적인 사람들은 항상 예상 시간을 과소평가하고, 우선순위를 과대평가한다는 사실도 말이다.

④ **목표를 단순하게 유지하라.**

목표를 정형화하면 다음과 같다. '(어떤 목표)를 (언제까지) 끝낸다(다른 동사도 가능).' 예를 들면 '알렉스를 6월 1일까지 이사시킨다' 같은 것이다. 이건 매우 좋은 예다. 무엇을 해야 하는지가 아니라, 어떻게 그 일을 할 수 있을지를 알아내는 데 창의력과 추진력을 총동원하라.


이미 우리에게 중요한 아이디어들을 고른 것이기 때문에, 의미는 충분하다.

목표에 스마트<sup>SMART</sup> 방식을 지속적으로 적용했을 때 얻게 되는 강력한 세 가
지 결과는 다음과 같다.

▶ 아이디어를 목표로 바꾸고 이를 끝까지 밀어붙일 수 있는 능력을 기본적
으로 갖추게 될 것이다.
▶ 비슷한 형태의 목표 목록을 보고 이들이 어떻게 서로 연결되어 있는지
파악할 수 있게 된다. 만약 너무 많은 목표의 마감이 비슷한 시기에 몰려 있
다면, 이들이 서로 충돌하지 않도록 시간을 미리 안배해야 한다는 걸 알 수
있다. 모든 목표를 동시에 마감하고 완전히 탈진했다가 겨우 회복하는, 그리
고 이런 방식을 계속 반복하는 일명 벼락치기 혹은 압력밥솥식의 목표 추구
방식은 되도록 피하는 것이 낫다. 그보다는 은근한 뚝배기처럼 뭉근한 창의
력이 일에서나 삶에서나 훨씬 더 도움이 된다.
▶ 다른 사람들과 당신의 목표에 대해 의사소통하는 것이 훨씬 쉬워질 것이
다. 왜냐하면 목표를 이해하기도 논의하기도 쉽기 때문이다.

달갑진 않겠지만, 나처럼 스마트 방식이 익숙해지면 당신도 스마트
하지 않은 목표를 보았을 때 머릿속이 복잡해지는 것을 경험하게 될 것
이다. 나와 같은 상태가 된 것을 환영한다.

지난 장에서 선택했던 아이디어로 다시 돌아가보자. 이 아이디어를
어떻게 스마트한 목표로 바꿀 수 있을까?

여기서 미리 경고해둔다. 아이디어를 스마트한 목표로 바꾸는 과정
에서, 아마도 긴장감이나 불안감을 경험할 수도 있다. 당신의 목표가 현
실적인지, 당신이 충분히 행동에 뛰어들 의욕이 있는지, 에어 샌드위치

속 장애물들이 당신을 가로막고 있는 것은 아닌지 의구심이 들기 시작할 것이다. 흥분됨, 긴장감, 좌절감, 그밖에도 여러 가지 딱 꼬집어 말하기 어려운 감정들이 일어나는 것은 굉장히 자연스러운 일이며, 당신이 정말로 당신에게 중요한 무언가를 해결하기 위해 고군분투하고 있다는 확실한 신호이기도 하다.

## 작은 성공, 중간 성공, 역대급 성공

아이디어를 스마트한 목표로 바꾸는 데 가장 큰 장애물은 바로 성공이 어떤 형태일지 정의하는 것이다. 우리는 결과를 성공 혹은 실패로 극단적으로 생각하는 경향이 있지만, 이건 과도하게 단순한 관점이다. 성공에는 여러 수준이 있다. 그리고 어떤 수준을 선택하는지에 따라 당신이 그 목표를 달성하기 위해 세우는 계획에 상당히 큰 무게가 실릴 것이다.

우리가 성공의 단계를 살펴보기 전에, 우선 당신이 계획을 시작할 때에는 실패가 아닌 성공을 할 것이라고 가정하는 것이 가장 중요하다. 우리는 모두 성공하길 원하지만, 계획을 세울 때는 실패할 것부터 먼저 감안한다. 우리는 엄청난 시간과 노력을 들여서, 실패하면 어떻게 되는지를 상상한다. 그래서 우리는 성공했을 때가 아닌 실패를 피하는 데에 중점을 둔 계획을 세우게 되고, 결국에는 소심한 목표와 초라한 프로젝트를 선택하게 된다. 이렇게 선택된 프로젝트는 결과적으로 절대 우리에게 성취감을 줄 수 없다. 왜냐하면 이 프로젝트는 우리가 할 수 있는 것 이상의 용기와 훈련을 필요로 하지 않기 때문이다. 빅 워크 프로젝트가 당신 앞에 놓여 있다고 생각하고, 실패를 방지하기 위한 계획과 성공하기 위한 계획이 어떻게 다른지 생각해보면 그 차이를 분명히 알 수 있다.

우리는 성공에 집중하고 있기 때문에, 실패의 수준들에 대해선 논하지 않겠다. 지금부터는 성공의 세 수준에 대해 함께 살펴보자.

### 작은 성공

시험을 생각하면 이해가 쉽다. 작은 성공은 합격 커트라인을 딱 맞춘 것과 같다. 작은 성공은 달성했다고 해서 자랑할 만한 것은 아니지만, 작은 성공이 일관성 있게 의도적으로 계속되면 더 큰 성공으로 연결될 수 있다. 그래서 비록 우리가 자랑하기에는 조금 민망하더라도, 여전히 이 또한 축하할 만한 성공이다.

### 중간 성공

중간 정도의 성공은 최소 기준을 충분히 넘긴 성공을 의미한다. 지붕에 뛰어올라가 소리 지를 정도의 성공은 아닐지라도, 이 정도의 성공이라면 스스로 자랑스럽게 느낄 수 있다. 중간 성공은 당신이 혼자서, 스스로의 노력과 투자, 장점들을 활용해서 얻을 수 있는 가장 높은 수준의 성공이다.

### 역대급 성공

'역대급'이라는 말이 익숙하지 않다면 '최대의 성공'이라 바꿔 읽어도 된다. 역대급 성공이란 성공의 최소 기준을 아주 많이 넘어선 것으로, '부모님께 말해야 할' 수준의 자랑스러운 성공이다. 말하자면 〈오프라 윈프리 쇼〉에 섭외될 정도거나 미식축구 리그 최종전인 슈퍼볼에서 이긴 것 같은 것이다. 역대급 성공을 이루기 위해선 팀이 있어야 한다.

목표를 설정할 때 성공의 수준을 고려하는 것은 기대 수준과 들여야 할 노력의 수준을 일치시키는 데 도움이 된다. 작은 성공에는 역대급 성공에 필요한 만큼의 노력과 집중력이 필요하지는 않다. 하지만 우리 대부분은 작은 성공에 들어가는 정도의 노력과 집중력을 가지고 역대급 성공을 이루길 바란다. 그뿐만 아니라 삶의 모든 영역에 걸쳐서 역대급 성공을 이뤄내는 것은 의도, 인식, 한계, 용기, 훈련이 거의 달인 수준에 가까워야 함을 의미한다. 물론 우리 중 그런 수준에 다다른 사람은 거의 없지만 말이다.

성공의 수준을 적용함으로써 우리는 매일매일 경험하는 자잘한 무모함, 불안감 혹은 중압감에서 벗어날 수 있다. 왜냐하면 우리는 삶의 모든 부분에 있어서 더 높은 수준의 성공을 바라면서도, 그러한 성공을 달성하기 위해 필요한 일들은 전혀 하고 있지 않기 때문이다. 만약 처음부터 작은 성공을 목표로 설정했다면, 이를 달성했을 때 만족감을 느낄 수 있다. 하지만 처음부터 역대급 성공을 목표로 설정했다면, 상황이 어려워지기 시작할 때 당신은 스스로 생각할 수 있다. 상황이 이렇게 어려운 이유는 당신에게 무슨 문제가 있어서가 아니라, 당신이 성공의 수준을 직접 선택했기 때문이라는 것을 말이다.

이해를 돕기 위해 좀 더 구체적으로 생각해보자. 마라톤을 한다는 좀 애매모호한 목표가 있다. 여기서 작은 성공은 마라톤 자체를 완주하는 것이다. 이때에는 굳이 뛰지 않고 걸어도 행사가 끝나기 전까지 결승점만 통과하면 성공이라 할 수 있다. 중간 성공은 전체 코스를 달려서 마치는 것이 될 수 있다. 역대급 성공은 참가 부문에서 우승을 하는 것이다. 마라톤의 사례는 서로 다른 수준의 성공을 달성하기 위해서는 필요한 것에도 큰 차이가 있음을 분명히 보여준다. 당신의 건강상태나 운동능력에 따라서는 아무 토요일에나 운동하러 나오더라도 작은 수준의 성공을 달성할 수 있을지도 모른다. 왜냐하면 평소에도 충분히 가능한 성공이기 때문이다. 하지만 역대급 수준의 성공을 달성하려면 아주 많은 달리기, 훈련, 회복 과정 등등 인생을 바꿀 만한 노력을 기울여야만 그 성공을 이룰 수 있을 것이다.

마라톤의 사례는 성공의 수준이 맥락에 따라 바뀐다는 속성을 잘 보여주기도 한다. 뛰어난 마라톤 주자는 앞서 언급된 중간 수준의 성공을 작은 성공만도 못하게 볼 가능성이 크다. 하지만 예전에 한 번도 뛰어본 적이 없는 사람, 혹은 어떤 장애나 부상 때문에 달리는 것이 무척 어려운 사람에게는 앞서 말한 작은 성공의 수준이 역대급 성공이나 다름없을 것이다.

결론적으로 이 이야기는 현재 당신에게 어떤 수준의 성공이, 인생 후반에 가면 다른 수준의 성공으로 바뀔 수 있음을 말하고 있다. 예를 들어, 왕년의 나에게 팔굽혀펴기 스물다섯 개쯤은 아주 작은 성공에 불과했다. 하지만 그로부터 20년이 흘러 나이도 먹고 몸무게도 많이 늘어난 지금, 팔굽혀펴기 스물다섯 번은 중간 성공에서도 다소 상위를 차지하는 것이 되어버렸다. 비슷한 맥락에서, 10년 전에는 책을 펴내는 것이 중간 성공을 의미했지만 지금의 나에게는 작은 성공이 되었다. 물론 〈뉴욕 타임스〉 베스트셀러에 등극하는 것은 역대급 성공이지만 말이다.

이해를 돕기 위해 개인적인 사례를 하나 더 소개할까 한다. 내가 성공의 여러 수준에 대해 이해하기 전에는, 내 논문을 마칠 수 있을지에 대해 무척 걱정이 많았다. 그때 나에게 성공이란 흥미롭고 독창적이며 아주 설득력 있는 논지로 획기적인 논문을 써서, 좋은 대학에서 연구 사업을 추진할 수 있는 자리를 마련하는 것이었다. 압박감 또한 엄청났다.

하지만 시간이 흘러 내가 원하면 얼마든지 연구와 공부를 계속할 수 있으며 반드시 그 일을 업으로 삼거나 차후에 연구 사업을 할 필요는 없다고 생각하게 되자, 논문 심사를 통과하는 것이 훨씬 쉽게 느껴졌다. 나는 나도 모르게 역대급 성공을 내 목표로 삼았던 것이다. 당시 역대급 성공에 준하는 시간과 노력을 그 프로젝트에 투자할 만한 삶의 단계에 있지 않았음에도 불구하고 말이다.

위 사례에서 우리 머릿속 생각 쓰레기들은 비교하는 생각들로 나타나, 성공 수준에 대한 우리의 판단력을 흐리게 만든다. 다른 사람의 성공을 우리 자신의 성공 기준으로 삼게 되는 우를 범하는 것은 너무나 흔하고 쉬운 일이다. 그 사람들이 성공하기 위해 들였던 그 수준의 시간과 노력에 대해서는 전혀 생각하지 않으면서 말이다. 우리는 보통 다른 사람들이 성공을 달성하기 위해 들였던 노력은 간과하고, 심지어는 우리가 노력할 때조차도 우리가 그들의 성공을 쉽게 따라잡을 수 있거나 샛길이 있을 거라 믿는다. 우리가 다른 사람들과 우리 자신을 비교하지 않는다고 하더라도, 우리는 모든 것을 다 해결해낸 이상적인 자아상을 만들어놓고 그 자아상과 현재의 나를 비교한다. 그 자아상은 현재의 우리 자신보다 더 큰 높은 수준의 성공을 성취할 수 있고 또 그렇게 할 존재로, 우리는 그 허구적 자아의 허구적 성공을 우리 자신에게 적용할 척도로 삼는다.

하지만 현실은 이렇다. 다른 사람의 성취는 현재 당신이 서 있는 위치, 당신에게 딱 맞는 수준의 성공과는 아무 상관이 없다. 당신이 만든 이상적인 자아상은 존재하지도 않는 사람이며, 그 자아상이 성취한 것 역시 마찬가지다. 중요한 것은 당신이 현재 서 있는 자리와 앞으로 가고자 하는 방향이며, 다른 누구도 아닌 당신 스스로만이 당신 마음을 울리는 성공의 수준을 결정할 수 있다.

성공의 수준이 축복인 이유는 바로, 당신이 스스로에게 가장 중요한 것에 맞춰서 성공의 수준을 결정할 수 있다는 점이다. 당신 삶의 어떤 영역은 다른 영역보다 더 중요하다. 덜 중요한 영역에 대해서는 작은 성공을 선택하는 것이 적절하다. 심지어는 한 영역 안에서도, 특정 프로젝트와 책임감이 다른 것에 비해 덜 중요할 수 있다. 이때 당신은 작은 성공 수준을 선택함으로써 그 프로젝트와 책임감의 중요성을 덜어낼 수 있다. 이게 바로 작가이자 친구인 마이클 번게이 스태니어<sup>Michael Bungay Stanier</sup>가 말한 '수용 가능한 평범함<sup>Acceptable mediocrity</sup>'이다.

심지어 당신이 앞장에서 선택했던 아이디어 역시도, 작은 성공을 목표로 삼는 것이 바람직하다고 생각할 수도 있다. 왜일까? 현재 당신 삶과 커리어의 단계와 위치에서는 역대급, 혹은 중간 정도의 성공을 위한 시간과 노력도 헌신하기 어려울 수 있기 때문이다. 어쩌면 지금은 하던 일을 추진해서 성공을 이루는 것이, 언젠가 상황이 정리될 때까지 빅 워크를 미루는 것보다 더 중요할 수도 있다.

여기서 내가 가장 깊이 각인시켜주고 싶은 건 바로, 성공의 수준과 당신이 헌신할 수 있는 시간과 노력의 수준을 일치시켜야 한다는 점이다.

더 높은 수준의 성공을 이루려면,
그만큼 더 많은 것을 투자해야 한다.

맞다. 이 말은 이렇게 적어놓으면 너무 당연한 것처럼 보이지만, 사실 우리는 충분히 노력은 안 하면서 높은 수준의 성공을 너무 쉽게 바라고 기대하는 경향이 있다.

성공의 크기와 노력의 크기를 연결시키는 것은 이미 지난 일을 이해하는 데에도 도움이 된다. 만약 예상보다 결과가 좋지 않았을 때 우리가 계획한 것보다 더 적은 노력을 투여했다는 사실을 깨달으면, 우리는 머릿속에서 우리 자신의 능력에 대해 일어나는 생각 쓰레기들을 쉽게 떨쳐 낼 수 있다. 왜냐하면 우리가 딱 그만큼의 노력만 했기 때문이다.

앞장에서 선택했던 당신의 아이디어를 떠올려보자. 이 아이디어에 대한 각각의 수준별 성공은 어떤 모습이 될 것인가? 당신의 현재 상황을 모두 감안했을 때 지금 당신에게 가장 와닿는 성공의 수준은 어떤 것인가?


## 날짜 미정 = 끝이 안 남

이번 장 전체에서 계속 말하고 싶은 주제는 바로 목표와 프로젝트, 행동 단계별로 일정을 정하는 것의 중요성이다. 간단히 말해, 어떤 목표나 프로젝트 혹은 행동 단계에 일정이 정해져 있지 않다면, 그 일은 아예 일어나지 않을 확률이 더 높다. 일정이 없는 항목은 '언젠가/그 어느 때'의 나라로 가는 공짜표를 들고 있는 셈이나 다름없다. 심지어 그 항목이 당신에게 아주 중요한 것이라 하더라도 말이다.

여기에는 두 가지 이유가 있다. ① 정해진 일정이 없으면 전념해야 하는 의미가 전혀 없으며 ② 우리는 기본적으로 일정을 염두에 두고 항목들을 분류하기 때문이다. 이 두 가지 사실은 특히 우리가 성공하도록 도와주는 사람들과 함께 일할 때 아주 중요하게 작용한다. 특정한 날짜와 시간을 기준으로 삼아야 하는 모든 이유는, 바로 우리가 의사소통을 할 때 어떤 일이 일어나길 바라는 구체적인 시간을 바탕으로 이야기하기 때문이다.

아주 간단한 예를 들자면, "언제 밥 한번 먹자"는 말이 날짜와 시간을 정하지 않았을 때 실제 밥 약속으로 얼마나 연결되는지 생각해 보았는가? 그에 비해 "이번 주 금요일 저녁에 한잔할까?"라는 약속은 얼마나 실제 약속으로 연결되었는가? 설령 금요일 저녁이 현실적으로 어렵다 해도, 이 특정한 시간을 언급함으로 인해 이 제안은 실제로 성사되거나 거절되거나 다른 어떤 대안으로 연결되는 노력으로 훨씬 쉽게 이어진다.

똑같은 원리가 당신의 목표, 프로젝트, 행동 목록에도 그대로 적용된다. 다른 사람들에게 부탁을 할 때도 마찬가지다. 일정이 정해지지 않은 것은 아무것도 적혀 있지 않은 공수표나 마찬가지다.

어떤 대상에 날짜를 정해야 노력을 기울이게 된다. 그리고 그것이야말로 바로 사람들이 날짜를 정하지 않으려는 하나의 이유이기도 하다. 만약 그 일정을 지킬 수 없다면, 자기 자신은 물론 다른 사람까지도 실망시킬 것이기 때문이다. 우리는 날짜를 정하는 것이 그 일을 끝마치거나 현재 하고 있는 프로젝트를 내려놓는 것 같은 후속 조치를 의미한다는 것을 무의식적으로 잘 알고 있다. 왜냐하면 이미 우리가 벌여놓은 일만 해도 감당할 수 있는 최대치에 달해 있기 때문이다. 그래서 우리는 날짜가 정해지지 않은 것들을 '언젠가/그 어느 때' 더미에 쌓아 올리기 시작할 것이고, 우리가 이 일들을 진짜로 들여다볼 때는 이미 그동안 쌓아 올린 것들에 깔려 질식하고 있을 것이다.

날짜가 정해진 항목들은 우리가 현실적으로 대체를 활용할 수 있도록 해준다는 점에서 축복이나 다름없다. 대체를 통해 우리는 시간과 노력, 주의를 다른 데로 돌릴 수 있기 때문이다. 대체와 약속이 우리를 괴롭히는 적이 되는 것은 오직 그 중요성을 무시하거나 등한시할 때뿐이다. 그러나 우리가 이를 인정하고 받아들이면, 우리는 더 중요한 일에 집중할 수 있게 된다.

일정이 정해진 것들이라 하면, 보통은 마감 기한이나 완료일을 생각하기 쉽다. 하지만 이렇게 함으로써 우리는 시작일의 은혜롭고 놀라운 힘을 놓치게 된다. 물론 논리적으로는 분명히 프로젝트에 특정한 시작일이 존재하는 것이 맞다. 하지만 사실 우리는 프로젝트 시작일을 의도적으로 선택하지 않는다. 마감 기한이 잘 지켜지지 않는 것보다, 시작일이 안 지켜지는 경우가 갑절은 더 많다.

헌신이라는 관점에서 시작일은 마감일만큼이나 강력하다. 시작일은 일반적인 연인 관계와 약혼을 한 관계의 차이점 같은 것이다. 즉 당신이 얼마나 오래 사귀었는지와는 무관하게 약혼이라는 행위 자체가 관계를 완전히 새로운 시간, 노력, 주의가 필요한 관계로 바꾸어놓는다. 시작일과 마감일은 당신의 아이디어에 약혼반지를 끼워주는 것이나 다름없다.

그 프로젝트가 마음에 든다면 (그래서 끝까지 완수하고 싶다면)
프로젝트에 약혼반지를 끼워줘라.

잠깐 짬을 내어 생각해보라. 오늘을 당신 프로젝트의 시작일로 삼는 것과, '언젠가/그 어느 때'의 나라에 그냥 맡겨두는 것의 차이를 말이다. 솔직하게 당신은 두 가지를 동시에 느낄 것이다. 바로 흔들림과 불안감이다. 마치 아주 조심스럽게 공들여서 쌓아놓은 젠가 블록들이 무너지기 직전일 때 느껴지는 그 느낌. 예상되는 흔들림은 미래가 당신을 의미있게 만드는 일로 끌어당기는 것이다. 불안감은 현재와 과거가 모든 것을 지금 상태 그대로 머무르게 붙잡는 것이다.

하지만 아까 언급했던 시작일의 축복을 기억하는가? 의도적으로 착수 일자를 분명히 정했을 때를 가정해보자. 예컨대 오늘부터 3주 후, 현재 진행 중인 프로젝트를 마친 후에 새로운 프로젝트를 시작하기로 했다고 가정해보자. 흔들림은 여전히 느껴지겠지만, 불안감은 확연히 줄어들 것이다. 프로젝트 시작일을 대표적인 꾸물거리는 날로 만들지 않으려면, 시작일을 미룰 확실한 근거가 있어야 한다. 마음의 준비가 덜됐다는 핑계는 용납이 어렵지만 수술이나 출장, 혹은 이사 같은 것들은 그 자체를 하나의 프로젝트로 볼 수 있기 때문에 시작일을 미룰 합당한 사유라고 볼 수 있다.

시작일을 정함으로써 당신은 프로젝트를 위해 주도적으로 기울일 수 있는 시간, 노력, 주의력을 재정비하고 이를 창출할 수 있게 된다. 아직 특정 프로젝트들을 일정표에 적지 않았어도, 그 프로젝트들을 앞으로 적을 것이라고 분명히 약속한 것이다.

결론은 다음과 같다. 이 프로젝트를 오늘 착수할 것인가? 오늘이 아니라면 언제 할 것인가? 만약 진심으로 이 프로젝트를 마치고 싶다면 시작을 약속하는 약혼반지(날짜)를 끼워주어라.

## 성공지원단을 꾸려라

아이디어를 스마트한 목표로 변환하고, 성공 수준도 정했으며, 프로젝트 시작일도 결정했다면, 아마도 당신은 앞으로 가야할 길과, 어떻게 이 길을 헤쳐나가야 할지에 대한 중압감을 느끼기 시작할 것이다. 이 중압감을 느끼지 않는 한 가지 방법은 이 모든 것을 '혼자' 해내는 것이다. 하지만 이건 쉽지 않다. 특히 당신이 역대급 성공을 목표로 하고 있다면, 혼자서 모든 것을 해내는 것은 사실상 불가능하다.

목표, 성공의 수준, 실제로 그 프로젝트에 착수하는 날짜를 정했다면 이제는 성공지원단을 꾸릴 시간이 된 것이다. 성공지원단은, 당신을 도와서 빅 워크를 완수할 수 있도록 의도적으로 선택된 사람들의 모임을 말한다. 영화 〈어벤져스〉나 〈반지의 제왕〉, 〈청바지 돌려입기〉, 혹은 〈스타트렉〉의 (자주 죽어 나가는 레드셔츠를 제외한) 등장인물들을 생각하면 쉽다.

성공지원단은 네 부류로 구성되어 있다.

▶ 안내자
▶ 동료
▶ 조력자
▶ 수혜자

3개월 이상 걸릴 것으로 예상되는 프로젝트의 경우 각 그룹별로 3명에서 5명 정도가 필요하다. 하지만 혹시 당신의 습관이나 커리어, 혹은 삶에서 큰 변화를 필요로 하는 프로젝트라면 프로젝트의 규모가 작더라도 성공지원단이 필요할 수 있다. 팀별로 인원이 너무 많으면 계속 이야기를 하는 사람들 때문에 배가 산으로 갈 수 있다. 반대로 인원이 적으면 당신에게 힘을 주고 다양한 관점을 제공해줄 수 있는 사람이 부족하게 될 것이다. 3명에서 5명 정도로 각 팀을 구성하면 전체적으로 당신을 지원하기 위해 최소 12명에서 많게는 20명의 사람이 모이게 된다. 한 사람이 여러 팀에 동시에 소속될 수도 있는데, 조력자와 수혜자 부류가 특히 중복될 가능성이 크다.

당신을 적극적으로 지지하는 사람들로 팀을 만들어야 한다. 그래야 당신의 프로젝트를 성공적으로 마치기 위한 도움을 충분히 받을 수 있을 뿐 아니라, 긍정적인 의견들에 귀를 기울임으로써 비관론자들의 과도한 관심을 상쇄할 수 있다. 우리 뇌 회로의 기본적 설계 탓에, 우리는 살면서 비관론자가 훨씬 더 많다고 상상하거나, 기껏해야 몇 되지도 않는 비관론자들을 보고도 불안과 공포를 느끼곤 한다. 이들은 우리가 이야기할 때 바짝 붙어서 팔짱을 끼고 쳐다보는 사람, 혹은 며칠 동안 우리를 우울하게 만드는 100개 중 하나의 부정적인 댓글 같은 것이다.

이런 부정적인 사람들에 집중하지 말고, 긍정적인 낙관론자들로 지원단을 꾸려야 한다. 우리 응원단은 우리가 어떤 사람인지 오랜 시간 지켜봐 왔으며, 언제나 내 편이었고, 우리가 성공하길 바라고 원하는 사람들이다. 비관론자들이 틀렸다는 것을 증명하려 하지 말고, 낙관론자들이 옳다는 것을 증명하자. (이렇게 관점을 바꾸면 자유로움과 섬뜩함을 동시에 느낄 수 있다.)

이제 팀별로 어떤 사람들이 있는지 자세히 살펴보자.

**안내자**

안내자는 당신이 존경할 수 있는 사람들로, 당신보다 조금 더 먼저 길을 앞서갔다. 이들은 당신이 좇고 있는 특정 수준의 성공 그 이상을 성취한 사람들로, 그들의 성격이나 접근법이 당신에게 울림을 준다. 당신이 선택한 안내자는 나침반이자 조언자다. 그래서 당신이 잘 맞지 않는 방식으로 세상을 보느라 고전하고 있을 때 당신의 패러다임을 바꿔준다.

실제로 살아 있고 또 연락이 가능한 사람을 안내자로 삼는 것이 이상적이지만, 당신에게 의미가 있는 역사적이거나 전설적인 인물을 안내자로 삼을 수도 있다. 그러나 전설적인 인물을 안내자로 삼을 때는, 당신이 그 인물을 결코 따라 할 수 없는 모델로 의인화하지 않도록 조심해야 한다. '예수님이라면 어떻게 하셨을까?'라고 묻는 것은 윤리적 관점에서 정말 훌륭한 일이지만, "물 위를 걸어라"는 말씀은, 당신이 넘쳐나는 프로젝트의 바다에 익사하기 직전이라면 절대 좋은 조언이 아니다.

상호작용의 관점에서 보자면, 당신의 안내자는 〈스타워즈〉의 요다나 〈해리포터〉의 덤블도어 혹은 〈반지의 제왕〉에서 간달프 같은 사람들이 될 것이다. 그들은 당신과 함께 일하지는 않지만, 이따금씩 나타나 이해하기 어려운 조언을 던질 것이다. 이들은 바람처럼 나타났다 홀연히 사라진다. 나타날 때도 사실은 대부분 당신이 옴짝달싹 못 할 때, "포스를 써라, 루크!" 같은 뜬금없는 명령을 본인만의 방식으로 외치는 식이다. 안내자를 선택하는 것은 당신이 그들과 갖게 될 외적인 상호작용보다는, 당신이 직접 그들의 세계관으로 생각을 시도한다는 것을 뜻한다. 때론 정말 당신 혼자서 감당해야 하는 장애물이나 질문들을 그들이라면 어떻게 이야기했을까 스스로 질문해보는 것이다.

예를 들어, 세스 고딘은 마케팅 영역을 넘어서 나에게 안내자가 되는 사람 중 한 명이다. 물론 실제로 대화를 해본 적도 있지만, 현재 내 경력 수준에서는 일주일에 여러 번 갖는 상상 속의 대화에서조차 의견 충돌로 논쟁이 일어나곤 한다. 세스 고딘과의 상상 속 대화는 피터 드러커나 노자, 아리스토텔레스, 루스벨트 전 대통령, 소설가 마야 안젤루 같이 이미 세상에 없는 사람들과 하는 대화에 비하면 훨씬 역동적인 부분이 있다.

역사적인 안내자들도 중요하지만, 실제로 생존해 있는 안내자를 지원단에 포함시키는 것은 말할 수 없이 매우 중요하다. 물론 살아 있는 안내자를 포함하는 것은 쉽지 않다. 이들은 너무 인기가 많아서 당신이 누군지조차 모를 수도 있기 때문이다. 이 부분에 대해서는 이 분야의 천재인 파멜라 슬림의 조언을 빌리고자 한다.

## 파멜라 슬림Pamela Slim ■
### 안내자를 고르는 원칙

성공지원단을 꾸리는 데 가장 어려운 부분 중 하나가 바로 안내자를 선정하는 것이다. 과연 수많은 부탁으로 늘 바쁜 사람에게 접근할 수 있는 최선의 방법은 무엇일까? 그가 도와줄 수 있는 이 세상 수많은 사람 중에서, 왜 당신을 선택해야 할까? 당신이 걱정하는 가장 큰 문제들이 바로 당신이 묻고 답해야 할 바로 그 질문과 대답이다. 이제부터 안내자를 선택할 때 따라야 할 원칙들을 소개하고자 한다.

### 평등함

진정한 안내자는 그냥 우리보다 조금 더 경험이 풍부한 사람일 뿐이다. 안내자가 이룩한 업적이 당신의 성과와 긴밀하게 연결되어 있어야 한다. 그들은 세상이 어떤 식으로 변화하기를 소망하는가? 그들의 사명이 당신의 사명에 어떻게 영향을 주는가? 안내자를 고를 때 당신과 공유할 수 있는 사명에 대한 열정에 중점을 맞추어 접근하라.

### 통합

자연스럽게 통하는 것이야말로 가장 이상적인 기준이다. 당신과 안내자는 서로에게 매우 깊이 빠져야 한다. 특별한 재능을 가진 안내자를 선택하는 것도 중요하지만, 동시에 공통된 관심사와 가치관을 가지고 있어 함께하는 것이 늘 즐겁고 흥미로운 사람을 고르는 것이 중요하다.

### 헌신

바쁜 사람에게 도움을 요청할 때, 당신도 반드시 그만큼 전념을 다해야 한다. 그들이 어떤 종류의 도움을 필요로 하는지 먼저 고민하고 우선 대처하라. 시간을 지키는 건 기본이다.

### 자유로움

나의 가장 친한 친구인 데지레 애더웨이는 훌륭한 인간관계의 속성을 '자유로움'이라고 설명했다. 안내자와의 관계를 부담 없는 관계로 만들고 유지하는 것은 당신에게 달렸다. 자유가 있는 곳에, 관계가 싹튼다.

■파멜라 슬림은 작가이자, 공동체 설계자, 비즈니스 코치다. 첫 사회생활 10년은 비즈니스 컨설턴트로서 HP, 찰스 슈왑, 쉐브론 같은 대기업을 상대로 활동했으며, 그 후 10년간은 책을 통해 코칭하면서 기업가들이 새로운 일의 세계에서 성공할 수 있도록 돕고 있다.

## 동료

동료는 당신과 비슷한 수준의 성취 혹은 기술을 갖춘 이들로 서로의 프로젝트에 도움을 줄 수 있는 사람들을 말한다. 당신 역시 동료의 프로젝트에 도움을 줄 수 있는 관계에 있기 때문에 서로 꾸준하게 의사소통을 할 가능성이 높다. 안내자가 당신보다 앞서간 사람이라면, 동료들이란 당신과 함께 어깨를 나란히 하고 가는 사람들이다.

동료들을 고를 때 주의할 점은 이들을 응원단, 낙관론자와 한데 묶어 생각하지 않는 것이다. 동료들 중에는 당신의 생각이나 접근 방식, 혹은 당신이 보지 못하는 맹점에 의문을 제기할 수 있는 사람도 있어야 한다. 말하자면 이들은 파티에서 당신 이 사이에 고춧가루가 끼었을 때 이를 말해줄 수 있는 종류의 친구들인 셈이다. 아무 도움이 안 되는 비난만 하는 사람과 건설적으로 도움이 되는 비판적인 친구의 가장 큰 차이는 바로, 후자의 사람들은 당신이 더 나은 사람이 되도록 이끌어주는 반면 전자는 오직 자신들이 돋보이는 데에만 관심이 있다는 것이다.

동료를 고르는 데 또 한 가지 명심할 것은 이들이 당신의 훈련 영역이나, 전문 분야 혹은 당신만의 영역 밖에 있는 사람이어야 한다는 것이다. 당신의 훈련, 전문 분야 혹은 업무에 익숙하지 않은 동료를 두는 것이 당신의 작업을 추진하는 데 그 무엇보다 도움이 되는 이유는, 당신이 놓치고 있던 생각도 하지 않고 무시했을 의문을 이들이 제기할 수 있기 때문이다. 당신의 분야, 훈련 범위 혹은 업계에 속하지 않은 동료를 구하는 것의 또 다른 장점은 바로 이들이 그들만의 훈련 범위, 영역에서 당신의 업무에 접목할 수 있을 만한 통찰과 유사점을 많이 제공해준다는 것이다.

### 조력자

조력자는 실질적으로 함께 일하면서 당신이 프로젝트를 끝마칠 수 있도록 도와주는 사람들을 말한다. 성취의 수준이나 지위와는 상관없이 당신이 이미 선택한 조력자들에게 도움을 요청할 수 있고, 이들이 합리적으로 일정을 맞춰줄 것을 기대할 수도 있다. 이 부분이 조력자가 안내자나 동료들과 다른 지점이기도 하다.

가장 중요한 조력자는 사실 프로젝트 밖에 있는 사람들이다. 예를 들어 당신이 이미 선택한 배우자나 반려자야말로 핵심 조력자일 수 있다. 비슷한 맥락에서, 옆집 아이가 주말마다 잔디를 깎아주거나 저녁에 당신의 자녀를 잠깐씩 봐준다면, 당신이 추가로 프로젝트에 집중할 수 있는 시간을 벌어준다는 점에서 조력자라고 볼 수 있다. 당신이 마감을 앞두고 있을 때 룸메이트가 대신 장도 보고, 요리도 하고, 설거지도 해준다면 그 역시 조력자다.

적극적으로 조력자를 구해 팀을 꾸리는 것은 당신이 빅 워크를 끝마치기 위해 할 수 있는 단 하나의 가장 중요하고 확실한 일이다. 당신의 조력자는 당신의 능력을 증폭시켜주는 사람들이다. 아무리 당신이 능력이 있다 한들, 그들의 도움이 없다면 당신이 하루에 쓸 수 있는 시간은 늘 제약이 있을 수밖에 없다.

게다가 한 팀으로 이기는 것이야말로 숭고한 기쁨 그 자체다.
우리는 근본적으로 협동하는 동물이며, 협력해서 성공을 이룰 때 실제 체내에서 생화학적 보상 작용이 일어난다.
우리는 괴물을 함께 사냥하도록 태어났다.

좋은 조력자로 팀을 꾸리는 것이 생각으로는 쉬울 것 같지만, 실제론 굉장히 어렵다. 왜냐하면 사람들은 도움을 구하거나 자기 일에 우선순위가 높다는 점을 주장하는 것에 대한 생각 쓰레기에 사로잡히기 쉽기 때문이다. 특히 여성들이 여기에 어려움을 겪는 것은, 이들이 보통 조력자의 역할 혹은 다른 사람에게 도움을 주는 역할을 맡도록 사회화되어 있는 탓에, 스스로 빅 워크를 하거나 누군가에게 조력자로 일해주기를 부탁하는 상황이 흔하지 않기 때문이다. 반대로 남자들이 어려움을 겪는 부분은 바로 도움과 지원을 요청하는 것이 그들을 약하게 만든다는, 본인들이 만들어낸 헛된 신화와 마음가짐 때문이다.

나는 이 사실을 잘 이해하고 우리가 타고난 협력가들이라는 사실과 우리 머릿속의 많은 생각 쓰레기들이 협력을 방해한다는 현실을 늘 동시에 생각하려 애쓴다. 논리적으로는 둘 사이에 충돌이 없지만, 실제 매일의 삶에서는 경험적으로 긴장감이 존재하고 있다. 게다가 협력과 독립심 사이의 긴장은 인간관계에서 정치에 이르기까지 우리 삶의 모든 영역에 걸쳐서 영향력을 발휘하고 있는 것이 현실이다. 그러니 이런 긴장감이 우리 빅 워크에도 작용하지 않을 리가 없다.

## 수혜자

수혜자는 당신이 빅 워크를 완수함으로 인해 혜택을 받는 특정한 사람들을 뜻한다. 그게 그들의 배고픔이든, 머리이든, 마음이든, 그 어느 것을 채워주든지 간에 당신이 한 일로 인해 이들의 삶은 더욱 윤택해진다.

여기에는 매우 중요한 결과가 내포되어 있다. 바로 당신이 빅 워크를 마치지 않는다면, 수혜자들의 삶은 더 악화된다는 점이다.

당신의 일이 고통의 치유 혹은 그것으로 인한 기쁨 그 어떤 것이든, 오직 당신이 그 일을 할 때에만 가능하다. 어떤 것도 당신의 일을 대신할 수가 없다. 왜냐하면 당신의 빅 워크는 오직 당신이 당신의 방식으로만 해낼 수 있기 때문이다.

내가 이 사실을 말해주는 것은 나의 경험에 비추어봤을 때, 당신의 빅 워크가 점점 힘들어지거나 이 일에 대한 의미를 찾지 못하는 상태가 될 때 이 사실을 기억하는 것이 상당한 도움이 되기 때문이다. 당신의 빅 워크가 당신 자신, 당신이 하고자 하는 일에만 연결되어 있다고 생각하면 사실 포기하기가 쉽다. 하지만 만약 당신이 당당히 맞서서, 몸부림치면서, 이 일을 끝까지 끝마치지 않았을 때 더욱 나쁜 상황에 닥칠 사람들을 생각하면, 이건 완전히 다른 문제가 된다. 수혜자의 정의에서 '특정한 사람'이라는 조건이 중요한 것도 바로 이 지점 때문이다. 왜냐하면 상상 속의 사람이 악조건에 처하는 것과 당신이 알고 있는 어떤 특정한 사람이 그렇게 되는 것은 전혀 다른 문제이기 때문이다. 당신은 스스로를 포기할 수 있다. 하지만 다른 사람까지 포기하기는 어렵다.

수혜자를 당신이 알고 있는 특정한 사람으로 설정해야 하는 또 다른 이유는 바로 그들에게 당신이 하는 일에 대해 피드백을 요청할 수 있기 때문이다. 부질없는 생각 쓰레기들, 무지함, 오만함 때문에 당신은 계속 제자리에 머물러 있거나 바른 궤도에서 벗어나게 된다. 하지만 수혜자들에게 용기를 가지고 당신이 하는 일을 밝히고 일의 진행 상황에 대해 의견을 구한다면, 당신은 궤도를 유지하면서 영감을 가지고 일을 끝마칠 수 있게 된다.

## 성공지원단을 활용하는 다섯 단계

지원단에 누구를 포함시킬 것인지 고민하는 것은 생각만으로도 재미있지만, 진짜 마법은 당신이 이 지원단을 어떻게 적극적으로 활용할 것인지 계획을 세울 때 발휘된다. 당신이 가장 신뢰하는 사람들로 지원단을 꾸렸을 것이야 당연한 일이지만, 이들이 당신이 빅 워크를 하도록 어떻게 돕게 할 것인가? 얼마나 자주 연락할 것인가? 어떤 이야기를 나눌 것인가? 이들이 당신에게 최선의 피드백을 제공할 수 있도록 하려면 당신은 이들에게 무엇을 보여줘야 할까?

성공지원단 전략을 아이디어에서 구체적 행동으로 바꾸는 단계는 다음과 같다.

### ① 각 그룹별로 3명에서 5명 정도의 사람들을 선정한다.
'특정한' 지인을 골라야 한다는 점을 명심하라. '아이다호에 사는 싱글맘' 같은 막연한 사람은 수혜자로 볼 수 없다. 이 단계에서는 전화를 걸 수 있는 친구로 목록을 꾸리는 편이 좋다.

## ② 각 사람별로 당신을 도울 수 있거나 당신이 그들을 도울 수 있는 최소 세 가지 방법을 생각하라.

세 가지 방법을 떠올리는 것이 어렵다면, 아마 당신은 사람을 잘못 골랐거나 그 사람을 충분히 잘 알지 못하는 것이다. 안내자 집단에서는, 그들에게 어떤 종류의 질문을 하고 싶은지, 혹은 그들이 당신에게 소개해줄 수 있는 사람이 있는지를 목록으로 만들어본다. 동료 집단에서는, 이들이 가지고 있는 능력이나 인맥, 혹은 새로운 관점을 적어본다. 조력자 집단에서는 이들이 당신을 위해 해줄 수 있는 일이 무엇인지 적는다. 수혜자 집단에서는, 어떤 질문을 해야 당신이 하고 있는 일이 실제로 그들의 삶을 변화시키고 있다는 걸 알 수 있을지 적어본다. 이 정도면 당신이 전화로 이야기를 나눌 수 있는 주제는 정해진 것이다.

## ③ 연락 주기, 즉 얼마나 자주 연락하는 것이 당신과 이 프로젝트를 진행하는 데 도움이 될 것인지 결정한다.

기본적으로는 동료와 수혜자들과는 한 달을 기준으로, 조력자들과는 최소 일주일에 한 번 이상을 기준으로 연락하는 편이 좋다. 안내자와는 필요할 때마다 자주 연락하면 할수록 좋다.

## ④ 당신이 이들을 성공지원단으로 선정했음을 각 사람에게 모두 알려라.

아마도 상대방이 성공지원단의 개념이 익숙할 확률이 낮을 것이므로, 그저 당신이 어떤 일을 추진하고 있으며 그들의 도움이 필요하다고 알리는 수준이면 충분하다. 앞선 ②번과 ③번의 질문에서 도출한 대답을 바탕으로, 이들이 앞으로 당신을 어떻게 도와줄 수 있는지, 얼마나 자주 연락할 것인지 이야기한다. 그래야 그들도 무엇에 동의하는지, 당신에게서 무엇을 기대할지 분명히 알 수 있다. 안내자는 약간 어려울 수 있는데, 연락을 하기 어려운 사람이거나 더 이상 실존하지 않는 사람일 수도 있기 때문이다. 살아 있다고 해도 이메일을 보내서 그들이 당신의 프로젝트에 영감을 주었다는 것 정도를 알리는 것이 할 수 있는 전부일 수도 있다. 만약 당신의 안내자가 멘토의 위치에 있다면, 그때엔 동료와 비슷한 식으로 선정 사실을 이야기할 수 있을 것이다.

**⑤ 앞서 정한 주기에 따라 적극적으로 의사소통하고 진척 사항을 공유하라.**
당신의 안내자도, 동료도, 수혜자까지도 당신이 어떤 일을 어떻게 하고 있는지 알 의무는 없다. 그걸 알려주고 사람들의 참여를 유도하는 것은 당신이 해야 할 몫이다. 만약 당신이 안내자나 동료들에게 당신이 책임감을 가질 수 있도록 부탁했다면 그건 예외가 된다. 이 경우라면 만약 당신이 그들에게 약속한 시점에 연락해서 진행 상황을 공유하지 않을 경우 그들이 먼저 당신에게 연락할 수 있다.

사람들이 가장 겁먹는 것은 바로 네 번째 단계다. 왜냐하면 성공지원단을 꾸리는 것이 굉장히 빠르게 이 상황을 현실로 만들기 때문이다. 갑자기 12명에서 20명 정도 되는 사람들이 당신을 신경 쓰고, 도와주고, 당신에게 무언가를 기대하기 시작한다. 갑자기 막연했던 것이 현실이 되고, 마감이 생기고, 책임져야 할 사람들도 생긴다. 갑자기 당신의 모든 핑계와 꾸물거림, 가정들이 아주 단순한 질문으로 바뀌어버린다. "그래서 하겠다는 거야, 안 하겠다는 거야?"

물론 이 단계 덕분에 당신은, 필연적으로 프로젝트를 완수할 수밖에 없는 상황을 스스로 만들어놓았다. 적어도 이대로 따르기만 한다면 말이다. 그러니 당신의 프로젝트를 완수할 준비가 되었다면, 이제 차근히 단계를 밟기만 하면 된다.

빅 워크를 마무리할 준비가 되었다면, 지난 장에서 골랐던 아이디어를 가지고, 이번 장에서 다루었던 단계를 밟아라. 아마도 아이디어를 스마트한 목표로 변환하고, 성공 수준을 결정한 뒤, 날짜를 정하고, 성공지원단에 누구를 포함시킬 것인지 생각하는 데에 총 두 시간 정도 걸릴 것이다. 그 후 당신이 얼마나 꾸물거리며 몸부림치느냐에 따라 달라지긴 하겠지만, 성공지원단에 포함시킨 사람들에게 연락을 돌리는 데 또다시 두 시간 정도가 소요될 것이다.

바로 이 시점에서, 당신이 정말로 이 프로젝트에 약혼반지를 끼우고 당신의 팀을 꾸릴 것인지 아닌지가 결정된다. 기본적으로는 준비가 된 후에 일에 뛰어드는 것이 자연스럽다. 하지만 나는 그 반대를 당신에게 요구한다. 준비를 하기 위해서 일에 뛰어들라는 것이다. 직접 뛰어들어야만, 당신이 프로젝트를 하기 위한 시간을 비울 수 있게 된다. 이것이 바로 다음 장에서 살펴볼 내용이다.

▶ 스마트<sup>SMART</sup>한 목표란, 단순하고<sup>Simple</sup>, 의미가 있으며<sup>Meaningful</sup>, 행동 가능하고 <sup>Actionable</sup>, 현실적이고<sup>Realistic</sup>, 추적 가능한<sup>Trackable</sup> 목표를 말한다.

▶ 성공에는 작은 성공, 중간 성공, 역대급 성공의 세 수준이 있으며, 각 수준은 그에 상응하는 노력과 집중력을 요구한다. 특히 역대급 성공의 경우에는 오직 그 일에만 집중해야 한다.

▶ 만약 어떤 프로젝트에 시작일과 마감일이 없다면, 그 프로젝트는 끝날 확률이 매우 낮다.

▶ 당신의 성공을 도울 성공지원단은 안내자, 동료, 조력자, 수혜자 네 그룹으로 이루어져 있다.

▶ 성공지원단을 활성화시킴으로써 당신의 프로젝트는 실제로 작동하기 시작한다. 왜냐하면 다른 사람들이 당신의 목표에 참여하게 되었고, 당신도 이로 인해 처음 실질적으로 프로젝트에 기여했기 때문이다.

# 05   프로젝트를 위한 **시간**을 확보하라

지금까지는 생각과 마음 속에서만 빅 워크를 시작해보았다. 이제는 다음 단계로 넘어갈 차례다. 보통 다음 단계로 프로젝트에 바로 뛰어드는 걸 생각하지만, 혹 당신이 '돌다리도 두드려보고 건너는' 부류라면 아마 다음 단계로 프로젝트 실행에 대한 계획을 세울 수 있다. 둘 다 자연스러운 현상이다. 하지만 어느 쪽이든 당신은 아마 매우 빠르게, 이미 일정이 꽉 차 있어서 이 프로젝트를 진행할 어떤 여유도 없다는 현실을 직면하게 될 것이다. 이대로라면 이미 가득 찬 접시 위에 프로젝트를 하나 더 얹는 수준이 되어, 결과적으로는 창조적 변비 상태를 더욱 악화하는 것밖에는 되지 않는다.

무엇보다 프로젝트를 위한 시간을 마련하는 것이 시급하다. 만약 한 개의 빅 워크를 위한 시간을 뺄 수 있다면, 당신은 이 시간을 만족스럽게 활용한 후, 이 시간을 그다음 프로젝트를 추진하는 데 활용할 수 있게 된다. 그 후에는 빅 워크 프로젝트를 위한 추가적인 시간을 마련하는 것도 가능해진다. 시간이 지날수록, 빅 워크 프로젝트를 하는 날이 점점 더 많아짐을 알게 될 것이다. 적어도 당신에게 별 감흥을 주지 못하는 여러 일들 중에서, 오직 당신에게 가장 중요한 일에서만큼은 진전을 이뤄낼 수 있을 것이다.

문제는 우리가 시간 개념을 생각하는 것이 놀라울 정도로 어려울 뿐 아니라, 우리가 실제로 갖고 있는 시간 개념은 별로 도움이 되지 않는다는 점이다. 우리가 일에 대해서 새롭게 생각했듯이, 시간에 대해서도 새롭게 개념을 정립할 필요가 있다. 이번 장에서는 시간과 공간의 개념을 섞어가며 사용할 것이다. 왜냐하면 시간보다는 공간 개념이 좀 더 이해하기가 쉽고, 공간 개념을 차용할 때 앞으로 우리가 할 일들의 우선순위를 정하는 것이 훨씬 쉬워지기 때문이다. 같은 맥락에서, 결국 일이란 시간이 들어가는 일이기 때문에, 이번 장에서는 시간과 공간 개념을 한데 묶어서 논의할 것이다.

시간 개념을 이해하는 건 결코 쉽지 않은 일이므로, 한 번에 한 부분씩 나눠서 살펴보자.

## 시간을 정복하는 세 가지 핵심 기술: 나누기, 연결하기, 배열하기

평소에 쓰는 단어를 사용해 시간 개념을 이해하는 것이 흥미로울지는 몰라도, 철학자나 물리학자가 아닌 이상에야 굉장히 비효율적이고 비현실적이다. 시간 개념을 유의미하게 만들기 위해서는 특정 맥락에 빗대어 이해하는 편이 훨씬 낫다. 지금 우리는 일의 맥락에서 이야기를 하고 있으므로, 광범위한 우주의 바다에 쓸려가지 않기 위해 일을 닻 삼아 정박한 뒤 논의를 진행해보자.

우리가 하는 것은 아이디어가 아니라 프로젝트라는 점을 다시금 떠올려보자. 더 정확하게 말하자면, 우리는 프로젝트를 하는 것이 아니라 프로젝트 덩어리 여러 개를 연결해 이를 순서대로 작업하는 것이다. 그래서 나누기, 연결하기, 배열하기는 이번 장에서 맥가이버 칼처럼 모든 것에 쓸 수 있는 가장 단순하고 강력한 만능 개념이 될 것이다.

각 개념들이 이해하기 어렵지는 않지만, 그래도 분명하게 정의를 해보자.

▶ 나누기: 프로젝트를 일관성 있고 하기 좋은 덩어리로 구분하는 것.
▶ 연결하기: 프로젝트 덩어리를 이어서 함께 진행되도록 하는 것.
▶ 배열하기: 연결된 프로젝트 뭉치를 시공간적으로 논리적으로 배치하는 것.

덩어리의 가장 기본적인 표현 방식은 바로 명사-동사 구조다. 왜냐하면 그래야 당신이 어떤 대상에 대해 어떤 행동을 취할지가 분명하게 드러나기 때문이다. 책, 옷장, 존은 단순히 명사에 불과하기 때문에 덩어리라고 볼 수 없다. 책 읽기, 옷장 정리하기, 존에게 메일 쓰기가 바로 프로젝트의 기본 덩어리다. 우리가 전에 스마트하지 않은 목표를 보았을 때 이를 고치고 싶어서 몸이 근질근질해졌던 것처럼, 앞으로 동사가 없이 명사만 달랑 있는 행동 목록 역시 당신에게 있어서 고치지 않고서는 못 배기는 것이 되기를 바란다.

이제부터는 프로젝트라는 건물을 올리기 위해 벽돌을 사용한다고 생각해보자. 여기에 쓸 벽돌 하나하나가 바로 프로젝트 덩어리다. 벽돌을 쌓아 올린 전체는 곧 우리가 벽돌을 어떻게 연결하는지를 의미한다. 우리가 벽돌을 놓는 순서는 바로 배열 순서를 의미한다.

이 예시를 계속 활용해보자. 당신 삶의 어떤 순간부터, 당신은 어떤 건물을 지을지 확실하게 생각하지도 않고 아무렇게나 벽돌들을 쌓아 올렸을 것이다. 당신을 비판하려는 것은 아니다. 그저 이것은 스마트한 목표가 없는 것과 비슷하다고 말하려는 것이다. 혹 어떤 건물을 짓고 싶다는 막연한 생각이 있었다 할지라도, 어떻게 지을지에 대한 생각은 하지 않은 것이다. 말하자면 당신은 아무 계획이 없었던 것이다.

만약 어떤 계기에서든 벽돌 쌓기를 한 번이라도 경험해본 적이 있다면, 시간과 프로젝트를 어떻게 나누고, 연결하고, 배열할지 이미 이해했을 것이다. 그렇다면 부모님과 선생님께 감사하다고 인사라도 하는 것이 좋겠다. (좋다, 일단 인사는 이번 장이 끝나면 하도록 하자.)

하지만 시간은 관념적으로 굉장히 다루기가 어렵다. 시간은 끝없이 흐르기만 할 뿐 자연적으로 어떤 구분이 없기 때문에, 우리는 우리가 내키는 방식의 단위를 사용해 시간을 나누어 생각하게 된다. 이런 어려움 때문에 인류가 월, 분, 초 같은 개념들을 발명해낸 것이다. 이러한 시간 단위가 없다면 시간은 말하는 사람, 그가 말하는 특정한 시점에 따라 상대적으로 바뀔 것이다. 우리는 이미 우리가 사용하고 있는 기본적인 시간 단위를 활용해 덩어리의 크기를 결정할 수 있다. 그래서 보통은 연, 분기, 월, 주, 일 혹은 시간, 분, 초 단위로 묶음을 정할 수 있다.

하지만 현실적으로 이러한 논리적 덩어리 중에서는 우리 경험과 현실에 맞지 않아서 계획을 세우는 데에도 전혀 도움이 되지 않는 것들도 존재한다. 희한하게도 더 작은 단위의 시간 덩어리가 가장 다루기 어렵다. 우리는 초, 분, 시간 혹은 일 단위로 점검하는 것에는 굉장히 취약하다. 그럼에도 우리가 사용하는 시간 관리 시스템이나 시간 관리 훈련법의 대부분이 이러한 시간 단위를 활용하라고 말한다. 사실 우리가 초, 분, 시간 단위의 개념을 사용한 것이 몇백 년밖에 되지 않았다는 점을 생각한다면, 우리가 겪는 어려움은 아주 당연한 결과다. 살아 있는 생물을 공장에 가져다 놓는다고 해서 그게 기계가 되는 것은 아니니까 말이다.

그렇기 때문에 이 모든 논리적 덩어리를 다 사용하는 대신, 우리는 연간, 분기, 월간, 주간, 2시간, 15분 단위의 시간 덩어리만을 사용할 것이다. 더 큰 단위의 시간 덩어리 사용법을 배우기 전에 일단 2시간, 15분짜리 시간 덩어리에 대해 이야기하려고 한다. 앞으로 이 두 덩어리를 가장 많이 사용할 것이기 때문이다.

수천 명의 사람을 지켜본 결과, 내가 사람들에게 시간 덩어리에 대해 생각하라고 했을 때 대부분 15분짜리, 2시간짜리 시간 덩어리로 생각할 때 프로젝트에 걸리는 예상 시간을 가장 잘 맞췄다. 하지만 몇 분 혹은 몇 시간 단위로 생각하게 하면, 대답을 잘 하지 못했다. 따라서 2시간, 15분 단위의 시간 덩어리가 가장 강력한 기준이라고 보면 된다. 왜냐하면 이 두 단위가 기본적으로 주의를 기울이는 습관 주기를 잘 측정하는 단위이기 때문이다. 일반적으로 나는 15분 단위로 마칠 수 있는 일을 과제<sup>Task</sup>, 2시간 단위로 마칠 수 있는 일을 블록<sup>Block</sup>이라고 부른다.

이를 당장 적용해보자. 오늘의 할 일 목록을 떠올려보라. 이 목록이 15분짜리 과제(들) 혹은 2시간짜리 한 블록과 비슷한가?

여기서 중요한 가정 사항은 바로 내가 시간 덩어리에 맥락적, 정신적 변환 비용을 포함시켰다는 점이다. 사람들은 주로 이러한 변환 비용을 무시하기 때문에, 내가 이메일 하나를 쓸 때마다 15분 단위의 시간 묶음을 사용하라고 제안할 때 거부감을 느끼는 사람들이 꽤 많다. 하지만 정작 이들은 이메일 하나를 쓰고 그다음 이메일로 넘어갈 때 들어가는 3분 정도의 인지적 재설정 시간을 고려하지 않는다. 이메일 하나를 제대로 쓰는데 10분은 약간 촉박할 수도 있지만, 20분을 넘게 쓰는 것은 너무 과하다. (여기서 왜 이렇게 많은 사람이 이메일의 늪에서 허우적거리게 되는지, 왜 그렇게 이메일이 많은 시간을 잡아먹는지를 설명할 수 있다. 중요한 메일을 읽고, 충분히 생각하고, 답변을 하거나 답변을 구성하는 것을 열두 번 반복하면 하루의 반나절은 다 지나가 버리게 된다.) 따라서 이메일 한 개당 15분이야말로 골디락스 타임Goldilocks time이라 불리는, 많지도 적지도 않고 딱 알맞은 최적의 시간 덩어리다.

비슷한 의미에서, 고차원의 분석과 종합적 사고와 창의성이 요구되는 일을 준비하고, 집중하며, 씨름하고, 완성하고, 정리하는 데에는 30분 혹은 1시간은 턱없이 부족하다. 따라서 여기에는 2시간짜리 블록이 훨씬 더 적합하다. 그래야 위에 나열했던 일들을 모두 하면서 중간에 가볍게 산책을 하거나 화장실에 다녀오거나 커피를 마실 수도 있다. 겉으로 보기에는 집중한 상태로 머물러 있으면서 말이다.

앞선 논의들이 집중하기 위한 최소 시간에 대한 것이었다면, 사실 과제와 블록 개념은 우리가 생산적으로 몰입할 수 있는 최대 시간에 대한 것이기도 하다. 과거 하나의 이메일이나 행정적 처리를 하느라 15분 이상의 시간을 썼을 때 어떤 느낌이 들었는지 떠올려보라. 또 2시간이 넘도록 고난도 작업을 했을 때 당신의 집중력이나 주의력, 노력, 추진력에 어떤 변화가 있었는지도 생각해보자. 두 경우를 통해, 우리가 감정적, 인지적으로 집중력이 저하되기까지 생산적으로 집중 가능한 시간의 한계가 존재한다는 걸 알 수 있다. 우리 대부분은 고난이도 작업을 되도록 더 오래 더 많이, 관리 업무는 가능한 최소한으로 하고 싶어 한다. 하지만 실제로는 관리 업무는 넘쳐나고 고난이도 업무는 많아 보이지 않는다. 잔인한 역설이다.

좀 더 깊이 생각해보면 다른 시간 덩어리에서도 유사하게 최소-최대 몰입 시간이 나타난다는 것을 알 수 있다. 우리가 어떤 일을 하는 데 걸리는 시간을 과소평가하는 경향이 있긴 하지만, 우리는 그걸 알고도 한 분기면 끝날 거라 했던 일을 분기를 넘기다 못해 몇 해가 넘도록 질질 끌곤 한다. 한 주면 끝날 것 같았던 일 또한 몇 주를 넘겨 몇 달 동안 끌게 되는 경우도 허다하다.


## 프로젝트 피라미드를 통해 과제를 작게 쪼개는 법

프로젝트 피라미드는 나누기, 연결하기, 배열하기를 기반으로 하고 있다. 프로젝트 피라미드를 통해 어떻게 큰 프로젝트 아래에 작은 프로젝트들이 포함되어 있는지, 어떻게 작은 프로젝트 덩어리들이 서로 연결돼 추진력을 발휘하는지 확인할 수 있다. 동시에 프로젝트 피라미드를 통해 어떻게 벽돌들(작은 덩어리 모음들)이 모여서 하나의 벽(빅 워크)을 구성하는지도 볼 수 있다. 프로젝트 피라미드를 여러모로 굉장히 유용하게 활용하겠지만, 솔직히 이를 개념적으로 이해하고 마음으로 인정하고 받아들이는 게 어렵다는 점도 인정한다. 사실 시간적 개념을 변형하는 것도 받아들이기 어렵지만, 우리가 얼마나 많이 몰입해야 하는지 그 현실을 인정하는 건 훨씬 더 어렵다.

어떤 프로젝트는 굉장히 크고 방대해서 많은 시간을 들여서 여러 하위 프로젝트(덩어리)를 마쳐야 한다. 책을 쓰는 것, 새로운 사업을 시작하는 것, 큰 업무 계획을 마무리하는 것, 학위를 따는 것, 다른 지역으로 이주하는 것 등은 모두 여러 분기, 혹은 여러 해에 걸쳐 완수해야 하는 큰 규모의 프로젝트들이다.

하지만 하루 혹은 길어야 일주일 안에 끝나는 프로젝트들도 있다. 빵 굽기 봉사활동, 막 입학한 자녀 챙기기, 주간 품질검사 보고서 완수하기, 돼지우리 같은 옷장 정리하기 등은 하루 또는 일주일 안에 마칠 수 있는 작은 규모의 프로젝트들이다.

이렇게 보면 무척 단순해 보인다. 하지만 문제는 우리가 선택한 목표가 작은 하위 프로젝트들로 나눠질 수 있다는 것이다. 특히 이렇게 잘게 나눠진 프로젝트들의 비중을 모두 합쳤을 때 얼마나 커지는지 이 사실을 간과할 때 문제가 생길 수 있다.

아주 단순한 (하지만 굉장히 비현실적인) 연간 프로젝트를 생각해보자. 이 프로젝트는 분기 덩어리 네 개로 구성되어 있으며, 각 분기 덩어리는 세 개의 월간 덩어리로, 각 월간 덩어리는 네 개의 주간 덩어리로, 주간 덩어리는 다섯 개의 2시간 덩어리로, 마지막으로 이 2시간 덩어리는 여덟 개의 15분짜리 과제 덩어리로 구성되어 있다. 이렇게 보면 하나의 연간 목표는 1,920개의 과제로 구성되어 있다고 볼 수 있다. 그리고 이 1,920개의 과제를 합치면, 한 사람이 어떤 대기 시간이나 방해도 받지 않는다고 가정했을 때 총 3개월이 소요됨을 의미한다. (월별로 주당 40시간을 일한다고 가정했다.)

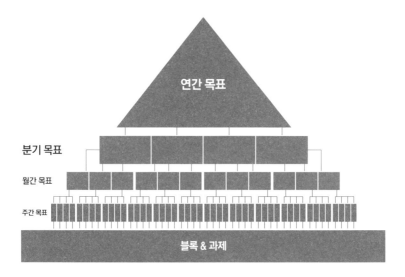

이제 왜 내가 프로젝트 *피라미드*라는 용어를 썼는지 이해할 수 있을 것이다. 하나의 큰 프로젝트는 그 안에 수많은 하위 프로젝트들이 딸려 있다.

위 사례는 사실 너무 형태가 균등하다는 점에서 비현실적이다. 그뿐만 아니라 위 그림과는 달리 상단의 덩어리들과 거기에 속한 하위 덩어리들은 사실 동시다발적으로 발생하는 경우가 더 많다. 그래서 예상 기간 3개월은 너무 적게 잡은 것이고, 실제로는 훨씬 더 시간이 오래 걸린다.

한 번 더 차근차근히 정리를 해보자. 연간 프로젝트를 단순화했을 때 총 3개월이 소요되리라는 예상은 해당 프로젝트가 걸릴 기간을 과소평가한 것이고, 실제 소요시간은 이보다 더 걸릴 수 있다.

따라서 어떤 사람이 한 해를 시작하면서 1년이 걸리는 프로젝트 일곱 개를 동시에 추진하려 한다면, 그 사람은 거의 성공 가망성이 없는 게임에 임하는 것이나 다름없다. 분명 당신도 어디선가, 정말 이루고 싶은 원대한 포부(목표)라면 (누가 말했는지에 따라) 하나, 셋 혹은 다섯 개 이상으로 가져가지 말라는 격언을 들어본 적이 있을 것이다. 프로젝트 피라미드는 소수의 프로젝트에 집중하는 것이 '고려해볼 만한' 수준의 격언이 아니라, 진지하게 빅 워크를 달성하기 위해서는 반드시 따라야 하는 격언임을 분명하게 뒷받침해준다.

연간 목표를 작은 덩어리들로 나누어서 훨씬 작은 낮은 수준의 과제까지 쪼개 보면, 마치 아이스 버킷 챌린지와 비슷한 느낌에 사로잡히게 된다. 즉, 꽉 차버린 할 일 목록에 압도된 상태로, 창조적 저류에 휩쓸려 가는 것 같은 느낌을 받는 것이다. 실제로 사람들은 나에게 오랜 시간 자신이 생산적이지 않다고, 혹은 성공할 수 없을 거라 생각했다고 고백하곤 했다.

사실상 이 사람들은 열 개를 넣을 수 있는 가방에 스물두 개의 과제를 넣으려고 애쓴 것이었다. 시간이야말로 지금 이 시점에서 절대적인 제약조건이다. 우리는 시간을 변형할 수도, 늘릴 수도, 관리할 수도, 대체할 수도 없다. 우리가 할 수 있는 것은 시간의 제약을 이해하고 이 제약 속에서 작업하는 것뿐이다.

만약 지금 그동안 당신이 추진해왔던 프로젝트들이 너무 꽉 찬 것처럼 무겁게 느껴진다면, 잠시 멈춰 서서 숨을 고르자. 성공하지 못하도록 빅 워크를 가로막고 있는 프로젝트들이 있다면 진지하게 이것들을 제거해야 한다. 동시에 이를 통해 당신은 앞으로 나아가기 위해 더 나은 선택을 할 수 있게 될 것이다. 이 지점이야말로 대체가 당신의 친구가 되는 또 다른 장소다.

## 계획 수립을 쉽게 만들어주는 34개 일반 동사

약 15년 전 나는 아래의 두 가지 아주 단순한 관찰을 종합해서 엄청난 정신적인 쾌감을 주는 깨달음을 얻을 수 있었다. 그것은 바로 ① 동사 자체가 그 동사가 수반하는 프로젝트의 크기를 말해준다는 것 ② 특정 동사는 다른 동사를 포함하거나 순서상 앞에 있을 수 있다는 것이었다. 좀 과장을 보태자면, 이 깨달음을 얻은 이후로 나의 계획 방식은 완전히 달라졌다. 당신도 나와 같은 결론에 도달하면, 나처럼 계획 방식이 획기적으로 바뀔 것이라 기대한다. (이 깨달음을 얻고난 후 몇 년 동안 이 체계를 구체화한 것이 바로 앞에서 보았던 피라미드다.)

어떤 프로젝트 덩어리는 다른 덩어리와 자연스럽게 연결되고, 또 다른 프로젝트 덩어리는 다른 덩어리 안에 자연스럽게 속하게 된다. 이 프로젝트 덩어리를 명사-동사 구조로 명시해보면, 동사가 이 프로젝트가 하게 될 일의 크기를 알려주고, 명사가 프로젝트를 통틀어 변하지 않는 상수를 의미한다는 걸 알 수 있다.

예를 들어 '스카일러를 고용하기'라는 프로젝트를 수행한다고 생각해보자. 프로젝트 전체를 통틀어서 동사가 진행되는 순서는 '검토하기 → (일정 확인을 위해) 이메일 연락하기 → 면접 보기 → 평가하기 → 결정하기 → 고용하기'가 될 것이다. 추가로, 만약 이러한 동사의 진행 순서가 반복 가능하다면, 이것이 곧 일 처리 흐름의 기본이 된다는 것도 알 수 있다.

잠깐, 여기서 더 중요한 사실이 있다! 그건 바로, 우리 일의 세계를 표현하는 특정 단어들이 존재한다는 점이다. 왜냐하면 우리가 살아가면서 시간을 표현하는 방식을 필요로 했듯이, 일을 표현하는 데에도 특정한 관습이 필요하기 때문이다.

보통 일을 표현할 때 사용되는 동사를 일의 크기에 맞게 정리하면 아래와 같다.

### 분기 혹은 월간 단위 프로젝트 덩어리 동사
: 프로젝트를 완수하는 데 몇 주 혹은 월 단위의 시간이 필요한 일에 사용된다.
- 재작업하다
- 개발하다
- 전략을 세우다
- 착수하다/출하하다
- 설립하다
- 출간하다(책, 논문)
- 개시하다
- 이동/재배치하다

### 주간 단위 프로젝트 덩어리 동사
: 완결성 있게 프로젝트를 완수하기 위해 최소 한 블록(2시간) 이상 최대 다섯 블록(10시간) 이하의 시간이 필요한 일에 사용된다.
- 연구하다
- 결정하다
- 협력하다
- 창작하다
- 계획하다

- 설계하다
- 분석/평가하다
- 조정하다
- 촉진하다
- 수정하다
- 적용하다

**과제 동사**

: 15분 안에 끝낼 수 있는 일에 사용된다.

- 이메일하다
- 전화하다
- 분류하다
- 읽다
- 보내다
- 점검하다
- 검토하다
- 검색하다
- 수집하다
- 일정을 잡다
- 만들다
- 문자하다
- 팩스하다
- 편지하다
- 출력하다

위 목록은 완벽하진 않지만 산업이나 전문 분야, 혹은 특정 맥락에 관계없이 일반적으로 적용할 수 있는 목록이므로, 일을 나누는 것이나 계획을 하는 데 중요한 기초 자료로 사용할 수 있다. 당신이 속해 있는 분야에 맞는 특정 단어가 있다면 얼마든지 여기에 추가하면 된다(이는 곧 전문 용어가 대체로 동사가 아니라 명사임을 의미한다).

이제 이 동사들이 어떻게 작용하는지 소개하려고 한다. 앞서 설명했던 큰 프로젝트들에 일반적이고 단순한 다섯 단계의 프로젝트 묶음 순서를 적용해보았다. 아래 표를 살펴보자.

**새로운 도시로 이주하기**

도시를 검색한다, 이주할 도시를 정한다, 이사 날을 정한다, 물건을 팔거나 버린다, 짐을 싼다, 짐을 나른다, 짐을 푼다.

**신규 사업 시작하기**

사업 아이디어를 검토한다, 사업 모델을 결정한다, 사업 계획을 세운다, 제품을 설계한다, 제품을 생산한다, 마케팅을 한다, 유통한다.

**책 출판하기**

책의 주제를 생각한다, 주제를 결정한다, 개요를 작성한다, 초고를 작성한다, 편집자/독자와 협업한다, 초안을 수정한다, 마케팅 계획을 수립한다, 책을 홍보한다.

**학위 따기**

선택할 수 있는 여러 학위 과정을 평가해본다, 지원 가능한 대학을 조사한다, 지원 대학을 결정한다, 대학에 지원한다, 대학에서 제안한 내용을 검토한다, 대학 근처로 이사할 계획을 세운다, 대학 근처로 이사한다, 지도교수와 함께 학사 일정을 논의한다, 수업 시간표를 짠다, 수업을 듣는다. 마지막 세 묶음을 몇 년 동안 반복한다.

**기금 모으기**

모금 수요를 검토한다, 모금 전략을 결정한다, 모금 캠페인을 계획한다, 모금 단체와 협업한다, 캠페인을 홍보한다.

어떤 프로젝트에도 똑같은 작업을 적용할 수 있다는 것이 보여지는가? 이는 나 같은 전략가나 기획자들이 엄청나게 똑똑하기 때문이라기보다, 우리가 이미 여러 동사를 작은 단위로 묶어 이들 간의 연결 관계를 습득했기 때문이다.

또 한 가지 주목할 것은, 내가 배열한 각 묶음 안에서도 내가 일일이 배열하지 않은 하위 부분들이 존재한다는 것이다. 이런 종류의 프로젝트에 익숙한 사람이라면 이를 어떻게 나누는지 잘 알고 있을 것이다. 여기에서 성공지원단의 중요성이 한 번 더 드러난다. 성공지원단을 조직할 때, 당신이 계획하는 것과 비슷한 프로젝트를 해본 적이 있는 사람을 구성하면 당신이 일을 나누는 것을 이들이 도와줄 수 있을 것이다.

물론, 아직 논하지 않은 가장 중요한 것이 있다. 바로 각 덩어리가 실제로 얼마나 시간이 걸릴 것이냐 하는 부분이다. 이 부분에 대해서는 다음 장에서 특정 프로젝트를 계획하는 방법을 논하면서 더 자세히 다룰 것이다. 이번 장의 목표는 어떤 프로젝트에 얼마만큼의 시공간이 필요하며, 이를 어떻게 확보할 것인지를 이해하는 것이다.

## 일을 계획하고 우선순위를 부여하는 다섯 프로젝트 법칙

나는 막 모자에서 토끼를 꺼내듯 해결책을 뚝딱 내놓았다. 하지만 여기에 빠진 부분이 있다. 당신은 이를 알아차렸을 수도 있고, 아니면 그저 혼란에 빠졌을 수 있다. 사실 이런 마술이 가능한 이유는 내가 시간 단위를 제한했기 때문이다. 그 덕분에 나는 더 낮은 단계의 시간 단위와 연결된 구체적인 사항이나 디테일에 대해서는 크게 걱정하지 않을 수 있었다.

좀 더 큰 시간 단위를 고려한다면, 행동을 생각할 때 구체적인 정도를 바꾸는 것이 중요하다. 숲(시간)에 대해서 생각할 때 하나의 이파리(행동)에 집중하는 것은 숲에 있어서든 잎에 있어서든 당신이 발휘할 수 있는 능력을 축소할 뿐이다. 즉, 시간 개념을 바꾼다는 것은 곧 관점을 바꾼다는 것을 의미한다.

사람들이 시각적으로 상상하거나, 계획하거나, 검토하는 데 애를 먹는 것은 여러 관점을 너무 빠르게 오가기 때문이다. 예를 들어, 월간 관점에서 본다면 분기 관점은 이번 달의 관점에 대한 근거를 제공할 것이고, 주간 관점은 이번 달에 해야 할 것에 대한 방법을 알려줄 것이다. 이 일반 법칙은 모든 시간 단위에 적용할 수 있다.

목적을 분명히 하고 싶다면, 더 큰 단위의 시간으로 생각하라.
행동을 분명히 하고 싶다면, 더 작은 단위의 시간으로 생각하라.

시간 단위를 제한하는 것이야말로 우리가 하려는 모든 일에 타당한 계획을 세우는 유일한 방법이다. 왜냐하면 우리는 한꺼번에 여러 시간적 관점을 처리할 수 없기 때문이다. 그건 마치 의식적으로 어떤 종이를 15센티미터 거리와 1.5킬로미터 거리에서 동시에 보려고 하는 것과 같다.

따라서 '실질적 프로젝트를 시간별로 다섯 가지 이하로 제한하는 법칙'을 따라야 한다. 이를 짧게 줄여서 다섯 프로젝트 법칙이라 부를 것이다. 이제 '다섯 가지 이하'와 '실질적 프로젝트'를 각각 풀어서 살펴보도록 하자.

'다섯 가지'라는 숫자부터 시작하자. 수십 년에 걸친 연구와 관찰, 실험들에 의해 대부분의 사람들은 한 번에 다섯 가지 이상의 프로젝트를 끝낼 수 없다는 것이 밝혀졌다. 우리에게는 사실 얼마나 많은 프로젝트를 *끝마치는지*가 *시작하는지*보다 더 중요하기 때문에, 할 수 있는 것보다 더 많은 프로젝트를 떠안는 것은 우리에게 아무런 도움이 되지 않는다. 사실상 창의적이거나 전문적인 프로젝트라면 세 개로 제한하는 것이 더 좋다. 왜냐하면 그래야 우리가 인생의 개인적인 프로젝트를 처리하고, 현재 하고는 있지만 계산에 넣지 않은 일들을 수용할 여유가 생기기 때문이다.

'실질적 프로젝트'란 당신이 실제로 전폭적으로 추진할 일들을 말한다. 생각만 하고 있거나, 미래에 하려고 계획했거나, 한다고는 했지만 실질적으로 아무것도 진행되지 않은 프로젝트들과는 정반대의 것들이다. 말하자면 지금 바로 당신의 책상 위에 놓여 있는 프로젝트들을 말한다.

다섯 프로젝트 법칙을 이해하는 건 너무 쉽지만, 그에 비해 실천에 옮기는 것은 상상을 초월하게 어렵다. 특히 당신이 개인적으로 하는 다른 일들을 고려해 세 개로 제한해야 할 때는 더더욱 그렇다. 하지만 프로젝트 피라미드를 다시 떠올려보라. 세 개든 다섯 개든 당신의 프로젝트는 모두, 시간적 관점에 따라 여러 하위 프로젝트들을 포함하고 있다는 것을 말이다.

다섯 프로젝트 법칙을 활용하면 우리가 투자할 수 있는 시간과 노력을 점검하고 일상을 규칙적으로 더욱 빠르게 계획할 수 있다. 예를 들어 당신이 주간 계획을 세우고 있다면, 매일 해야 할 일을 생각하지 않아도 된다. 그냥 이번 주에 할 다섯 프로젝트가 무엇인지만 집중하면 된다. 만약 월간 계획을 세워서 이번 달에 목표로 하는 다섯 프로젝트를 정했다면, 한 주의 프로젝트는 그 월간 프로젝트의 한두 개 정도의 묶음이 될 것이다. 계속 말하지만, 시간 단위를 제한하는 것과 프로젝트 피라미드를 염두에 두는 것이 일의 우선순위를 정하는 데 정말 많은 도움이 된다.

다섯 프로젝트 법칙을 어떻게 적용하는지 예를 들기 위해, 내가 이번 달, 이번 주 그리고 오늘 해야 하는 프로젝트들을 간단히 보여주겠다.

| 이번 달 | 이번 주 | 오늘 |
|---|---|---|
| 1.《빅 워크》책 초안 작성하기 | 1.《빅 워크》6장 초안 쓰기 | 1.《빅 워크》6장 초안 쓰기 |
| 2. 2020년 추진력 플래너 출시하기 | 2. '좋은 인생 프로젝트' 캠프 워크숍 준비하기 | 2. 2020년 5월 행사 제안 마무리하기 |
| 3. '좋은 인생 프로젝트' 캠프에 참석하기 | 3. '좋은 인생 프로젝트' 캠프에 참석하기 | 3. 1시 고객 미팅하기 |
| | 4. 2020년 5월 행사 제안 마무리하기 | |

책 마감이 10월이고 이를 위해 할당할 수 있는 블록이 얼마나 되는지 알고 있다는 가정하에(하기 싫다는 것이 아니다. 나는 책 쓰는 걸 정말 좋아한다!), 나는 이미 적혀 있는 것 이상으로 더 적어서는 안 된다는 것을 잘

알고 있다. 나 또한 개인적인 부분을 고려해서 의도적으로 한 달, 한 주에 할 수 있는 것을 제한하고 있다.

주 단위에서 보면, 나는 내가 적은 것 외의 것들을 굳이 자세하게 적을 필요가 없다. 비행기 탑승이나 미팅처럼 잡혀 있는 일정은 이미 달력에 적혀 있고 언제인지도 잘 알고 있으므로 나의 주간 계획에 굳이 적을 필요가 없는 것이다. 하지만 워크숍을 준비하는 것과 캠프에 참석하는 것 두 가지는 전혀 다른 프로젝트로, 특히 후자를 하려면 수요일에는 다른 아무 일도 할 수가 없다. 왜냐하면 나는 비행기 안에서는 아무 일도 하지 못하는 편인 데다가, 행사에 참석할 때에는 최대한 행사에 집중해서 사람들과 교류하기 때문이다.

하루 단위에서 보았을 때도, 지금 하고 있는 일에 대해서는 굳이 일 단위에서 자세하게 적을 필요가 없다. 이미 이 일들이 주간 단위의 블록에서 진행되는 것이라는 점을 잘 알고 있기 때문이다. 내가 아는 것은 오늘 오전에는 책 집필을 해야 하고, 사무실에서 고객과 미팅이 있으며, 그 이후에는 같은 장소에서 제안서를 마무리해야 한다는 사실이다. 몇몇 자질구레하게 처리할 일들도 있지만, 이것들은 내가 설정한 관리 업무 처리 시간에 할당되어 있으며, 업무 관리 프로그램에도 등록해뒀기 때문에 굳이 구체적으로 적을 필요는 없다.

다음 주 계획을 세울 때는, 그냥 현재 상태에서 주간 기록을 업데이트하기만 하면 된다. 프로젝트들의 연결고리를 알고 있다면, 다음 주 계획은 쉽게 예측할 수 있다.

위에서 한 가지 포함되지 않은 것이 있다면, 그것은 꽉 찬 고객 상담 목록이 창의적인 업무보다 더 상단의 우선순위에 있다는 사실이다. 그간의 경험을 통해 나는 고객 목록이 꽉 차 있을 때는 월간 단위의 다섯 프로젝트를 다 채우면 안 된다는 것을 배웠다. 왜냐하면 내가 그 빈 시간 동안 뭔가 생산적인 일을 해내지는 않을지라도 프로젝트들을 완벽히 파악하거나, 회의에 참석하거나, 준비 작업을 하는 등의 일로 월간 단위의 일을 하기 위한 시간을 다 써버리기 때문이다. 물론 '고객 응대하기'를 월간 프로젝트로 할당해서 적을 수도 있다. 하지만 나는 이미 그 일을 해야 하는 걸 잘 알고 있기 때문에 이 시점에서 굳이 그걸 적을 필요는 없다. 단순함을 위해서는 공간을 비워두고 아예 아무것도 적지 않아야 한다. 내가 미래에 해야 할 일의 숫자를 제한하는 한, 이렇게 해도 아무 문제가 없다. (미래에는 예상하지 못한 일들로 빈자리 없이 가득 찰 것이라고 미리 생각해두는 것을 배우는 데에도 몇 년이 걸렸다.)

내가 하는 서비스 업무는 사실 반복 프로젝트로 분류될 수 있는 것이다. 사적인 프로젝트와 마찬가지로 반복 프로젝트 역시 과소평가되는 경향이 있다. 솔직히 매일, 매주, 매월이 어떤 모습인지 고백한다면 당신의 모든 시간, 노력, 주의의 50퍼센트에서 75퍼센트 정도는 반복되는 일에 쓰인다는 것을 인정할 수밖에 없을 것이다. 이 경우, 당신이 쓸 수 있는 여유 공간은 하나 내지는 두 개의 프로젝트 목록밖에 없다. 이것이야말로 당신에게 매일매일 쏟아지는 끝없는 프로젝트의 흐름에 대해서 당신이 상사와 의사소통하고 협상해야 한다는 것을 의미한다. 반복적인 업무와 프로젝트야말로 당신이 다른 사람에게 가장 먼저 위임해야 하는 일들이다. 일반적으로 어떤 일의 수행 단계를 목록으로 정리할 수 있다면, 그 일은 부분적으로든 전체적으로든 다른 사람에게 위임이 가능한 일이다.

다섯 프로젝트 법칙의 가장 큰 장점은 바로, 자신이 직접 만들어낸 끔찍한 할 일 목록을 분석하고 해석할 필요가 없어진다는 점이다. 당신에게는 훨씬 명료한 행동들이 적힌 짧고 집중적인 목록만 남는다. 행동 목록을 정리하고 지워버리는 것도 목록의 한 자리를 차지하는 일이며, 다섯 프로젝트 법칙은 이런 행동 목록을 정리한 결과물이다. 쓰레기로 가득한 행동 목록에서 추진력을 발휘하려 애쓴다는 것은, 옷을 입어야 할 때마다 꽉 차 있는 빨래바구니에서 입을 옷을 파헤쳐 고르는 것과 같은 일이다. 심지어 어떤 옷이 깨끗하고 어떤 옷이 빨래인지조차 구분이 안 되는 그런 상황에서 말이다. 물론 할 수는 있다. 하지만 그 과정에서 미치고 팔짝 뛸, 예기치 못한 상황에 맞닥뜨리는 것을 피할 순 없을 것이다.

나는 시간을 제약하는 것의 마법을 보여주는 것뿐만 아니라, 프로젝트 피라미드가 분기 수준의 프로젝트에서 얼마나 효과적인지를 말하고 싶었다. 왜냐하면

분기 수준의 프로젝트를 완수하는 것이야말로
당신이 빅 워크를 해내는 비결이기 때문이다.

에어 샌드위치로 돌아가 생각해보면, 분기 수준의 프로젝트를 완수하고 이를 연결하는 것이야말로 큰 일과 매일의 일 사이의 간극을 메우는 긍정적인 역할을 한다고 볼 수 있다. 다섯 프로젝트 법칙을 활용하면 현실성 없는 계획, 자원 부족의 장애물을 극복할 수 있다. 왜냐하면 일단 시간 제약이 있다는 것을 받아들이고 나면, 현재 우리에게 주어진 것을 활용해 실제로 효과가 있는 계획을 세울 수 있게 되기 때문이다.

## 인생과 빅 워크에 추진력을 더해주는 네 가지 블록

진짜로 빅 워크 프로젝트를 계획하러 뛰어들기 전에, 시공간을 확보하는 버스가 마지막으로 들러야 할 큰 정류소가 있다. 바로 주간 시점으로 내려가 집중하는 것이다. 프로젝트는 블록 단위로 진행되기 때문에, 만약 당신이 프로젝트를 할 수 있는 여유 블록이 없거나 프로젝트를 하기 위해 블록 개념 자체를 사용하지 않는다면, 당신은 프로젝트를 진행하기 위한 어떤 추진력도 발휘할 수 없다. 하지만 블록을 활용하면 빅 워크 프로젝트에서 진척을 일궈내는 만족감을 경험할 수 있을 것이다. 주간 시점이야말로 사람들이 계획을 세우고 조직할 수 있는 가장 긴 시점이기도 하다.

주간 시점이 강력한 또 다른 이유는 바로 이 시점으로 봐야만 기존의 제약사항들이 실질적으로 사람들 눈에 들어오기 때문이다. 모든 통근 시간, 업무 회의, 아이들 데려다주기, 동네 모임과 행사들, 분리수거하는 날, 그 밖에도 매일 삶이 배달해주는 수많은 일들. 그 속에서 우리는 새로운 일을 시작할 만한, 아무 일정도 없는 깨끗한 날은 단 하루도 없다는 것을 분명히 볼 수 있게 된다. 이 모든 것들은 월간 시점에서는 사라져버린다. 일간 시점으로 보면 반복적인 양상이 한눈에 충분히 들어오지 않아서, 오늘이 아니면 안 되는 일처럼 보이도록 만드는 마법에 걸려들고 만다.

그런 의미에서 주간 시점이야말로 마치 스위스치즈 사이에 듬성듬성 난 구멍들을 찾아내듯 우리 일정을 주간 단위로 재수립하도록 도와주는 완벽한 시점이라고 할 수 있다. 이를 통해 우리는 좀 더 일관성 있게 목적에 부합하는 블록을 사용해 빅 워크를 할 수 있다.

주간 시점에서 우리가 시간을 쌓는 데 사용할 수 있는 네 가지 기본 블록은 아래와 같다.

### 집중 블록

90분에서 120분 정도 소요되는 블록으로, 창의적인 영감이 필요하거나 고난이도 작업처럼 고도의 집중력이 요구되는 프로젝트를 하기 위한 시간 블록을 말한다.

### 사회적 블록

90분에서 120분 정도 소요되는 블록으로, 우리가 적절한 장소에서, 준비된 상태로, 의욕을 다해 다른 사람들을 만나는 시간 블록을 말한다.

### 관리 블록

30분에서 60분 정도 낮은 수준의 노력을 들이는 블록으로, 힘든 일을 하기 위한 시간은 아니지만 분명 효율적으로 해내야 하는 다른 종류의 일을 하기 위한 시간 블록이다.

### 회복 블록

정해진 것은 아니지만 에너지를 재충전하기 위해 필요한 시간 블록을 말한다. 운동, 명상, 자기 관리, 혹은 의도적으로 아무것도 하지 않고 비워두는 시간 등이 해당된다.

위에 언급된 소요시간은 프로젝트를 전환하거나, 화장실에 가거나, 음료수를 마시거나 하는 등의 시간을 모두 포함한 것이다. 예를 들어 하나의 집중 블록에는 스트레칭이나 산책, 생각, 화장실 가기, 커피 리필 등등을 위한 몇 번의 휴식시간이 포함되어 있다고 볼 수 있다. 적어도 다른 무언가로 집중 대상을 바꾸지 않는다는 가정하에서는 말이다. 여기에는 프로젝트가 진행되는 동안 하게 되는 검토, 개요 작성, 업무 요약까지도 모두 포함된다.

이제 각각의 블록을 좀 더 자세히 살펴보자. 이를 통해 당신의 주간 일정에 어떤 것이 더 잘 맞을지 알 수 있게 될 것이다.

## 집중 블록

집중 블록에 대해서라면, 좋은 소식도 있고 나쁜 소식도 있다. 먼저 나쁜 소식은, 대부분의 사람들은 주의를 산만하게 하는 것이나 외부의 방해, 매일의 습관적 루틴, 혹은 의지 부족으로 인해 하루 세 개 이상의 집중 블록을 만들고 사용하기가 어렵다는 점이다. 하지만 좋은 소식도 있다. 하루에 집중 블록 세 개만 있으면 많은 일을 해낼 수 있으며, 이러한 시간 제약을 인정하고 받아들임으로써 삶이 훨씬 수월해지고 행복해질 수 있다는 점이다.

그런데 사실 안 좋은 소식이 하나 더 있다. 개인적으로 수많은 사람과 함께 일하고 이들을 가르친 경험을 비춰보건대, 대부분의 사람들은 그들이 가장 원하는 프로젝트를 해내기 위한 여분의 집중 블록이 없다는 것이다. 사람들의 일정은 스위스치즈 같아서, 이들이 창조적인 일을 하기 위해서는 다른 일들을 먼저 착수하거나 끝내야 한다. 이것이 바로 내가 일전에 말했던 현실의 잔인한 모순을 유발한다. 즉, 원하지 않는 일을 하느라 너무 바빠 결국 원하고 바라는 일을 할 시간이 없는 것이다.

집중 블록은 빅 워크를 위한 연료다. 집중 블록이 없거나
너무 적다는 것은 곧 빅 워크를 마칠 수 없음을 뜻한다.
아주 단순한 법칙이다.

집중 블록은 90분에서 120분 정도 소요되는 블록이다. 이 블록은 앞서 언급했듯이 우리가 자연스럽게 받아들이는 시간 단위로 활용할 수 있고, 프로젝트를 쪼개는 단위로 사용할 수도 있다. 어떤 것이든지 10시간이 넘어가면 다루기가 어렵다. 구조가 명확하지 않고 한눈에 들어오지 않기 때문이다. 하지만 이것을 다섯 개의 집중 블록으로 생각하면 2시간 안에 할 수 있는 일들의 묶음이 보다 선명해지므로 훨씬 이해하기 쉽다.

어디서부터 시작해야 할지, 얼마나 시간이 걸릴지 가늠이 안 돼서 '아주 큰' 창의적인 프로젝트를 미뤄본 경험이 한 번이라도 있다면 당신 역시 내가 말하는 것이 무슨 뜻인지 잘 알 것이다. 한 달이라는 시간 동안 20시간이 걸리는 창의적 프로젝트를 해야 한다고 생각하면 막연하고 두렵게 느껴지지만, 똑같은 프로젝트를 하루에 창의적 블록 하나씩, 열흘 동안 한다고 생각하면 이야기가 달라진다. 수학적으로는 둘 다 똑같은 양의 일인데도, 의욕의 측면에서는 많은 사람에게 전혀 다르게 느껴질 것이다.

대부분의 사람들은 평균적으로 하루에 세 개의 집중 블록을 사용하는 것이 일반적이지만, 상당히 많은 사람들이 그들의 한계를 넘어서는 곳까지 전력 질주와 후퇴, 또는 밀어내기를 반복한다. 하지만 이런 경우 결과적으로 그다음 며칠간은 이유도 모른 채 진력이 소진되어 머리가

안 돌아가게 된다. 이건 마치 보통 한 시간 정도 운동을 하는데 그날따라 네 시간을 연달아 운동한 것과 같다. 네 시간 동안 너무나 즐겁게 운동을 했을지라도, 그다음 날 당신은 분명 근육통과 피로감을 경험할 것이다. 집중 블록에서의 단거리 전력 질주 역시 마찬가지다. 간헐적으로 불타는 열정을 보이는 것보다는, 느리지만 꾸준한 노력을 하는 것이 결과적으론 더 낫다.

당신이 쓸 수 있는 집중 블록의 개수야말로 얼마나 빨리, 꾸준히 당신이 빅 워크를 추진할 수 있는지를 결정하는 제한 요소라고 할 수 있다. 많은 사람은 자신이 빅 워크를 마치는 데 방해가 되는 것이 꾸물거림이나 능력 부족 혹은 창의력 부족이라고 잘못 생각하는 경우가 많지만, 사실 근본적인 원인은 빅 워크를 시작하고 지속하기 위해 필요한 집중 블록이 충분하지 않다는 것이다. 이것은 훈련이 부족해서라기보다는, 한계와 의도의 부족 때문이라고 봐야 한다.

### 사회적 블록

대부분의 사람들에게 집중 블록과 관리 블록은 각각 '내가 하고 싶은 일'과 '내가 하기 싫은 일'을 하는 블록으로 요약될 수 있을 것이다. 사회적 블록은 단순하게는 사람들과 함께 교류하는 데 사용되는 시간을 말한다. 우리는 관리 블록보다는 사회적 블록을 좀 더 선호하는 편이다. 심지어 내향적인 사람들조차도 말이다. 하지만 사회적 블록의 목적은 집중 블록과는 다르다. 집중 블록은 무언가를 만들어내는 데 필요한 것인 반면, 사회적 블록은 다른 누군가와 교류를 하는 데 사용하는 것이기 때문이다.

다른 사람들과 실시간으로 협력하고, 아이디어를 내고, 생각을 교류하다 보면 두 가지가 섞인 하이브리드 블록이 되기도 한다. 이 블록은 개인의 창의력과 사회적 에너지는 물론이고 상호 창조적인 에너지까지도 필요로 하는 블록이다. 하지만 대체로 사람들은 하이브리드 블록을 사회적 블록으로 분류하는 편이다. 보통 프로젝트를 하는 데에는 집중 블록만 있으면 되지만, 협력적 사회적 블록은 바로 집중 블록을 필요로 하는 일 자체를 생성하는 블록이기 때문이다.

사회적 블록의 목적은 전혀 다르다. 이 차이를 논하는 것이 중요한 이유는, 사람들이 종종 사회적 블록을 쓰고 난 뒤 "아무것도 한 게 없다"고 말하며 그 가치를 폄하하는 경우가 많기 때문이다. 친구들, 가족, 동료, 성공지원단 등등의 여러 사람과 함께 보내는 시간은 굉장히 소중하다. 물론, 그 시간에는 다른 종류의 일을 할 수 없다. 하지만 그렇다고 해서 그 시간이 다른 일보다 가치가 떨어진다고 볼 수는 없다. 특히 (전반적으로) 창의적인 사람들이 얼마나 외롭고 고립되어 있는지를 생각해보면 더더욱 그렇다.

만약 당신이 하는 일에 사람들과 교류해야 하는 시간이 필요하다면, 그 시간이 바로 사회적 블록으로 분류될 수 있는 부분이다. 그래서 나는 종종 사회적 블록을 서비스 블록이라고 바꿔 부르기도 한다. 이렇게 하면 사회적 블록이 실시간으로 다른 사람들에게 서비스를 제공하는 시간이라는 점을 상기할 수 있다.

사회적 블록은 본연의 가치뿐만 아니라, 다른 블록들을 받쳐주는 버팀목의 가치도 존재한다. 왜냐하면 우리 대부분은 우리 자신보다 다른 사람과 한 약속을 더 존중하기 때문이다. 우리가 너무 몰입 상태에 빠져 있다 보면, 다음 블록까지 집중 상태를 계속 유지하게 된다. 그러다 보면 그다음 며칠 동안 창의력을 발휘할 수 없을 만큼 집중 블록에 손상을 입기도 한다. 비슷한 의미에서, 두 개의 사회적 블록 사이에 관리 블록을 끼워 넣으면 양쪽 블록 모두에 도움이 되는 일관된 흐름을 만들어낼 수 있다. 왜냐하면 어쨌든 사회적 블록에는 어떤 종류든 관리할 일이 발생하게 되기 때문이다.

### 관리 블록

당신이 일하는 특정 맥락에 따라 달라질 수는 있겠지만, 일반적으로 관리 블록이라 하면, 이메일, 전화, 디지털/출력 문서 정리, 간단한 문서 편집, 장부 기록, 프로젝트를 위한 관리(데이터 정리, 데이터 오류 수정, 할 일 목록을 만들고 검토하기, 문서 서식 만들기, 업무 프로그램 업데이트 등등)와 같은, 그 어떤 것이든 당신이 빅 워크를 위해 해야 하긴 하지만 빅 워크 자체는 아닌 것을 말한다.

이 방대한 범위의 일이야말로 정확하게 당신이 하기 싫은 일 목록일 것이다. 나는 이것들을 소설가 마크 트웨인이 말한 '개구리'라고 지칭하곤 한다. 하기 싫은 일 '개구리'에 대해서는 나중에 다시 언급하겠다. 어쨌든 이 일들은 끝내야 한다. 관리 업무를 하지 않으면 분명 언제 어디선가는 이것들을 해야 할 상황에 발목이 잡힐 것이다.

그렇긴 해도, 많은 사람은 일단 집중 블록을 잘 활용하기 시작하면 관리 블록은 훨씬 견딜 만해진다고 입을 모은다. 때로는 아래와 같은 이유로 관리 블록이 즐겁게 느껴지기도 한다.

▶ 관리 블록을 통해 당신의 일을 돌이켜보고, 이를 통해 일을 순조롭게 진행할 공간과 맥락을 확보할 수 있다.

▶ 관리 블록의 존재 자체 덕분에 당신이 나중에 해야 할 행정적 업무에 대한 스트레스를 덜 받을 수 있다. 그 일을 할 시간을 따로 빼두었기 때문이다.

▶ 관리 블록을 잘 배치하면 하기 싫은 '개구리' 같은 일을 잡는 것도 훨씬 수월해진다. 왜냐하면 이 일들을 훨씬 짧은 시간에 처리할 수 있기 때문이다.


집중 블록을 사용해서 모든 것을 '그 자리에서 다 마친' 하루를 상상해보라. 당신은 집중 블록을 모두 사용하고 만족감도 최고조인 최상의 상태에 있다. 게다가 그다음엔 그동안 해왔던 다른 중요한 일에 착수할 수도 있게 된다. 일석이조인 셈이다.

하지만 이러한 일석이조의 상황이 반대로 일어나는 경우도 심심치 않게 발생한다. 바로 우리가 어떤 관리 블록에서 다른 관리 블록으로 옮겨 다니며 하루를 다 보내버려서, 결국은 집중 블록에는 어떤 힘이나 시간도 쓰지 못하는 그런 상황 말이다. 때론 이런 행정적인 일 처리들이 아주 긴급한 일의 형태로 닥쳐와서 우리가 당장 하지 않으면 안 될 일처럼 느껴질 때가 있다. 그럴 때마다 우리는 일단 이 일을 마치고 나면 빅 워크를 다 할 수 있을 것이라고 생각한다. 하지만 우리가 행정 처리를 해내는 만큼 새로운 일들이 끊임없이 생겨나기 때문에, 우리는 결국 빅 워크를 할 수 있을 만큼 충분히 '일 처리를 마친' 상태에는 결코 다다르지 못한다.


만약 앞서 수많은 관리 업무를 처리하느라

빅 워크 진행이 뒤처진다면,

당신은 지금 완전히 잘못된 방향으로 가고 있는 것이다.

혹은 당신이 인정하고 싶지 않겠지만,

사실 그 관리 업무가 당신의 빅 워크보다도 더 중요한

더욱 심오한 가치나 목표와 연결되어 있거나.

분명 위에서는 15분이 일관성 있는 시간 묶음이라고 말했으면서, 왜 관리 블록은 30분에서 60분이라고 하는지 궁금할 것이다. 이건 의욕, 힘, 계획의 문제로 요약할 수 있다. 대부분의 사람들은 한 번에 하나보다는 여러 가지 일을 처리할 수 있을 때 훨씬 의욕이 높아진다. 그리고 일에 참여하기 위해 필요한 힘과는 상관없이, 일단 한번 행정 업무를 처리하기 시작하면 다른 일로 맥락을 바꾸는 것보다는 행정 처리를 위한 상태에 머무르는 것이 훨씬 도움이 된다. 계획의 관점에서 보더라도 15분마다 관리 업무를 한 개씩 처리하도록 계획하는 것은 너무 번잡하다.

그런 의미에서 관리 블록에서는 여러 과제들을 함께 일괄 처리해야한다. 업무를 일괄 처리한다는 것은 단순하게 같은 종류의 일을 한데 묶어서 함께 처리하는 것이다. 예를 들어 한 블록 안에서 단순 전화 업무를 모두 처리하거나 비슷한 종류의 이메일을 모두 처리하는 것 등이 해당된다. 이렇게 함으로써 동일한 맥락에서 집중력을 발휘할 수 있게 된다. 관리 업무의 일괄 처리에 대해서는 나중에 좀 더 자세히 살펴볼 것이다. 왜냐하면 일괄 처리야말로 추진력을 발휘하고 효율적으로 시간을 활용하는 가장 손쉬운 방법이기 때문이다.

## 회복 블록

집중 블록, 사회적 블록, 관리 블록은 모두 배터리를 쓰듯 에너지를 사용하는 블록이다. 따라서 배터리처럼 충전을 해야 한다. 우리는 너무 결과에만 집착하는 경향이 있기 때문에, 다른 어떤 블록보다도 회복 블록을 더욱 의도적으로 사용해야 한다. 이것은 내가 무척 힘들게 얻은 깨달음이다. 우리 대부분은 앞선 세 개의 블록을 '생산적이고 가치 있는 바구니'에 담지만, 사실 이런 일을 할 수 있도록 해주는 것은 바로 회복 블록이다.

회복 블록은 우리가 일에 마음을 기울이는 것 이상의 역할을 한다. 우리가 빅 워크를 다하지 못하도록 방해하는 것이 있다면 그것은 바로 건강 악화, 질병, 통증일 것이다. 회복 블록은 이러한 방해 요소들이 가까이 오지 못하도록 막아준다. 건강상의 문제나, 질병, 부상, 통증 등을 겪어본 적이 있는 사람이라면, 회복 블록으로 모든 것을 다 대체해야 하는 혼란스러운 현실을 겪어본 적이 있을 것이다. 나는 이 책을 쓰기로 계획한 10개월 중에서 5개월을 고통을 참으며 보내야 했고, 결국 이로 인해 작은 수술까지 해야만 했다. 5개월 동안, 적어도 하루에 한 개 이상의 집중 블록을 못 쓰게 된다는 것은 작가로서 마감을 지키는 데 굉장히 큰 타격이었다.

사람마다 회복과 충전을 위한 활동은 다 다를 수 있다. 외향적인 사람은 파티에 가는 것이 도움이 되지만, 내향적인 사람은 충전을 위해 집에서 반려동물과 함께 책을 읽고 싶을 수 있다. 어떤 사람에게는 요가가, 어떤 사람에게는 크로스핏이 도움이 된다. 여기서 중요한 것은 회복 활동의 종류가 아니라, 어떤 활동이 당신에게 맞는지 여부다.

회복 블록을 잘 파악해서 사용하면 당신의 하루 중 의미 없이 흘러가는 죽은 시간을 발견하고 이를 회복을 위한 시간으로 재설계할 수 있다. 예를 들어, 나는 창의적인 일이나 관리 업무, 사회적 행사들을 오후 4시 30분 정도까지 마치는데, 그 후 6시 30분까지는 어떤 것에도 집중하기가 어려운 상태에 빠진다. 그래서 그 시간에 뭔가 머리를 써야 하는 활동을 하려고 하면 의미 없이 컴퓨터를 하거나 손에 잡히는 대로 아무거나 주섬주섬 집어 먹는 데 쓰게 된다. 따라서 나에게는 이 시간을 회복 블록으로 활용하는 편이 훨씬 도움이 된다.

사회적 블록이 집중 블록 중간에서 매우 훌륭한 버팀목이 되어주듯이, 회복 블록 또한 집중 블록 이후에 배치되었을 때 굉장히 효과적일 수 있다. 왜냐하면 집중 블록이 사실은 굉장히 힘든 시간이기 때문이다. 마음이 충전되고 몸 상태가 회복되면, 새로운 일을 다시 시작할 수 있다.

일반적으로 두 개의 집중/사회적 블록 이후에는
회복 블록을 계획하자.

## 블록 이름을 바꾸고 싶다면

앞서 언급한 네 개의 블록들은 사실상 거의 모든 것을 담을 수 있는 가장 기본적인 유형이라 할 수 있다. 예를 들어, 수면 시간이나 식사, 목욕 등의 시간은 모두 회복 블록에 포함될 수 있다. 물론 수면 시간은, 굳이 의도적으로 조정해야 할 필요가 있는 게 아니라면 계획하는 건 의미 없다.

하지만 아이 돌보기, 요리, 집안일, 통근 등의 일들은 어떤 블록으로 분류하는 게 맞을지 헷갈릴 수 있다. 이런 일들은 관리적 혹은 사회적 시간에 가깝기 때문에 나는 이 일들을 관리 블록이나 사회적 블록에 포함시키는 것이 적절하다고 본다.

그런데 집안일을 관리 블록에 포함시키는 것이 당신에게는 적절하지 않을 수도 있다. 당신은 어쩌면 아이들과 시간을 보내는 것만 생각하기보다는, 아이들과 시간을 보내면서 동시에 집안일을 하는 것이 더 적합하다고 생각할 수도 있다. 그래서 아마 당신은 예컨대 살림 블록이나 가족 블록 같은 새로운 블록을 필요로 할 수도 있다.

너무 많은 종류의 활동을 한 블록에 포함시키는 것도 분명 불리한 부분이 있을 것이다. 어쩌면 당신은 룸메이트와 함께 텔레비전을 보면서 빨래를 하고 엄마와 통화를 하는 것이 가능할 수도 있다. 사실 대부분의 사람들이 어려움을 겪는 것은 블록의 종류가 너무 많을 때다. 왜냐하면 블록의 종류가 너무 많아지면 효율적으로 계속 꾸려가야 할 것도 역시 많아지기 때문이다. 이것이야말로 우리가 절대 피해야 할 상황이다.

내가 조심하는 것이 또 있다. 바로 우리의 사적인 삶을 너무 일 중심의 관점으로 보는 것이다. 이것은 사실 어색하고 아주 끔찍한 생각이다. 물론 '모든 것을 일처럼' 간주하는 것 역시 나름의 가치는 있다. 바로 공적인 일이든 사적인 일이든 동등한 관점에서 가치를 부여하고, 우선순위를 정하며, 계획하고, 시간을 쓴다는 점에서 그렇다. 특히 사람들은 종종 개인적인 삶은 경시하고 공적인 삶을 과도하게 우선순위에 두는 경향이 있기 때문에 이런 관점을 유지하는 것은 의미가 있다. 하지만 만약 사적인 삶의 영역에 블록 개념을 적용하는 아이디어가 와닿지 않는다면, 이를 이유로 블록 프레임워크 전체를 아예 거부할 필요는 없다. 그냥 집에서는 블록을 적용하지 마라. 당신에게는 앞서 논의했던 네 개의 블록만으로도 충분할 것이다. (그래도 일터에서 회복 블록이 필요하다는 점은 잊지 마라!)

## 일주일에 집중 블록 세 개면 몸부림을 막을 수 있다

주간 시점에서는 모든 블록들 하나하나가 다 비중 있고 중요하지만, 이 책에서는 주로 집중 블록을 중점적으로 다룰 것이다. 왜냐하면 집중 블록이야말로 당신이 빅 워크를 마칠 수 있도록 하는 연료이자 일정표의 기준점이 될 것이기 때문이다. 만약 집중 블록을 중심으로 주간 계획을 세우고, 충분한 한계, 용기, 훈련을 통해 이를 추진한다면, 아마도 빅 워크 프로젝트를 하기 위한 두 시간을 어디에 둘 수 있을지(혹은 두지 말아야 할지) 훨씬 쉽게 발견할 수 있을 것이다.

또한 집중 블록을 중점적으로 다룸으로써, 프로젝트가 어떻게 진행되고 있는지를 보다 분명하게 파악할 수 있다. 왜냐하면 당신이 추진하는 모든 프로젝트들은 제한된 숫자의 집중 블록을 두고 경쟁하고 있기 때문이다. 당신이 스케줄을 아무리 잘 조정해서 스위스치즈 같은 구멍들을 최소화한다고 한들, 그 구멍 속에 죄다 빅 워크만 메꿀 수 있게 되는 것은 아니다. 오히려 새로 찾아낸 이 구멍에는 그동안 못했던 엉뚱한 다른 프로젝트를 넣게 될 수도 있다. 그러니 성급하게 로드맵에 착수하기 전에, 먼저 이 집중 블록들을 잘 다듬고 나서 현재 진행 중인 프로젝트들을 평가할 필요가 있다. 일반적으로는 빅 워크 프로젝트를 하기 위해서는 일주일에 세 개의 집중 블록을 확실하게 확보해야 한다. 그래야 매번 프로젝트를 맨땅에서 시작할 필요 없이, 추진력을 확보하고 이를 유지해나갈 수 있다.

만약 빅 워크를 하기 위해 주당 세 개의 집중 블록을 찾거나 확보할 수 없다면, 심지어 일부 프로젝트를 포기하고 다른 프로젝트의 시기를 협상해서 조정했는데도 불구하고 그렇다면, 그 프로젝트가 현재 집중 블록을 차지하고 있는 다른 프로젝트를 끝낼 때까지 잠시 미뤄둘 만한 가치가 있는지 고려해야 한다. 어쩌면 이 프로젝트를 한 달 정도 미뤄두고, 그 사이에 한두 개의 프로젝트를 끝마쳐서 빅 워크 프로젝트에 충분히 추진력을 발휘할 수 있도록 하는 것이, 했다 말았다 하는 식으로 일을 하다가 의욕이 떨어지는 위험을 감수하는 편보다 더 나을 수도 있다. 물론 이것이 위험한 제안이라는 것은 나도 잘 알고 있다. 이런 식으로 하다 보면 당신이 하기 두려운 일을 피하는 쉬운 핑계가 될 수 있기 때문이다. 하지만 이런 도박을 감수할 만큼, 일이 꾸준하게 추진되는 걸 목격하는 것은 동기부여가 된다. 중요한 것은 새롭게 찾아낸 집중 블록을 엉뚱한 프로젝트로 채우지 않는 것이다. 만약 여러 프로젝트들이, 다른 데에 써야 할 집중 블록을 갉아먹고 있는 상황이라면, 뭔가 또 새로운 일에 뛰어들지 말고, 눈덩이 굴리기 방법을 활용하라.

눈덩이 굴리기 방법을 사용하면 다섯 프로젝트 법칙과 주간 블록 활용에 있어서 더 많은 공간을 확보할 수 있게 될 것이다. 눈덩이 방법은 한 프로젝트를 끝내고 거기에서 확보된 블록을 다음 프로젝트에 순차적으로 적용하는 절차를 말한다. 만약 한 개의 집중 블록이 필요한 프로젝트를 세 개 해야 한다면, 일단 가장 빨리 끝낼 수 있는 프로젝트를 마친 후 여기에 썼던 집중 블록을 그다음 빨리 끝낼 수 있는 프로젝트에 사용하는 것이다. 그러면 두 번째 프로젝트에는 매주 두 개의 집중 블록을 쓸 수 있게 되어서, 일단 첫 번째 프로젝트를 끝내면 두 번째 프로젝트는 당신이 계획했던 것보다 최소 두 배는 빠르게 끝낼 수 있게 된다. '최소 두 배'라고 말한 것은 만약 지금 한 프로젝트가 늦춰지면 그다음 것도 느려질 것이기 때문이다. 두 번째 프로젝트도 마치게 되면 두 개의 집중 블록을 세 번째 프로젝트에 쓸 수 있게 되어, 똑같은 효과를 누리게 된다. 이렇게 눈덩이처럼 시간을 불려서 프로젝트를 모두 마치고 나면, 당신은 스스로를 위해 선택한 프로젝트를 할 수 있는 세 개의 집중 블록을 확보하게 된다.

'일주일에 집중 블록 세 개'의 원칙은, 당신이 프로젝트 도중 무력감에 빠져 혼란 속에 몸부림치는 상황에서 특히 중요하다. 만약 집중 블록 세 개를 확보하지 못하면, 당신이 프로젝트를 밀어붙이기 위해 투자하는 시간과 노력에 비해 실질적인 진척이 없다는 점을 자각하게 되면서 더욱 쉽게 의욕을 상실하기 때문이다. 프로젝트를 일주일 못하는 건 참을 수 있다. 하지만 한 달을 날려버리면 몸부림을 치지 않을 수 없다. 결국 이 몸부림은 프로젝트에도, 이 프로젝트를 적절하게 살려낼 것인지 혹은 포기해버릴 것인지에 대한 당신의 의지에도 모두 사망선고를 내릴 것이다.

집중 블록 세 개를 확보하지 못했다고 해서 희망이 전혀 없는 것은 아니다. 멕시코의 속담을 인용하면 "분주한 개미가 조는 소보다 더 하는 일이 많다". 똑같은 의미에서 묵묵히 자기 길을 가는 자벌레가 이 꽃 저 꽃 옮겨 다니는 벌새보다 더 멀리 간다. 자기 프로젝트에 집중 블록을 더 많이 사용하는 다른 사람들과 당신의 진척 상황을 비교하면, 당신은 생각 쓰레기에 훨씬 더 쉽게 빠질지 모른다. 마치 당신의 프로젝트가 끝이 보이지 않는 것처럼 느껴질 수도 있다. 어떤 면에서는 당신이 프로젝트를 끝내는 데에 더 오랜 시간이 걸리는 건 사실이다. 하지만 그건 당신이 유독 부족하거나 뭔가 잘못하고 있기 때문이 아니다. 그저 당신이 대처해야 할 다른 제약사항, 혹은 다른 우선순위가 있기 때문이다. 이 점을 명심하고 (나중에 더 자세히 다룸) 빵 부스러기 흔적을 잘 남겨두어라. 그래야 당신의 시간을 좀 더 유용하게 쓸 수 있을 것이다.

## 이제는 시간을 만들 시간이다

다섯 프로젝트 법칙, 주간 블록 계획 같은 이야기를 하면 사람들은 "멋지네요, 하지만 저는 그 모든 것을 할 시간이 없는데요"라는 반응을 보인다. 하지만 이제 당신은 알 것이다. 당신의 빅 워크를 하기 위한 시간이 하늘에서 뚝 떨어지는 것이 아니라는 것을 말이다. 당신은 빅 워크를 하기 위한 시간을 직접 만들어야 한다.

다섯 프로젝트 법칙과 주간 블록 계획을 쓰다 보면, 결국은 초기 설정과 제약들이 당신의 계획과 우선순위 선정을 돕는다는 것을 알게 될 것이다. 모든 프로젝트를 위한 매주, 매일의 원형 시간표를 새로 만들 필요는 없다. 당신이 할 일은 유치원이나 어린이집에서 써봤을 만한 모양 맞추기 블록에 더 가깝다. 당신은 몇 개의 모양 조각을 가지고 있고 (다섯 프로젝트 법칙), 이 모양 조각들이 들어맞는 몇 개의 모양 틀(블록 계획)이 있다고 생각하라. 이렇게 단순한 사고방식이 아무 힘이 없다고 착각하지 마라. 명심하라, 단순하다고 해서 쉽지는 않다는 것을. 그러나 단순하고 어려운 것이, 복잡하고 어려운 것보다는 훨씬 낫다는 것도 말이다.

종이 두 장과 연필 한 자루만 있으면, (이번 분기, 이번 달, 이번 주에 할) 다섯 프로젝트를 생각하고 주간 블록 계획을 세울 수 있다. 하지만 이 책의 참고자료 홈페이지에 가면 당신이 쓸 수 있는, 도움이 될 만한 계획표 양식을 받을 수 있다.■ 이미 수많은 사람이 사용한 것을 당신이 굳이 또다시 만들 필요는 전혀 없다.

이제 준비가 되었다면 다음 분기, 월, 주간에 할 다섯 가지 프로젝트를 정하라. 다음 장에서는 어떤 프로젝트의 로드맵을 어떻게 세울 것인지를 배울 수 있다. 그 프로젝트는 (당신에게 남은 공간이 있다면) 빅 워크 프로젝트가 될 수도 있고, 혹은 빅 워크 프로젝트를 하기 위해 빨리 마쳐야 하는 기존의 다른 프로젝트일 수도 있다. 둘 중 어떤 것이든 상관없다. 당신은 할 수 있다.

---

■ startfinishingbook.com/resources에 가면 계획표 양식을 확인할 수 있다.

▶ 빅 워크를 시작하려면, 특정 프로젝트를 위한 공간을 확보하고 거기서부터 시작하라.

▶ 나누기, 연결하기, 배열하기는 효과적으로 공간을 확보하고 계획을 세울 수 있는 핵심 기술이다. 프로젝트 피라미드는 큰 프로젝트가 어떻게 작은 프로젝트들로 구성되어 있으며, 이 작은 프로젝트들이 어떻게 추진력을 갖게 되는지를 보여준다.

▶ 34개 프로젝트 동사들은 프로젝트들이 어떻게 나눠지고, 연결되며, 어떤 순서로 이어지는지를 분명하게 보여준다.

▶ 다섯 프로젝트 법칙은 '실질적 프로젝트를 시간별로 다섯 가지 이하로 제한하는 법칙'을 줄인 말로, 프로젝트들의 우선순위를 정하고 계획을 세우는 데 도움이 된다.

▶ 블록 계획을 세울 때 활용할 수 있는 네 가지 블록은 집중 블록, 사회적 블록, 관리 블록, 회복 블록이다.

▶ 빅 워크 프로젝트를 효율적으로 집중해서, 추진력을 발휘하는 데에는 최소 일주일에 세 개의 집중 블록이 필요하다.

# 06

# 프로젝트별 **로드맵**을 수립하라

작게 쪼개보면 특별히 어려운 일은 없다.

헨리 포드Henry Ford

이제 당신은 다섯 프로젝트 법칙과 주간 블록 일정표를 만들면서 프로젝트를 할 수 있는 시간을 확보했다. 이제는 프로젝트를 이 블록 안에서 처리할 수 있는 수준으로 쪼갤 것이다. 여기서 프로젝트 피라미드의 도움을 한 번 더 받겠지만, 더불어 프로젝트를 구성하는 데 필요한 다른 요소들도 함께 살펴보고자 한다.

이번 장의 목표는 프로젝트의 로드맵을 세우는 것이다. 로드맵은 특별한 형태의 프로젝트 계획으로 프로젝트를 시간 순서에 따라 나누고, 연결하고, 배열한 것을 말한다. 로드맵을 통해 우리는 세로로 정리한 할일 목록을 시간 순서대로, 수평선 위에 옮길 것이다. 수직으로 나열한 목록은 매번 볼 때마다 다시 순서대로 배열하는 작업을 해야 한다. 시간 순서를 생각하는 것은 처음에는 어렵지만, 일단 여러 프로젝트의 여러 묶음을 로드맵으로 옮기고 나면 복잡함과 어려움의 정도가 미적분에서 계산 수준으로 낮아지게 된다.

프로젝트 로드맵을 통해 당신은 빅 워크 프로젝트에서 어떤 부분의 일을 오늘 혹은 이번 주에 처리해야 할지 볼 수 있게 된다. 그 덕분에 당신은 일을 '언젠가/그 어딘가의 나라'에 남겨두지 않아도 된다. 처음에 어떻게 해야 프로젝트가 어려워지는 것을 막을 수 있을지부터 시작해보자.


## 게이트를 통해 프로젝트의 흐름을 타라

몇 년 전 나는 한 독자로부터 이메일을 받았다. 편의상 독자의 이름을 '어니'라고 하자. 어니는 어떻게 하면 자기 블로그를 활성화할 수 있을지 조언을 구하고자 했다. 이메일에서 그는 글 쓰는 데에는 큰 재주도 없고 재미를 느끼지도 않는다고 했다. 그러고는 한두 문장 이후부터는, 자기가 말을 하고 동영상을 만드는 것에 얼마나 재미를 느끼는지를 이야기했다.

객관적 관점에서, 나는 그가 완전히 잘못된 질문을 하고 있고 아주 근본적으로 엉뚱한 목표를 좇고 있다는 것을 느낄 수 있었다. 아마 당신도 똑같이 느꼈을 것이다. 어니는 블로그에 글을 쓸 필요가 없었다. 어니가 해야 할 것은 팟캐스트 같은 음성 채널이나 유튜브 같은 동영상 채널을 시작하는 것이었다.

당시 그의 이메일을 받고서 가장 충격이었던 점은 바로 코앞에 답이 있었음에도 그가 그 답을 볼 수 없었다는 사실이었다. 이 사례가 너무 극단적일 수도 있지만, 사실 목표를 달성하기 위해 불필요하게 어려운 방법을 선택하는 비효율적인 사례가 그렇게 보기 드물지는 않다. 솔직히 장담하건대, 당신 역시도 마찬가지일 것이다. 지난 몇 주간을 돌이켜 보면, 분명 장점을 활용했더라면 훨씬 더 쉽게 할 수 있었는데도 그렇게 하지 못했던 때가 분명히 떠오를 것이다.

일을 굳이 어렵게 하는 대신, 당신만의 강점을 활용해서 우위를 점하는 편이 낫지 않을까? 강점을 활용하면 프로젝트를 훨씬 쉽게 할 수 있을 뿐 아니라 훨씬 더 자주 몰입을 경험할 수 있다. 번창하는 창의적 거장들의 하루가 남다른 점은, 바로 그들이 빅 워크를 하면서 몰입한다는 것이다.

그러나 강점은 여러 가지 다양한 형태로 나타나기 때문에, 기억하기 쉽도록 이런 다양한 형태들의 앞 글자를 따서 게이트Gates라고 부르려고 한다. 이 단어를 통해 앞으로 프로젝트를 할 때 무엇에 기초를 두고 시작해야 하는지 쉽게 기억할 수 있을 것이다. 게이트는 다음 단어들의 합성어다.

▶ **천재성**Genius: 당신 내면의 창의적인 힘이 드러나는 것.
▶ **친근함**Affinities: 당신이 끌리는 것.
▶ **재능**Talents: 당신의 타고난 기술이나 능력.
▶ **전문성**Expertise: 당신이 경험과 훈련을 통해 습득한 것.
▶ **강점**Strengths: 당신이 쉽게 할 수 있는 것.

지금 맥락에서는 우리가 어떻게 게이트의 각 부분을 습득하고 연마하는지 살펴보는 것이 전혀 중요하지 않다. 왜냐하면 이 다섯 가지 요소는 모두 긍정적인 피드백과 꾸준한 훈련을 통해서 향상시킬 수 있기 때문이다. 일단 당신의 게이트를 활용하기 시작하면, 당신은 쓸데없이 프로젝트를 어렵게 만드는 경향을 극복할 수 있다. 잠깐 시간을 내어 당신의 게이트 목록을 작성해보자. 15개를 채울 때까지 멈추지 마라. 다 쓸 때까지 기다리겠다.

만약 15개를 떠올리는 것에 애를 먹고 있다면, 아마도 그건 공인된 전문 기술만을 목록에 쓰고자 하는 일반적인 경향을 당신도 따르고 있기 때문일 것이다. 하지만 그런 기술들은 게이트에 속한 하나의 부분집합에 불과하다. 아래의 것들도 충분히 게이트로 생각할 수 있다.

▶ 음악이나 그림, 예술품을 선별하는 능력
▶ 꾸미기
▶ 엑셀 데이터 정리
▶ 아이들이나 반려동물과 교감하는 것
▶ 그리스신화 관련 지식
▶ 목공
▶ 디저트 만들기
▶ 작명 센스
▶ 즉흥연주
▶ 방향감각
▶ 파티 열기
▶ 업무 흐름 잡기
▶ 깊이 이해하는 독서

이런 식으로 쓸 수 있는 거리는 무궁무진하다. 당신도 이제 무슨 뜻인지 이해했을 것이다. 당신의 게이트 목록은 당신에게만 해당되는 것이다. 비록 모든 항목이 당신의 프로젝트와 관련이 있는 것은 아니지만, '나의 게이트 중 어떤 것들을 활용하면 프로젝트를 좀 더 쉽게 완수하는 효과를 얻을 수 있을까?' 이렇게 묻는 것이 좋은 출발점이 될 것이다.

아래의 표는 게이트, 방법, 목표 이렇게 세 가지 열로 구성되어 있다. 방법 열이 유일하게 추가된 새로운 분류인데, 여기에는 특정한 목표를 달성하기 위해 관련되는 행동, 전략, 전술, 기법 등을 모두 적을 수 있다.

| 게이트 | 방법 | 목표 |
| --- | --- | --- |
|  |  |  |
|  |  |  |
|  |  |  |
|  |  |  |

대부분의 사람들은 목표 칸을 먼저 채운 뒤 왼쪽으로 가는 방법을 가장 쉽게 생각한다. 하지만 우리는 방법 목록을 나열하는 것부터 시작하지 않을 것이다. 왜냐하면 그렇게 하면 게이트 목록과 방법 목록의 연결고리가 없어지기 때문이다. 대신 우리는 맨 왼쪽 게이트 칸을 먼저 채운 뒤, 방법 칸을 채울 것이다.

어니의 사례로 돌아가보자. 어니의 목표가 구독자를 확보해 매출을 올리는 것이라고 가정해보자. 이 목표를 맨 오른쪽 칸에 적을 수 있을 것이다. 하지만 어니가 실제로 한 것은 '글쓰기'를 방법 칸에 적어 넣은 것이다. 그는 방법과 목표를 혼동한 것이다.

하지만 만약 어니가 게이트부터 시작해, 방법 칸을 차례로 채우면 어떻게 되었을지 가정해보자. 어니는 분명 왼쪽 칸에 '말하기'와 '동영상 제작'을 넣었을 것이다. 그 후에는 게이트에서 목표로 가는 통로가 팟캐스트와 유튜브를 하는 것이라는 게 훨씬 더 선명하게 드러날 것이다. 글쓰기는 꼭 필요한 만큼만 하면 될 것이고 말이다.

물론 어니가 결국에는 성공을 쥐어 짜냈을 수도 있다. 그러나 그 길이 얼마나 힘들었을까 상상해보자. 글을 잘 쓰기 위해 얼마나 많은 훈련과 용기를 끝없이 모아야만 했을지, 그 결과를 얻기까지 얼마나 많은 생각 쓰레기들을 처리해야만 했을지 말이다. 분명히 어니가 이미 잘하는 일을 하는 것보다 훨씬, 엄청나게 더 많은 에너지를 들여야 했을 것이다.

당신은 어니가 자기 게이트를 중요하게 생각하지 않았다는 것을 눈치챘을 것이다. 이것 역시 흔한 일이다. 바로 이 지점이 당신에게 성공지원단이 필요한 이유이기도 하다. 왜냐하면 성공지원단은 당신의 게이트가 무엇인지 당신에게 알려줄 수 있기 때문이다. 그리고 당신이 이 조언들을 잘 받아들이면, 후에 당신의 게이트를 어떻게 목적을 달성하는 방법으로 엮을지도 보여줄 것이다.

지금은 프로젝트의 맥락에서 게이트라는 방법론을 이야기하고 있지만, 게이트를 당신의 삶과 일 전체에 적용해서 꾸준히 사용하면 에어 샌드위치에 끼어 있는 생각 쓰레기들과 부족한 자원의 문제를 극복하는 데에도 도움이 된다. 만약 당신이 약점을 바탕으로 움직이고 있다면, 그 이야기는 부끄러움이나 괴로움으로 가득 차 버리기 쉽다. 당신이 가진 어떤 자원은 미처 다 쓸 수도 없을 것이다. 먼저 당신의 게이트를 확실히 파악하고, 이를 특정 프로젝트에 적용하는 것이 일을 훨씬 쉽게 해내는 방법이다.

## 조너선 필즈Jonathan Fields ■

### 당신의 게이트는 진정한 열정을 암시한다

어쩌면 당신의 게이트는 프로젝트를 끝내기 위해 필요한 것을 알려주는 표지판 이상의 무엇일지도 모른다. 좀 더 심오한 수준의 '각인된 목적' 혹은 정체성을 암시할 수도 있다. 우리는 모두 태어날 때부터 살아 있다는 느낌을 주는 특정한 일에 대해 각인되어 있다. 아침에 눈이 떠지게 만드는, 마음 깊은 곳에서부터 우리가 이 일을 하기 위해 존재하고 있다는 것을 느낄 수 있는 그 일. 우리가 목적의식을 불태우고, 이를 건강한 방식으로 표현하는 우리의 의미, 결심, 표현, 몰입을 관통하는 바로 그 일 말이다.

나는 이러한 각인, 혹은 정체성을 '열정형Sparketype'이라고 부른다. 이건 특정한 직업이나 직위, 산업이나 분야를 뜻하는 것이 아니다. 맞다. 우리는 아주 짧은 시간 만에 특정 직업이나 프로젝트, 팀, 사업, 시장, 활동, 모험, 노력, 특별한 순간 등을 겪으며 "그래, 이거야! 이런 거라면 얼마든지 더 할 수 있어"라는 느낌에 휩싸일 때가 있다. 하지만 우리는 왜 우리가 그렇게 느꼈는지 이유를 모른다. 무엇이 우리에게 그렇게 강력하게 다가왔는지, 왜 그런 느낌이 금세 사라졌는지도 모르고 말이다.

사실은 이렇다. 바로 당신의 열정형이 좀 더 '소스 코드<sup>Source code</sup>'의 수준에서 작동하기 때문이다. 소스 코드라는 것은 DNA 같은 것을 생각하면 된다. 이것이야말로 당신이 살아 있게 만드는 아주 원초적인 수준의 동기유발 요소인 것이다. 당신만의 각인을 확인함으로써 '나는 무엇을 위해 여기에 존재하는가'라는 질문에 대답할 수 있게 된다.

나는 그동안의 연구를 통해 생산자, 전문가, 과학자, 철학자, 현자, 연기자, 전사, 조언자, 변호인, 보육자 이렇게 10개의 열정형을 밝혀냈다. 자신의 열정형은 어떻게 알 수 있을까? 흥미롭게도, 당신의 게이트가 바로 이러한 열정형을 밝혀낼 수 있는 길잡이가 될 수 있다. 왜냐하면 게이트가 바로 종종 당신의 열정형이 드러나는 방식이기 때문이다.

당신의 게이트와 열정형을 당신의 일에 더욱 잘 녹여낼 수 있다면, 일과 삶은 더 깊은 수준으로 풍성해지고, 목적을 갖게 되며, 더 깊은 몰입으로 연결될 것이다.

■ 조너선 필즈는 《좋은 삶을 사는 법: 혼이 담긴 이야기, 놀라운 과학, 그리고 실질적인 지혜How to Live a Good Life: Soulful Stories, Surprising Science, and Practical Wisdom》를 포함해 세 권의 베스트셀러를 펴낸 작가다. 인기 팟캐스트인 〈좋은 삶 프로젝트Good Life Project〉의 제작 책임자이면서 열정형 평가를 고안해낸 사람이기도 하다. Sparketype.com을 방문하면 당신의 게이트와 열정형을 무료로 평가해볼 수 있다.

## 프로젝트를 위한 자금 마련하기

몇몇 프로젝트들은 당신의 시간과 노력, 주의만으로도 완수할 수가 있지만, 프로젝트 대부분은 어느 정도 자금을 필요로 한다. 그리고 설령 프로젝트를 완수하는 데 돈이 꼭 필요하지는 않을지라도, 돈을 쓰면 훨씬 빠르고 쉽게 이를 완수할 수 있다.

임의의 프로젝트를 추진하기 위한 자금이 남아도는 사람은 거의 없을 것이다. 저축이나 투자가 습관인 사람이라 하더라도, 이러한 여유 자금은 보통 다른 데에 묶어두거나 다르게 사용한다. 나는 생필품조차 충분하지 않은 시기도 많이 겪어봤다. 그런 상황에서 프로젝트에 필요한 자금이라니, 말도 안 되는 얘기다.

하지만 우리에게 주어진 것들의 우선순위를 재검토할 기회는 언제든지 존재한다. 게다가 우리 대부분은 의미와 만족감이 있어야 할 자리를 돈으로 채우는 경우가 상당히 많다. 우리는 차를 사거나, 여행을 가거나, 맛있는 음식과 술, 유흥 혹은 우리에게 필요하지도 않은 지위에 돈을 쓰면서 삶과 일에서 느끼는 지루함이나 좌절감, 이질감을 애써 무시한다. 참 잔혹한 역설이다.

가진 것이 적을수록, 우리는 충분하지 않은 돈을
필요하지도 않은 것들을 사면서 보상할 가능성이 높아진다.
하지만 반대로 가진 것이 많을수록, 씀씀이가 커지면서
여전히 부족하다고 느낄 가능성이 높아진다.

총명하고 창의적인 사람들은 그들에게 중요한 일을 하지 않을 때 급성이든 만성이든 창조적 변비를 겪는다. 이러한 사실을 고려한다면, 자금을 중요하지도 않은 일에 잘못 쓰면 그 심각성은 더욱 두드러진다. 창조적인 사람들은 적극적으로 무언가를 창조할 수도 있지만, 적극적으로 파괴하기도 한다는 것을 기억하는가? 그들이 파괴하는 대상은 바로 가장 쉬운 목표물이다. 바로 자기 자신 말이다.

또한 프로젝트를 위한 자금을 확보함으로써 당신의 프로젝트를 위한 긍정적인 한계를 확보한다는 것을 기억하라. 이 자금은 부정적인, 혹은 제한적인 한계가 아니다. 프로젝트를 위해 일정 수준까지 예산을 쓰는 것과 어느 수준 이상으로는 예산을 쓸 수 없는 것, 이 둘 사이는 미묘하지만 중요한 차이가 있다. 긍정적인 관점으로 생각한다면, 목표는 최대한 자금을 많이 절약하는 것이 아니다. 진짜 목표는 바로 우리가 프로젝트 완수를 위해 마련한 시공간을 최대한 활용할 방법을 찾는 것이다. 내가 자금을 프로젝트의 추진력을 더할 방법이라고 말하는 것도 바로 그 이유에서다.

자금을 마련하는 것은 인식을 발생시키는 과정이라는 점에서 계획을 세우는 것과 비슷하다. 특히 어떤 프로젝트든지 발생하게 되는 비용 목록을 검토할 때는 더욱 그렇다. 당신은 특정 항목을 사지 않기로 결정하거나 자금 조달이 불가능하다고 결론지을 수 있다. 하지만 어쨌든 이를 검토하는 것만으로도 당신은 어떻게 그 항목은 포함시키지 않고 일할 수 있을지, 혹은 그 항목을 추진할 자금을 마련하기 위한 기회를 찾아내거나 다른 데에서 절약할 방법은 없는지를 생각하게 된다. 아이들을 맡기는 것이 당신의 프로젝트를 진행하는 데 도움이 된다는 것을 인지하는 것만으로도, 당신은 저녁 식사 후 디저트를 생략하거나 옷걸이에 걸려 있는 예쁜 셔츠를 사지 않는 대신, 그 돈을 당신의 프로젝트를 위한 자금으로 쓰기가 훨씬 수월해진다.

비용 목록을 정복하기에 앞서, 먼저 프로젝트를 마치기 위해 돈이 얼마나 드는지부터 검토를 시작해보자. 현실적인 기준점을 잡기 위한 가장 쉬운 방법은, 당신이 지난달에 충동적으로 사용한 금액의 분수 혹은 배수를 프로젝트를 위한 예산으로 생각하는 것이다. 예를 들어 만약 지난달에 외식과 (충동) 쇼핑에 약 500달러 정도를 사용했다면, 프로젝트를 위한 자금을 이 금액의 분수 혹은 배수로 계산하라. 큰 규모의 프로젝트라면, 분명 몇 배가 필요할 것이다. 하지만 이 경우는 당신이 프로젝트를 진행하면서 *매달* 그 항목에 지출한 금액만큼을 *매달* 그 프로젝트에 재분배할 수 있으므로 문제가 상쇄될 것이다. 만약 회사에서 프로젝트에 대한 자금을 지원받고자 한다면, 월급을 기준으로 삼아 분수 혹은 배수로 제안할 수 있을 것이다. 왜냐하면 이 경우에는 대략 얼마나 많은 시간이 절약될 것인지(즉, 회사 입장에서 얼마만큼 비용을 절감할 수 있을 것인지), 혹은 얼마나 이 프로젝트가 회사에 이익을 가져다줄 것인지(그만큼 당신에게 돈을 줄 수 있으므로)가 고려 대상이 될 것이기 때문이다.▪

우리가 기준을 잡는 단계부터 시작하는 이유는, 이 단계를 기준점으로 삼지 않으면 비용 목록에 있는 모든 항목을 하나하나 불필요하게 면밀히 검토하게 되기 때문이다. 따라서 먼저 비용 목록을 검토한 후, 이를 기초로 예산을 조정할 것이다.

---

▪ 회사 차원에서 프로젝트를 위한 예산을 확보하는 것은 개인 자금으로 프로젝트를 진행하는 것에 비해 상당히 더 복잡하다. 사업 예산은 일반적으로 수익 측면보다는 비용 측면으로 돌아가는 경우가 많다는 데 문제점이 있다. 심지어 사업체가 개인보다 훨씬 수익을 벌어들이기 쉬움에도 불구하고 말이다. 한 가지 지름길이 있다면, 당신 회사의 예산 담당자에게 요청해서 어떻게 예산이 수립되는지에 대한 설명을 듣고, 이들의 지침을 따르는 것이다.

모든 프로젝트에 일반적으로 포함되는 비용 항목들은 아래와 같다.

## 전문적 자문 비용

편집자, 저작권자, 관리 보조, 사진작가, 변호사 혹은 컨설턴트 같은 사람들이 일반적인 전문적 지원자들이다. 이들이야말로 최종 결과물의 품질에 매우 큰 영향을 미칠 수 있다. 돈을 지불하는 이유는 당신이 갖고 있지 않은 능력 때문일 수도 있고, 피할 수 있는 것들을 최대한 겪지 않기 위해서일 수도 있고, 혹은 당신이 할 수는 있어도 꼭 당신이 할 필요는 없는 일 때문일 수도 있다. 이유가 무엇이든, 당신은 프로젝트를 완수하기 위한 시간을 절약하거나 훨씬 더 나은 결과물을 확보할 수 있다.

## 기구 및 용구

필요한 도구를 잠깐씩 빌려 쓰거나 무료 배포된 프로그램들을 사용할 수도 있겠지만, 일을 완수하기 위해 필요한 기기나 용구라면 사거나 필요한 만큼 임대하는 것이 훨씬 더 좋다. 50달러를 지불하고 필요한 것을 확보하는 것이, 매번 필요한 도구를 빌리고 반납하거나 공짜 프로그램을 해킹하는 데 몇 시간을 낭비하는 것보다 훨씬 낫다.

## 경비 및 가사도우미

육아나 노인 요양, 반려동물 돌봄 서비스는 당신이 프로젝트에 몰두하는 동안 소중한 존재가 안전하고 편안하며 외롭지 않도록 도와준다. 그뿐만 아니라 정원 관리나 가사도움, 장보기 등도 고려할 수 있다. 도우미를 쓰는 것은 전문 분야의 도움을 받는 것보다 훨씬 경제적이기도 하다.

25달러로는 전문 서비스를 겨우 한 시간 받을 수 있지만, 가사도움은 반나절을 이용할 수 있기 때문이다. 사람들은 가사 때문에 신경 쓰이거나 방해받는 경험이 얼마나 잦은지 간과하곤 한다. 하지만 가사도우미 덕분에 주의가 산만해지거나 방해를 받지 않는 편안함을 경험하고 나면 생각이 바뀔 것이다.

### 숙소, 사무실 및 사무 집기 임대(커피, 차 포함)

이 항목들을 한꺼번에 묶은 이유는 프로젝트를 진행하는 환경에 따라 달라질 수도 있기 때문이다. 특히 당신이 굉장히 어려운 작업을 하고 있을 때는 더더욱 그렇다. 사람들이 프로젝트를 끝내기 위해 시골집이나 호텔, 민박집 같은 곳으로 들어가는 데에는 다 그럴 만한 이유가 있다. 하지만 커피나 차를 사서 마시는 것도 때로는 사무실이나 호텔에 지불하는 것처럼 원활한 작업 환경을 조성하는 데 사용될 수 있다. 스타벅스가 그렇다. 사람들은 커피를 사는 것이 아니다. 사람들은 일을 완수하는 데 도움이 되는 장소 자체에 돈을 지불하는 것이다.

### 식비

식사를 준비하고 정리하는 데에는 상당히 많은 시간과 노력이 들어간다. 그래서 당신도 외식을 하거나 배달음식을 먹는 것이 훨씬 낫다고 생각할 수도 있다. 만약 아침은 먹고 싶지만 만들기는 너무 싫어서, 안 만들고 안 먹는 것과 6달러를 내고 아침을 사 먹으며 하루를 시작하는 것 중에 고민을 하고 있다면, 후자가 당연히 훨씬 더 나은 선택이 된다.


일단 위에 언급한 모든 비용의 총합을 구하고 난 뒤에는, 이를 아까 시작할 때 기준으로 잡았던 비용과 비교해보라. 전문적 자문 비용이 아마도 총예산을 넘어서는 경우가 왕왕 있을 것이다. 하지만 이 비용은, 이러한 지원 서비스를 받지 않을 때 들어갈 실질적인 비용과 비교해야 한다. 또한 이 프로젝트에 선행하는 다른 프로젝트를 통해 자금을 조달할 수 있는지도 체크해야 한다.

반려자 혹은 가족과 비용에 대해 공유하다 보면 그 대화가 누가 도움을 줄 수 있는지에 대한 대화로 이어질 수 있다. 예를 들어 당신의 반려자는 다른 도우미에게 돈을 지불하기보다는 본인이 직접 가사를 하겠다고 자처할 수 있다. 하지만 반대로 이들이야말로 본인들의 빅 워크 프로젝트를 해야 하기 때문에 가사도우미 비용을 지불하는 데 적극 찬성할 수도 있다. 혹은 당신의 친구가 여행을 간 사이 그 친구의 개를 돌봐주고, 그 대가로 친구의 직업과 관련된 전문적인 도움을 받을 수도 있다.

프로젝트 추진에 도움이 되는 것이 무엇인지 파악한 뒤 이를 미리 확보하면, 분명 정말 필요한 시점에 이를 얻지 못하거나 우물쭈물하게 되는 상황을 방지할 수 있다. 하지만 그 전에 당신과 당신이 하는 일이 그만한 가치가 있는지를 확실히 해야 한다. 적어도 당신이 빅 워크를 하지 못하게 됨으로써 발생할 손실을 기억하라.

## 자케트 M. 티몬스 Jacquette M. Timmons ▪
## 자금 방향은 스스로 정한다

만약 당신의 자금 관리가 사후 대처 방식이라면, 아마도 프로젝트를 위한 자금 마련도 그런 식으로 하고 있을 확률이 높다. 이러한 상관관계는 어느 날 우연히 생긴 것이 아니다.

우리 대부분은 '이미 번 돈'의 관점에서 관리하는 것에 더 익숙하다. 즉 당신이 얼마나 벌었는지를 바탕으로 해서 얼마를 저축하고, 투자하고, 소비할 것인지를 결정한다는 것이다. 하지만 돈을 관리하는 또 다른 방법은 '선제적 설계'를 하는 것이다. 먼저 얼마를 저축하고, 투자하고, 소비할 것인지를 정하고, 그 후에 생각하는 것이다. '이런 다양한 일들을 다 하려면 지금 가진 돈에서 얼마를 더 벌어야 하지?'라고 생각해야한다.

'남은 돈을 쓰는 것(이미 번 돈의 관점)'에서 '필요한 것을 결정하는 것(선제적 설계의 관점)'으로 자금을 대하는 태도를 바꾸는 것은 돈에 대한당신의 접근 방식에 상당히 큰 영향을 미칠 것이다. 그뿐만 아니라, 이러한 태도 변화는 프로젝트를 하기 위해 들어갈 예산을 확보하는 데에도 도움이 된다. 왜냐하면 당신은 자금에 대해서 사후에 대처하는 방식이 아니라, 처음부터 선제적으로 자금의 역할을 확실하게 결정하는 습관을 들일 것이기 때문이다.

당신의 인생에서 돈이 제 역할을 충분히 하기 위해서는, 먼저 당신의방향을 분명하게 지시해야 한다. 이건 돈이 넉넉하지 않은 상황에서도마찬가지다. 프로젝트에 쓸 예산을 세운다는 것은, 당신이 프로젝트에서 돈이 해주길 바라는 역할이 무엇인지를 말하는 것이라고 볼 수 있다.

'지금 당장' 만들고 싶은 욕구에 숫자를 휘두르지 마라. 프로젝트를진행하다 보면, 진행 상황에 따라 피드백을 받고 예산을 적절하게 조정하게 될 수도 있다. 돈이야말로 당신이 할 수 있는 선택의 질에 대한 피드백을 끊임없이 제공할 것이다. 당신이 선제적으로 계획할 때도, 그렇지 않을 때도 말이다.

■ 자케트 M. 티몬스는 재무 분야의 행동주의 학자로, 돈의 인간적인 측면에 집중해왔다. 저서로는 《재무적 친밀감: 돈과 배우자, 건강한 관계의 비결Financial Intimacy: How to Create a Healthy Relationship with Your Money and Your Mate》이 있으며, 저녁을 먹으며 재무에 대한 이야기를 나누는 모임인 '안락한 모임The Comfort Circle'을 운영하고 있다.

## 마감은 프로젝트의 기준이고, 여력은 프로젝트의 추진력이다

보통 일주일 동안 당신이 10개 단위의 일을 마칠 수 있다는 가정하에 목표와 마감을 설정했다고 생각해보자. 하지만 일주일 동안 당신이 실제로 마친 것은 4개 단위의 일뿐인 상황이다.

이번엔 좀 더 여유로운 일주일을 가정하고, 당신이 창의적인 일을 6개 단위로 할 수 있다는 가정하에 목표와 마감을 설정했다고 생각해보자. 하지만 그 일주일 동안에도, 당신은 4개 단위의 일밖에 마치지 못했다.

이 시나리오에서는, 목표와 마감이 당신에게 스트레스를 준 것 외에는 아무런 역할도 하지 않았다는 것을 쉽게 알 수 있다. 당신이 원하는 수준의 마감과 목표를 정하기는 했지만, 사실 여기서 가장 중요한 것은 창의적인 작업을 4개밖에 마치지 못했다는 사실뿐이다.

당신이 마친 4개의 창의적 작업이 당신이 실질적으로 투자할 수 있는 여력이다. 프로젝트를 진척시키고 싶다면, 이 부분이야말로 당신이 신경 써야 할 유일한 지점이다. 목표와 마감은 당신이 달성하지 못할 가능성이 높은 약속과 기대를 만들 때 쓰는 도구일 뿐이다.

안타깝지만 어쩌면 당신은 이미, 마감을 미리 정해두고 뒤로 돌아가면서 마감을 맞추기 위해 필요한 중간 점검 지점과 목표를 설정하는 역방향 계획법Backward-planning process을 사용하는 습관에 빠져 있을 수도 있다.

역방향 계획법은 마감이 촉박한 프로젝트에 적합한 방식으로, 프로젝트의 주요 요소들을 파악하는 데는 유용한 편이다. 하지만 우리 목적을 달성하는 데에는 도움이 되지 않는다. 아래 두 가지 이유 때문이다.

▶ 현실에 맞지 않는 계획을 세울 가능성이 높다. 왜냐하면 우리는 특정 프로젝트의 마감 즈음에 있는 다른 프로젝트들을 간과하기 쉽기 때문이다. 그래서 그 프로젝트를 완수하기도 전에 계획이 틀어지는 경우가 생긴다.

▶ 중요한 프로젝트들에 항상 마감이 있는 것은 아니다. 모든 프로젝트가 긴급하지도 않고, 이를 마쳐야 한다는 사회적 압박이 존재하는 것도 아니며, 그 결과도 눈에 확실히 보이지 않는 경우가 많다. 마감이 없는 상황을 조절하기 위해 스스로 그럴듯한 마감을 설정하는 경우도 많지만, 이런 마감은 사실상 '이때까지 하면 적당한' 수준의 마감 날짜인 경우가 많다.

마감이 아닌 여력을 기준으로 작업하면, 실제로 끝낼 수 있는 프로젝트 분량에 근접하게 된다. 그렇게 할 때 불필요한 계획과 조정 작업, 프로젝트 간 충돌, 이번 주에 달성하지 못한 일에 대한 좌절감도 줄일 수 있다. 집중하는 프로젝트의 수를 줄인다는 것이 뭔가 포기하는 것처럼 느껴질 수도 있겠지만, 최고 속도를 제한한다는 발상은 어쨌든 그만큼 우리가 실제로 할 수 있는 역량이 그 정도임을 의미한다.

여력을 바탕으로 계획을 세우는 것의 또 다른 장점은 바로 결과보다 과정에 집중하게 된다는 것이다. 만약 어떤 일을 추진하는 이유가 집중 블록을 확보하고 보호하기 위해서라면, 집중 블록을 더 확보하는 데 중점을 두고 일정을 재조정하면 된다. 만약 결과물이 주변 환경이나 도구의 변화로 인한 것이라면, 이를 좀 더 탐색해볼 수 있다. 혹은 이 프로젝트가 당신의 게이트를 활용할 수 있는 종류의 프로젝트일지도 모른다.

하지만 그렇다고 해서 역방향 계획법을 목욕물 버리듯 완전히 버릴 필요는 없다. 이 방법 역시, 프로젝트의 범위를 제한하거나 프로젝트들을 분류하기 위한 훌륭하고 유용한 도구로 활용할 수 있기 때문이다.

역방향 계획법은 이럴 때 유용하다.

▶ 프로젝트 규모를 제한하는 데 유용하다. 보통 집중 블록 개수는 제한되어 있기에, 이로 인해 다른 프로젝트를 하는 데 쓸 수 있는 시간 분량이 달라지기 때문이다.
▶ 중간 점검과 마감 기한을 분명히 정할 때 유용하다. 역방향 계획법이 아니면 로드맵을 짜는 동안 이 부분을 놓치기 쉽다.
▶ 애초부터 날짜 기반으로 설정된 프로젝트의 마감을 지켜야 할 때 유용하다. 예를 들면 세금 납부, 명절, 혹은 마감이 반복되는 경우가 이에 해당한다.

따라서 만약 역방향 계획법이 당신에게 적합한 방식이라면, 이를 잘 활용하되, 당신이 실제로 할 수 있는 여력을 바탕으로 마감을 조정해라. 이는 곧 당신이 당신에게 가능한 시간 범위 안에서 일을 마치기 위해서는, 다른 프로젝트를 포기함으로써 집중 블록을 확보해야 한다는 것을 의미한다. 의도적이고 선제적으로 프로젝트들을 포기하는 것이야말로 당신에게 정말로 중요한 프로젝트를 끝낼 수 있도록 도와준다. 포기하지 않고 너무 많은 프로젝트를 끌어안고 가는 것보다 훨씬 나은 방법이다.

## 교대 시간을 포함시켜야 하는 이유

로드맵을 작성하기 전에 따져야 할 또 하나의 고려사항은 바로 다른 사람들과 함께해야 하는 프로젝트에선 교대 시간이 필요하다는 것이다. 교대 시간이란, 한 사람에서 다른 사람으로 과제를 인계할 때마다 발생하는 대기시간을 뜻한다. 때로 우리는 그 시간이 직접적이지 않다는 이유로 계획에 포함하는 것을 깜빡하곤 한다.

왜 교대 시간이 생기는가? 프로젝트란 이어달리기처럼 각 사람이 할 수 있는 한 최대한 빨리 달린 후 다른 사람에게 배턴을 넘겨야 하는 작업이다. 하지만 현실적으로는 배턴을 한 번만 잘못 건네도, 혹은 한 사람만 막혀도 경기 전체가 느려질 수 있다.

예를 들어 당신이 업무 시간이 끝날 즈음에 함께 일하는 동료에게 작업 검토를 요청하는 메일을 보냈다고 가정해보자. 동료가 일하고 있는 상황에 따라 다르겠지만, 보통은 이 동료가 메일을 다음 날 오전까지 읽을 확률은 높지 않을 것이다. 하지만 동료가 회의에 들어가거나 빠듯한 마감을 앞둔 작업을 하고 있다면 답장을 하기까지 며칠 혹은 몇 주가 걸릴 수도 있다. 만약 당신이 순차적인 업무, 즉 B 단계로 넘어가기 전에 A 단계를 우선 완성해야 하는 연속적인 성격의 프로젝트를 하고 있다면, 혹은 당신이 그 프로젝트의 다른 어떤 부분을 작업하기 전에 그 동료의 관점으로 검토가 필요한 상황이라면, 지금 시간은 흐르고 있는데 프로젝트에는 아무 진척도 일어나지 않은 것이다.

위에 언급한 상황에서는 두 가지 조건이 교대 시간을 추가하고 있다. ① 잘못된 인계 ② 느리게 달리는 사람(보통은 이들에게 주어진 짐이 너무 많거나 의도치 않게 길목을 막고 있는 경우가 많다).


잘못된 인계가 발생하는 세 가지 원인은 다음과 같다.

▶ 당신이 필요로 하는 것이 불분명하다.
▶ 당신이 의사소통하는 방식이나 채널로는 배턴이 제대로 전달되지 않는다.

▶ 당신은 이 프로젝트가 이어달리기라는 사실, 그리고 누가 다음 주자인지를 명시하지 않는다.

예를 들어 어떤 메일에 여러 명을 참조로 해서 '어떻게 생각하세요?' 내지는 '의견이 있으신가요?'라고 답변을 요청하는, 정말 흔하디흔한 상황을 생각해보자. 이 경우야말로 세 가지 원인이 모두 포함되어 작용한다. '어떻게 생각하세요?'는 정말 너무 광범위한 질문이고, 동시에 논점이 모호하기 때문에 메일을 받은 사람들이 특히 대답하기가 난처하다. 이 경우 당신의 요청은 상대방의 '생각해볼 것들'을 모아둔 통에 들어가게 되는 것이 일반적인 결과다. 물론 이 통은 이미 꽉 찬 상태이지만 말이다. 특히 이 내용이 이메일로 전송됐다면, 실제 대화로 쉽게 연결되지 않는 전달 방식이기 때문에 이 또한 인계가 잘못되었음을 보여준다. 게다가 메일을 받은 참조인이 여러 명이기 때문에, 이것이 연속적인 과제인지, 다음 주자는 누구인지가 불분명하다. (할 수만 있다면, 나는 '의견은요?' 혹은 '어떻게 생각하세요?' 같은 질문을 아예 팀 내에서 금지해버릴 것이다. 왜냐하면 훨씬 더 나은 질문을 던져서 진척을 이뤄내는 협력 방법이 언제나 존재하기 때문이다.)

잘못된 인계를 해결하는 것만으로도 다음 주자가 해야 할 일이 줄어들고, 덕분에 사람에 의해 연속 작업이 느려지는 두 번째 상황을 막을 수 있다. 하지만 협력하는 상대방의 일정이나 역량, 선호에 따라 작업이 느려지는 경우도 있다. 각각의 경우 당신은 언제, 어떻게 각각의 사람에게 배턴을 건넬 것인지를 미리 고려해야 한다.

예를 들어 협력사가 당신보다 이른 시간대의 장소에 속해 있고, 오늘 당장 그 협력업체 사람으로부터 필요한 것이 있다면, 당신이 작업을 더 일찍 건네주어야만 그다음 날까지 기다리지 않을 수 있을 것이다. 만약 당신이 뭔가 제안하려고 할 때마다 상사가 스무 개가 넘는, 혹은 그에 준하는 종류의 질문들을 쏟아내는 경향이 있다면, 배턴을 넘기기 전에 그 질문들에 답하지 않는 것은 일련의 업무를 지체시킬 것이다. 그리고 결국 언젠가 상사는 그 질문들을 다시 물어볼 것이다. 그럴 바엔 차라리 당신이 먼저 선수를 쳐서 당신이 원하는 것을 상사가 언급하도록 하는 편이 나을지도 모른다.

교대 시간을 줄일 수 있는 모든 전략을 다 짚고 넘어가는 건 이 책의 목적이 아니다. 여기서 나의 주된 목표는 바로 당신이 로드맵을 구성할 때 고려해야 할 것들에 교대 시간을 포함시키려는 것이다. 뒤에 나오는 '프로젝트 뭉치를 업그레이드하라' 부분에서도 교대 시간을 집어내는 빠른 방법을 살펴볼 것이다. 하지만 그럼에도 불구하고 교대 시간 때문에 당신의 프로젝트가 터무니없이 늦어지고 있다면, 깔끔하게 전략적으로 협력자들에게 인계하는 방법에 좀 더 초점을 맞춰야 한다.


## 프로젝트 로드맵을 세우는 방법

지금까지 논의했던 여러 재료를 가지고 프로젝트를 위한 로드맵을 세울 수 있다. 프로젝트 로드맵을 작성하기 전에, 아래 네 가지 법칙을 알아두면 도움이 될 것이다.

**만약 직접 (손으로) 작성한다면 연필이나 지울 수 있는 필기구로 써라.**

**여러 번에 걸쳐 시도하라.**

**연습할 수 있는 깨끗한 공간을 충분히 확보하라.**
여기서 공간은 여러 장의 종이, 혹은 화이트보드에 쓸 수 있는 일정한 공간을 말한다. 컴퓨터를 사용한다면 빈 문서나 아무거나 적을 수 있는 '빈 공간'을 말한다.

**하향식이든 상향식이든 당신의 계획 스타일대로 해라.**
어떤 사람들은 프로젝트를 큰 덩어리에서 작은 덩어리로 나누는 것에는 능숙하지만, 작은 덩어리들로는 뭘 해야 할지 몰라 당황한다. 반대로 어떤 사람들은 작은 덩어리의 프로젝트에서부터 시작하는 것은 훨씬 잘 이해하지만, 일단 작은 덩어리들을 모아서 상위 덩어리로 만들고 나면 그 이후부터 문제를 겪곤 한다. 더 나은 방식이라는 것은 없다. 다섯 프로젝트 법칙, 주간 블록 일정, 로드맵 수립 절차를 통해 얼마든지 문제를 해결할 수 있다.


프로젝트를 좀 더 큰 단위로 나눠도 되고, 프로젝트 덩어리를 몇 개 빼먹어도 된다. 연결 관계를 잊어버리거나, 순서를 잘못 적어도 괜찮다. 지금 하는 일은, 블록을 쌓기 위한 설명서에 일부 페이지가 없거나 몇몇 블록이 다른 블록 때문에 가려져서 보이지 않는 상태로 연습하는 것이라고 생각하라. 어차피 효과적으로 계획을 세운다고 한들, 결국은 여러 번 이 계획을 고쳐야 할 것이다. (역설적이지만, 이게 현실이다.)

이제는 이번 장에서 펼쳐놓은 개념적 장난감들을 가지고 놀아볼 시간이다.

### 1. 프로젝트 덩어리 목록부터 적기 시작하라

프로젝트 덩어리 목록은, 너무 뻔한 말이긴 하지만, 마음속에 떠오르는 모든 프로젝트 덩어리를 다 적어놓은 목록을 말한다. 이 단계를 수행하면서 프로젝트 덩어리 크기에 대해서는 생각하지 마라. 어떤 프로젝트 덩어리가 15분짜리 과제 수준인지 아닌지 굳이 생각할 필요는 전혀 없다. 하지만 계속 그 생각을 떨칠 수가 없다면, 일부러 이를 무시하려고 하지도 마라. 지난 5장에서 다뤘던 일반적인 동사들을 활용하면 된다.

이번 단계의 목표는 프로젝트 덩어리들을 단번에 목록으로 만드는 것이 아니라, 당장 앞에 있는 것들에서부터 시작하는 데에 의미가 있다.

단순하게 목록을 나열하는 것보다는 마인드맵을 활용해 프로젝트들을 정리하는 것이 더 쉬울 수도 있다. 어떤 방법을 사용하든, 이번 장에서는 연습 공간을 활용해서 작업하라. 그리고 나중에 생각나면 덧붙여 쓸 수 있을 빈 공간을 남겨두어라.


### 2. 덩어리들을 분류하고 연결하라

만약 프로젝트가 개발하다처럼 크고 객관적인 단어에서부터 시작한다면, 이 프로젝트는 아마도 조사하다, 계획하다, 설계하다, 만들다 같은 다른 동사들로 시작하는 덩어리를 포함하고 있을 것이고, 출판하다 내지는 착수하다 같은 비슷한 크기의 동사와 연결되어 있을 확률이 높다.

이런 패턴을 이해하면, 적절한 형태로 프로젝트 덩어리들을 분류하고 연결할 수 있을 것이다. 공간지각 능력이 뛰어난 사람들에게는 프로젝트 덩어리를 분기 수준의 크기에서 주간 단위의 크기까지 위계적으로 나누면, 다음 단계가 더 쉬워질 것이다. 하지만 이런 방식이 전혀 맞지 않는 사람들에게는 너무 어려울 수도 있다. 만약 당신이 이런 방식이 전혀 맞지 않는 사람이라면, 피라미드 구조를 만드는 것에 대해서는 너무 걱정하지 마라. 여기에 활용할 수 있는 당신의 다른 게이트가 분명 있을 테니까.

### 3. 덩어리의 순서를 매겨라

순서 매기기를 시작하기 위해서는, 여전히 각 프로젝트에 딸린 동사들이 어떻게 연결되어 있는지를 살펴봐야 한다. 만약 동사가 출판하기라면 뭔가를 창작하거나 편집하지 않고서는 출판 자체를 할 수가 없고, 또 뭔가 창작하기 위해서는 계획하고 조사하는 것이 빠질 수 없다. 순서가 '조사하기 → 계획하기 → 창작하기 → 편집하기 → 출판하기'가 되든지, 혹은 '계획하기 → 조사하기 → 창작하기 → 편집하기 → 출판하기'가 되는지는 중요하지 않다. 그저 동사의 순서대로 진행할 수만 있다면 깔끔하게 정리가 된 것이다. 혹은 순서가 '조사하기 → 계획하기 → 조사하기 → 창작하기 → 편집하기 → 출판하기'가 될 수도 있는데, 이때 첫 번째 조사는 사전 검토 수준일 것이고 두 번째 조사는 심층 조사가 될 것이다. 사전 검토를 거치면 이 프로젝트가 정말 가치가 있는지를 확인하고 계획을 세우는 데 도움이 될 것이고, 심층 조사를 하게 되면 일 자체에 도움이 될 것이다.

그리고 상당히 많은 경우, 순서 매기기를 시작하고 난 후에야 일부 프로젝트 덩어리가 빠졌다는 점을 알아차리게 된다. 이때에는 빠진 프로젝트 덩어리를 적당한 순서에 끼워 넣으면 된다. 이렇게 해도 아무 문제가 없다. 사실, 이것이 지금 이 작업을 하는 이유이기도 하다.

때론 내가 지난 장에서 했던 것처럼 프로젝트 덩어리의 이름을 좀 더 구체적이고 의미를 담은 것으로 살짝 바꾸는 것이 도움이 되기도 한다 (98쪽 스마트<sup>SMART</sup>의 약어를 떠올려보라). 그래서 어쩌면 순서 매기기를 시작하면서 조사하기를 초기 조사 수행하기 혹은 사전 조사하기 등으로 바꿔서, 프로젝트를 착수한 뒤 하게 될 다른 조사들과 구분해야 할 수도 있다. 하지만 이 작업을 할 때는 기존의 동사를 적어두는 것이 해당하는 프로젝트 묶음의 크기를 상기시키는 데 도움이 된다. 말하자면 '조사하다(사전조사)' 같이 말이다. 왜냐하면 이렇게 하지 않으면 이 프로젝트 묶음이 다른 것들과 어떻게 연결되는지, 혹은 다른 것에 포함되는지 그 관계와 맥락을 쉽게 잊어버리기 때문이다.

순서를 매기는 것의 초점은 프로젝트 덩어리가 처리될 순서대로 정리하는 것에 있다. 그러다 보면, 자연스럽게 도대체 언제 이 프로젝트 덩어리를 처리해야 하는지 생각하게 된다. 하지만 순서를 매기는 것은 일정을 짜는 것과는 다른 작업이며, 지금은 아직 일정을 짤 순서가 아니다. 그래도 이 프로젝트를 언제 해야 하는지 적어두지 않아서 계속 신경이 쓰인다면, 마감을 적어둘 수는 있다. 말하자면 '조사하다(사전조사): 3월 31일까지' 혹은 'TPS 리포트를 작성한다(3월 31일 마감)' 이런 식으로 말이다.

## 4. 프로젝트 덩어리들을 뭉쳐라

프로젝트 덩어리를 뭉치는 것은, 작은 프로젝트 덩어리들을 포함하는 더 큰 단위의 덩어리로 뭉친다는 점에서 '나누기'와는 정반대의 개념이라 할 수 있다. 벽돌 쌓기로 비유하자면, 뭉치기는 작은 조각들을 한

데 모아서 더 크고 응축된 덩어리로 만드는 것이다. 두 개의 서로 다른 바퀴와 축을 벽돌을 쌓기 위한 트럭의 뼈대로 만드는 것처럼 말이다.

프로젝트 피라미드는 프로젝트 덩어리들을 더 큰 덩어리로 뭉칠 수 있는 기본적인 방법과, 이를 순서대로 잘 연결했을 때 어떻게 더 큰 덩어리로 잘 뭉쳐지는지를 보여준다. 앞서 언급했던 사례, 즉 '조사하기 → 계획하기 → 창작하기 → 편집하기'의 프로젝트 덩어리들은 한데 뭉치면 좀 더 큰 '출판하기' 프로젝트가 된다. 만약 하단에 위치한 프로젝트 덩어리 각각에 하루가 걸릴 것으로 예상한다면 출판하기 프로젝트는 주간 규모의 프로젝트가 될 것이고, 일주일이 걸릴 것이라 예상한다면 월간 규모의 프로젝트가 될 것이다.

여러 프로젝트 덩어리를 한데 뭉침으로써 우리는 프로젝트를 더 높은 수준의 시점으로 바꾸고 이를 바탕으로 더 나은 로드맵을 수립할 수 있다. 중요도가 높은 프로젝트 대부분은 최소 월간 내지는 분기 규모의 프로젝트다. 따라서 우리는 월간 혹은 분기 단계에서 우리의 시간표를 짤 수 있어야 한다. 하지만 이렇게 상위 단계의 시점으로 볼 때에는 하위 단계에 속한 프로젝트 덩어리들을 살펴볼 필요가 없다. 예를 들어 만약 우리가 월간 규모의 프로젝트 덩어리 4개를 하나로 뭉친 뒤, 각 덩어리를 4개월에 걸쳐 차례로 진행한다고 가정해보자. 이때 우리가 매달 목표를 설정하고 다음 달 계획을 세우면서, 다음 달에 하게 될 프로젝트의 세부 부분에 대해서 생각할 필요는 없다. 우리가 이 부분을 생각하는 것은 이번 프로젝트를 마친 뒤 프로젝트의 그다음 부분을 처리해야 할 때다.

### 5. 프로젝트 뭉치를 업그레이드하라

일단 프로젝트 뭉치를 만들고 나면, 시점을 고려해서 이 뭉치를 더 상위 수준으로 업그레이드할 필요가 있는지 점검해야 한다. 여기서 점검한다는 것은, 아래 나열한 유발요인들이 있을 때라면 거의 모든 경우 프로젝트 뭉치를 업그레이드해야 할 가능성이 존재한다는 걸 의미한다.

아래 다섯 가지 유발요인을 고려하면, 프로젝트 뭉치를 상위 수준으로 더 키워야 할지를 확인할 수 있다.

▶ 이 프로젝트 덩어리를 마치는 데 얼마나 걸릴지 감이 안 잡힌다.
▶ 이 프로젝트 덩어리를 마치기 위해 해야 하는 일들에 소질이 없다.
▶ 특정 프로젝트 덩어리를 진행하는 데 다른 사람의 영향을 받는다. 예를 들어 주간 규모의 프로젝트 덩어리 뭉치에서, 당신 외에 다른 누군가가 이 프로젝트 덩어리 중 하나를 해야 한다면, 이 프로젝트 뭉치는 사실상 업그레이드가 필요한 것이다.
▶ 프로젝트 뭉치에 다섯 개 이상의 프로젝트 덩어리가 들어간다.
▶ 프로젝트 뭉치에 포함된 덩어리마다 들어가는 시간이 다르다. 예를 들어 월간 규모의 프로젝트를 뭉치면 분기 규모의 프로젝트 뭉치가 된다. 그런데 만약 월간 규모 프로젝트 중에서 어떤 하나를 하는 데 몇 개월이 소요된다면, 이 덩어리는 분기가 아닌 연간 프로젝트 뭉치로 봐야 한다.

위 다섯 가지 조건이 모두 나타난다고 해서 프로젝트 덩어리를 다섯 배로 키울 필요는 없다. 그렇게 되면 그 일은 결코 끝마칠 수 없는 일이 되기 때문이다. 이런 경우에는 그냥 추가적으로 들어가는 시간 단위를 프로젝트에 더하는 것이면 충분하다. 예를 들어 당신이 프로젝트 덩어리의 크기를 키워서 월간 규모의 프로젝트 뭉치를 만들었다고 가정하자. 그런데 다섯 가지 조건 중 새로운 조건이 작용하기 시작했다면, 이 프로젝트의 시간표에 한 달을 추가하는 정도로 끝내면 된다. 여기에 또 하나의 조건이 더 나타나면, 한 달을 또 추가하면 된다. 이는 결과적으로는 어쨌든 더 큰 단계로 프로젝트의 덩치를 키우는 것으로 연결된다.

이러한 여러 계획 요소들은 우리가 중요한 프로젝트를 할 때 대체, 교착상태, 대기시간, 프로젝트 밀림, 우선순위 충돌, 몸부림, 예측 불가능한 삶의 변화, 과대평가 같은 것들이 왜 발생하는지를 설명해준다. 비록 프로젝트를 끝내는 데 왜 이렇게 오랜 시간이 걸리는지 이유를 설명해주는 것은 아니지만, 적어도 좀 더 현실적인 로드맵을 세울 수 있도록 돕는 가이드라인은 되어준다.

다시 프로젝트 뭉치의 사례로 돌아와 보자. 앞서 우리는 '조사하기 → 계획하기 → 창작하기 → 편집하기'를 월간 규모의 프로젝트로 정한 바 있다. 하지만 만약 창작하기 덩어리에만 따로 3주 정도가 소요될 것으로 예상된다면, 이 프로젝트 뭉치는 분기 규모로 키우는 것이 더 적절할 것이다. 명심해야 할 것은, 분기 규모의 프로젝트라고 해서 한 분기를 모두 그 프로젝트에 투입해야 한다는 걸 뜻하는 게 아니라는 거다. 분기 규모의 프로젝트란, 적어도 이 프로젝트의 우선순위를 분기 시점에서 정해야 함을 의미한다. 분기 규모의 프로젝트를 분기 시점에서 검토해야만, 분기 규모의 프로젝트를 너무 많이 쌓아 올려서 끝내지 못하는 상태가 되는 것을 막을 수 있다.

다섯 가지 열쇠를 사용해서 프로젝트를 완수하는 것에 능숙해지면, 아마도 위에 제안한 방식대로 프로젝트의 크기를 키울 필요가 없을 수도 있고, 혹은 프로젝트 크기를 키우는 방법을 달리할 수도 있다. 예를 들자면 어떤 프로젝트를 한 단계 상위 규모로 업그레이드하지 않고, 단순히 두 배의 시간이 걸린다고 간주하는 식이다. 하지만 계속 애쓰고 있는데도 벌인 것에 비해 끝낸 것이 없는 상태가 계속된다면, 앞서 말한 지침이 더 효과적일 수도 있다. 그렇게 되면 당신이 하게 될 프로젝트 수는 더 적어지겠지만, 당신에게 중요한 것은 더 많이 완수할 수 있게 될 것이다. 동시에 교착상태에 빠졌거나 회생 가능성이 없는 프로젝트는 버릴 수도 있다.

### 6. 프로젝트 덩어리를 시간 선상에 올려라

프로젝트 덩어리를 업그레이드하는 마지막 단계는 프로젝트 덩어리의 순서가 여전히 논리정연한지 점검하는 것이다. 위에서 한 번 경험했던 것처럼, 이 과정에서 어떤 프로젝트 덩어리는 이름을 바꿔야 할 수도 있다. 하지만 이 단계에서는 프로젝트의 크기를 잊을까 봐 걱정할 필요가 없다. 왜냐하면 이미 프로젝트를 보는 시점을 고정한 상태에서 이름을 바꾸고, 연결을 하고, 순서도 정하는 것이기 때문이다.

로드맵 수립법을 통해 우리는 어떤 프로젝트 덩어리를 마치는 데 얼마나 오래 걸릴지를 파악하고 이를 바탕으로 시간을 설계할 수 있게 된다. 업그레이드와 순서 재배치는 단순하게 프로젝트를 펼쳐놓는 것이라고 보면 된다.

시간 선상에 프로젝트 덩어리들을 배치하기 위해서는, 우선 수평선의 시점을 프로젝트의 시점과 통일시켜야 한다. 너무 당연한 말처럼 들릴 수도 있겠지만, 월간 규모의 프로젝트를 연간 시점의 수평선상에 배치하면 아무 소용이 없다. 왜냐하면 월간 규모의 프로젝트를 위해서는 주간 단위의 프로젝트 덩어리와 매일 사용할 블록들을 보며 상세 내역과 전체 맥락을 함께 살펴야 하는데, 연 단위의 시간에서는 이를 볼 수가 없기 때문이다. 연 단위의 시점에서 내려갈 수 있는 가장 낮은 시점은 두 단계 아래의 시점이다. 즉, 이 말은 연 단위 시점에서 의미 있는 수준으로 볼 수 있는 프로젝트는 월간 단위 프로젝트라는 뜻이다.

이 법칙은 모든 시점에 다 적용된다. 예를 들어 만약 월간 시점, 즉 달력을 기준으로 본다면 매시간과 분 단위로 하루를 쪼개서 무슨 일이 일어나는지 핵심을 파악하는 것은 크게 의미가 없다. 기껏해야 당신이 할 수 있는 것은 두 단계 아래인 하루 단위에서 날짜가 정해진 행사나 약속을 적는 수준일 것이다. 아마도 이미 그렇게 하고 있을 테고 말이다.

일반적으로는 가장 큰 프로젝트 덩어리보다 한 단계 더 높은 시점을 기준으로 활용하길 권한다. 그래야 그 프로젝트 덩어리와 다른 프로젝트 간 연결고리를 쉽게 파악할 수 있다. 이 지침의 예외는 바로 연간 단위의 프로젝트들이다. 특히 당신이 3개년 단위의 시점에서 보는 것에 익숙하지 않다면 더더욱 그렇다. 사실 대부분의 사람들에게는 3개년 단위의 시점은 머릿속에 있지도 않다. 그렇기에 이 시점을 보는 것은 확실함보다는 불안감을 더 유발한다. 사실 보통 사람들은 직관적으로 내년 정도까지의 시간적 감각만을 갖고 있다. 그래야 올해 하고 있는 프로젝트가 내년에 어떻게 이어질지, 혹은 어떻게 새로 시작할 수 있을지 생각할 수 있기 때문이다.

역으로 생각하는 것도 도움이 된다. 예컨대 만약 집중 블록 단위의 로드맵을 작성한다면, 두 단계 위인 월간 수준이 상한선이므로 이를 넘어서는 시점을 적용해서는 안 된다. 이 원칙을 적용하는 것의 또 다른 장점은 바로 지금으로부터 5주 후에 집중 블록을 어떻게 쓸 것인지 정확하게 계획할 수 있다는, 과도하게 낙관적인 경향을 미연에 방지할 수 있다는 점이다. 만약 5주 후에 집중 블록을 사용하는 것에 대한 감을 잡고 싶다면 두 단계 위의 시점, 즉 월 단위의 시점에서 생각을 해야만 한다. (전에도 말했지만, 시점을 헷갈리는 실수를 저지르기가 매우 쉽다.)

우리가 계속 살펴보았던 분기 시점의 출판 프로젝트로 돌아가보자. 작업 규모 때문에 창작하기 덩어리가 월간 단위의 프로젝트로 업그레이드되었다고 해보자. 또한 프로젝트를 뭉치는 과정에서 편집 작업 이후 책 홍보를 위한 프로젝트 묶음이 추가되었다고 한다면, 로드맵은 아래의 그림과 같을 것이다.

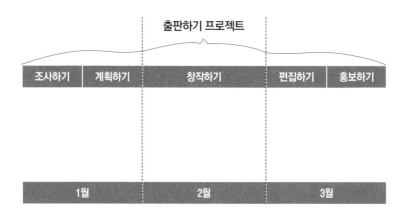

이제는 왜 이 단계에서 집중 블록을 포함시키지 않는지 이해할 수 있을 것이다. 이 로드맵에 집중 블록을 포함하면 너무 복잡해져서 유용성이 떨어지기 때문이다. 그뿐만 아니라 우리가 지금 단계에서 집중 블록을 살펴볼 필요가 전혀 없는 이유는, 우리가 다음 프로젝트 덩어리로 넘어갈 때가 되면 그때 그 작업에 적합한 시점을 선택할 수 있기 때문이다.

이런 식으로 로드맵을 수립하면 필요에 따라 더 큰 프로젝트 묶음, 혹은 프로젝트 전체까지도 조정하기 쉬워진다. 예를 들어 위 프로젝트의 경우, 1월 말에 예상치 못한 일이 생기는 바람에 프로젝트의 창작하기 부분을 수행하기 위한 여력을 다른 일로 대체해야 하는 상황이 발생했다고 가정해보자. 수많은 과제와 시간 블록들의 일정을 일일이 바꾸는 대신, 창작하기 부분을(그리고 그 후속 작업들까지도) 통째로 시간이 가능한 달로 옮기면 된다. 가능하면 혹시 모르므로 창작하기 부분 앞에 '검토하기' 덩어리를 추가하라. 그러면 좀 더 현실성 있는 계획이 되어서 나중에 프로젝트를 재개했을 때 처음부터 전속력으로 달리지 않아도 될 것이다.

로드맵을 이런 방식으로 짜게 되면, 동일한 시간 선상에서 프로젝트들을 바꿔 넣고 이를 어떻게 쌓을 수 있을지도 쉽게 파악할 수 있다. 왜냐하면 수평선상의 시점과 프로젝트 시점이 모두 정해졌기 때문이다. 물론 그렇다고 해도 이런 식으로 로드맵을 수립한 프로젝트가 쌓이게 되면 (테트리스를 좋아한다면 모를까) 부담이 가중될 수 있다. 하지만 사실 이것이야말로 프로젝트 피라미드의 아름다움이 발휘되는 지점이기도 하다. 아래에 딸린 부분들을 전부 미리 파악할 필요는 없다. 그저 같은 규모의 프로젝트가 얼마나 많이 쌓여 있는지만 알면 된다. 프로젝트에 착수할 수 있는 때가 오면, 당신은 해당 시간 관점과 관련이 있는 프로젝트 묶음을 '활성화'하거나 대략 상황을 봐가면서 주어진 기간 안에 어떻게 하면 일을 마칠 수 있을지 로드맵을 구상하면 된다.

## 7. 구체적인 일정을 수립하라

우리는 로드맵을 시간 선상에 표시하는 것과 일정을 정하는 것을 혼동하는 경우가 많지만, 이 둘은 엄연히 다른 것이다. '다음 주'에 무언가를 하기로 약속하는 것, 즉 시간 선상에 올려두기만 하는 것은 힘이 없다. 하지만 수요일 오전 10시에 하기로 하는 것 혹은 더 나아가서 수요일에 할당된 집중 블록을 활용해서 하기로 약속하는 것은 일을 마치기 위해 한 걸음 더 나아간 것이라고 볼 수 있다.

일정을 어떻게 정하는지는 당연하게도 어떤 도구를 사용하느냐에 따라 달라지겠지만, 프로젝트의 규모에 따라서도 달라질 수 있다. 월간 규모의 프로젝트 일정을 정한다는 것은 곧 당신이 우선 스케줄과 다른 선약을 체크한 후 그 프로젝트를 할 만한 충분한 시간이 있는지 확인한다는 것을 의미한다. 프로젝트를 마치기 위해 주간 단위 프로젝트 묶음과 블록들의 일정을 정하는 것은 그다음 일이다. 디지털이든 인쇄된 것이든 일반적인 달력을 사용하고 있다면, 앞으로 하기로 한 월간 단위의 프로젝트를 어디에 표시할 것인지 애매할 수 있다. 하지만 블록 형태는 상대적으로 일정을 잡기 쉬운데, 디지털이든 실물이든 대부분의 달력이 약속을 적어 넣기 편하게 구성되어 있기 때문이다. 이 약속 기능을 블록이라고 생각하면 된다.

하지만 그럼에도 많은 사람이 실수를 하는 것은, 이들이 너무 먼 미래의 일정을 미리 잡으려고 하기 때문이다. 그러다 보니 현실과 예상이 맞지 않는 상황에서 좌절감을 느끼게 된다. 이 시점에서 다시 프로젝트 피라미드로 돌아가야 한다. 만약 월간 단위의 계획을 하고 있다면, 오직 월간 시점에만 일정을 수립하고 우선순위를 정해야 한다. 즉, 분기 시점에서 전체 맥락을 바라보면서, 주간 단위의 프로젝트 묶음을 짜야 하는 것이다. 주간 단위의 계획을 세우는 것도 똑같다. 월간 시점으로 맥락을 파악하면서, 한 주를 위한 블록 일정을 짜야 한다.

너무 먼 미래까지 창의적인 프로젝트의 일정을 정해놓으면 나중에 일정을 조정해야 할 가능성이 더 많아진다는 점을 명심하라. 이를 뒤집어 생각하면, 미리 생각하지 않고 닥치는 대로 계획을 하면 그 프로젝트를 한 번에 끝낼 가능성도 더 낮아진다는 것을 의미한다. 따라서 중간에서 균형을 잡을 필요가 있다. 중요한 것은 계획을 세우는 것이 당신을 구속하기 위한 것이 아니라, 프로젝트를 끝낼 수 있도록 추진력을 발휘하기 위함이라는 점이다.

지금까지 내가 나열한 목록을 읽기만 하고 따라 하진 않았다면, 지금이라도 종이 몇 장을 들고 한두 개 정도 집중 블록에 적용해보길 강력히 추천한다. 읽으면서 이해가 되었다면 아주 다행이다. 당신만의 빅 워크 프로젝트에 바로 적용할 수 있기 때문이다. 이해가 잘 안 되었다면, 그래도 괜찮다. 실제로 적용해보면서 이해할 수 있을 것이다. 이번 장을 시작하면서 언급했던 미적분 비유의 연장선상에서 본다면, 이 작업을 해보는 것은 구구단을 외우는 것과 같은 것이다. 반복하다 보면 반복되는 양상이 눈에 들어올 것이다. 하지만 반복을 하지 않고서, 그런 패턴을 볼 수 있을 리는 없다.

한 번 적용해보았다면, 축하한다! 이 일을 함으로써 빅 워크의 일부를 마칠 수 있었을 것이다. 무척 힘들었을 것이다. 하지만 당신은 결국

해냈고, 프로젝트를 위해 해야 할 다음 단계가 무엇인지 확실히 알게 됐다. 이 말은 즉, 당신이 세상에 선보일 자랑스러운 빅 워크를 마치는 데한 발 더 다가섰다는 것을 의미한다.

**06**

-----

요약

▶ 프로젝트 로드맵은 프로젝트 덩어리들을 시간 선상에 배치한 계획표를 말한다.

▶ 프로젝트를 수립할 때 처음부터 당신의 게이트$^{GATES}$, 즉 천재성$^{Genius}$, 친근감 $^{Affinities}$, 재능$^{Talents}$, 전문성$^{Expertise}$, 강점$^{Strengths}$을 바탕으로 하게 되면 프로젝트를 마 치기가 훨씬 수월해진다.

▶ 프로젝트를 위한 자금을 확보하면, 여러 난처한 문제나 교착상태를 피하는 데 도 움이 된다. 프로젝트를 하는 데 돈이 필요하지 않다고 하더라도, 자금을 마련하 면 더 나은 결과물을 얻을 수 있다.

▶ 프로젝트 진행 상황의 기준으로 마감을 활용하라. 하지만 마감이 언제든 상관없 이, 실제로 프로젝트를 추진하는 것은 당신의 역량과 여력임을 명심하라.

▶ 빅 워크라면 거의 대부분은 협력자의 도움이 필요하다. 로드맵을 수립할 때 협력 자와 협업을 할 때 들어가는 교대 시간을 반영하는 것을 잊지 마라.

▶ 로드맵을 작성할 때에는 연필로 적어라. 실수해도 괜찮다.

# 07

# 방해 요소를 계산하며 비행을 계속하라

내가 폭풍우를 두려워하지 않은 것은,
그 속에서 항해하는 법을 배우는 까닭이다.
루이자 메이 올콧Louisa May Alcott, 《작은 아씨들》 중에서

자동차 엔지니어들을 무척이나 긴장하게 만드는 것이 있다. 바로 설계한 차량의 최고 속도가 더 높아질수록, 고려해야 할 진로 방해 요소들의 숫자가 훨씬 더 많아진다는 것이다. 어떻게 보면 방해 요소들이 설계를 저항하는 꼴이다.

비슷한 맥락에서, 현실은 당신이 설계한 프로젝트 로드맵을 끝없이 거부할 것이다. 사실 진로를 방해하는 것은 중력이나 맞바람 같은 것들이 아니다. 당신 프로젝트의 발목을 잡는 주된 원인은 바로 사람이다.

그러나 그 누구보다도 당신의 프로젝트 추진을 방해하는 사람은 바로 당신 자신이다. 이 지점에서부터 이야기를 시작해보자.

## 성공 불가능 시나리오가 당신의 성공을 막고 있다

당신이 빅 워크를 다 하고 성공하기 시작하면 당신은 더욱 브레이크를 자주, 꽉 잡기 시작할 것이다. 우리 모두의 내면에는, 삶이나 일에서 성공하기 위해서는 무언가 우리에게 소중한 것을 포기해야 한다는 이야기가 각인되어 있기 때문이다.

사람들마다 시나리오의 자세한 내용은 조금씩 다를지라도, 아래 소개할 세 가지 일반적인 줄기를 따르며 대체로 비슷한 형태를 띤다.

▶ 성공이 인간관계를 망친다는 소설
▶ 착하면 성공 못 한다는 신화
▶ 이 정도면 충분하다는 생각의 함정

당신이 스스로에게 주입하고 있는 성공 불가능 시나리오를 잡아내지 않으면, 이 시나리오들은 원하지 않아도 계속 당신에게 주어지는 달갑지 않은 선물이 될 것이다. 왜냐하면 당신은 스스로 허락하는 행복과 성공, 성장의 수준에 늘 상한선을 둘 것이기 때문이다. 다행스럽게도 일단 당신이 만들어냈거나 받아들인 성공 불가능 시나리오를 알아차리고 나면, 그냥 이를 뽑아버리면 된다. (하지만 잊지 마라. 단순하다고 해서 쉬운 것은 아니라는 것을.)

### 성공이 인간관계를 망친다는 소설

(언뜻 보기엔) 자신의 성공만을 좇다가 가족과 친구, 사랑하는 사람들

로부터 멀어진 사람이 주변에 한 명씩은 꼭 있게 마련이다. 뛰어난 능력을 가진 누군가 때문에 주변 사람들이 상처받고, 억울한 상황에 처하거나, 이를 질투하게 되는 이야기도 모두 한 번쯤 경험해본 적이 있을 것이다. 형제자매 중에 비교 기준이 되는 뛰어난 사람이나, 모두가 흠모하는 인기남, 인기녀와 사귀게 된 사람, 혹은 승진 때문에 동기들 사이가 벌어지게 된 상황 등등. 이 같은 상황이 유발하는 악영향은 너무 흔하고도 파괴적이어서, '내가 성공하면 누군가에게 상처를 준다'는 식의 이야기를 쉽게 믿게 된다.

특히 이러한 종류의 성공 불가능 시나리오를 없애기 어려운 이유는, 바로 인간관계가 본질적으로 공통의 기대를 반영하는 것이기 때문이다. 이는 곧 문제 해결 역시도 양쪽의 기대를 모두 다뤄야 함을 의미한다. 사실 상대방은 인간관계에 대한 기대를 포기하고 싶지 않을 수도 있고, 또는 그들의 기대 때문에 우리의 자아실현이 방해받는 것을 눈치채지 못했을 수도 있다. 설상가상으로, 어쩌면 우리가 관계를 맺고 있는 사람들은 그들 내면의 불안함, 욕구, 혹은 단점들 때문에 의식적으로든 무의식적으로든 은연중에 우리가 성장하거나 번창하지 않기를 바랄 수도 있다. 우리가 어떤 배우자, 친구, 형제자매나 이모가 되고 싶은지를 우리 혼자 마음대로 결정할 수는 없는 노릇이다.

하지만 그렇다고 해서 다른 사람들이 우리에게 기대하는 역할을 무조건적으로 받아들이는 것 역시도 불가능하다. 왜냐하면 사람들이 우리에게 기대하고 바라는 것은 그들의 인생에서 조연이 되는 것뿐이기 때문이다. 물론, 우리 모두는 다른 사람의 인생에서는 조연이 맞다. 하지만 그렇다고 해서 우리가 조연만 하는 사람은 아니다. 때론 너무 많은 사람들이 자기 인생에서조차 스스로 주인공이나 스타가 되는 것을 허락하지 않는다.

이러한 성공 불가능 시나리오를 깨기 위해서는 의도와 한계, 용기를 훈련해야 한다. 때론 어려운 이야기도 꺼내야 한다.


## 착하면 성공 못 한다는 신화

또 다른 성공 불가능 시나리오는 바로 착하면 성공 못 한다는 신화인데, 이 신화에는 여러 가지 변형이 존재한다.

이 신화에서 비롯된 몇 가지 변형들을 소개하면 다음과 같다.

### 배고픈 예술가라는 신화

이 신화는 창의성, 진정성, 손재주가 경제적인 성공과 서로 대척점에 있다는 이야기다. '만약 당신의 예술작품이 잘 팔리기 시작하면 당신은 끝난 것이다.' 이런 식으로 이야기는 퍼진다.

### 꼴찌는 착한 사람이라는 신화

맞다, 이 신화는 이전 시나리오와 굉장히 유사하다. 다만 초점이 다른 사람을 해치는 것에서 스스로의 진정성 혹은 양심을 해치는 것으로 바뀐 것이다. 성공은 못 했지만 착한 사람이, 성공을 위해 인격을 희생한 사람보다 낫다는 이야기다.

### 부자는 나쁜 사람이라는 신화

이 신화에서 부자들은 속이고, 훔치고, 억압하고, 조작하는, 돈이라면 환장한 사람일 뿐이다. 종교 혹은 영적인 측면에서 전통적으로 이 신화를 강조하면서 믿음이 더 굳건해졌다.

각각의 경우에서 부유함, 성취감, 명예, 권력, 영향력 등등 성공으로 인한 결과는 정직함, 관용, 진정성, 창의성, 친절함 등등의 선한 가치에 대항하는 것이 된다. 전자를 얻기 위해서 당신은 후자를 포기해야 하고 혹은 더 나아가, 만약 전자를 추구하는 과정 중에 있다면 당신은 반드시 죄책감이나 불안함을 느껴야 하며, 당신이 좋은 사람이라는 것을 애써 입증해야 한다.

물론 성공을 축적하는 대가로 정직을 포기한 사람들의 사례도 셀 수 없이 많은 것이 사실이다. 사람들은 단돈 몇 푼을 위해 자기 영혼은 물론 다른 사람까지도 팔아넘길 수 있다. 조금 더 잘 살아보겠다고 다른 사람들을 짓밟기도 한다. 말은 번드르르 하게 하면서도 실상은 대충 때우기도 할 것이다.

하지만 사실 이 둘 사이에는 어떤 필연적 연결성이 존재하지 않는다. 사실 성공했으면서 동시에 진실한 사람들의 사례도 너무나 많다. 인격이 부족하고 성공도 하지 못한 사람들의 경우도 너무 많고 말이다. 저널리스트이자 전기 작가인 로버트 카로Robert Caro가 권력에 대해 했던 주장을 추론해보건대, 성공은 당신의 성격을 바꾸지 않는다. 단지 당신의 진짜 성격을 드러낼 뿐이다. 성공은 당신의 성격을 시험한다. 왜냐하면 당신이 크게 성공하면 할수록 당신의 선택이 미치는 추진력과 영향력이 커지는 동시에, 당신의 관심을 끌고 자원에 눈독을 들이는 사람들 역시 많아질 것이기 때문이다.

이런 종류의 성공 불가능 시나리오를 해소하기 위해서는, 성공과 도덕의 긴장 관계에 대한 관점을 바꿀 필요가 있다.

관점을 전환하기 위한 세 가지 간단한 방법은 아래와 같다.

### 도덕성을 갖추었으면서도 성공을 거머쥔 좋은 모델은 누구인가?

당신이 모델로 삼은 사람이 내가 생각한 사람과는 다를 수 있다. 역사적 인물일 수도 현존하는 인물일 수도 있다. 어쨌든 그들이 그렇게 할 수 있는데 당신이라고 못할 이유는 없지 않은가?

### 당신이 생각하기에 위기에 처한 도덕적 가치가 무엇인지 고려하라.

이 도덕적 가치를 위반하는 특정 행동이나 행위는 무엇인가? 당신이 성공하기 위해서 이 행동을 꼭 해야만 하는가?

### 어떻게 하면 성취 또는 성공을 해서 도덕성을 더 발휘할 수 있을까?

당신이 중요하게 생각하는 가치에 대해 더욱더 지원하거나 적극적으로 참여할 수 있는가?

당신은 충분히 창의적이고 능력 있는 사람이다. 그러니 스스로 성공했으면서도 좋은 사람이 될 수 있다고 믿어도 괜찮다. 인성에 있어서 실수하지 않도록 조심할 필요는 있지만, 앞서나가기 위해서 인성을 포기해야 한다고 생각할 필요는 없다.

## 제프 고인스 Jeff Goins ▪

## 배고픈 예술가라는 신화

보통 세상은 창의적인 꿈을 꾸는 사람들에게는 그다지 친절하지 않다. 우리조차도 창조적인 영혼들에게 선의의 조언을 한다. "조심해"라는 말의 이면에서 속마음은 이렇게 말한다. '너무 위험한 일은 하지 마. 실패를 대비해서 확실한 대비책을 준비해놔. 먹고는 살아야 하잖아.'

그러나 우리는 배고픈 예술가의 이야기가 신화에 불과하다는 것을 잊어버리곤 한다. 다른 신화들과 마찬가지로, 이것 역시 우리가 믿는 순간 우리 삶에 강력한 영향력을 발휘한다. 배고픈 예술가의 신화를 믿는 사람들은 결국 인생에서 더 안전한 길을 선택하게 된다. 우리는 배우 대신 변호사, 시인 대신 은행원, 화가 대신 의사가 된다. 우리는 위험을 회피하면서 진정한 소명으로부터 숨어버린다. 고생을 하고 싶은 사람은 아무도 없기 때문에, 결국 우리는 열정을 취미로 바꾼 채, 예측 가능한 길을 따라 평범함을 향해 가게 된다.

하지만 생각해볼 만한 또 다른 이야기도 있다. 바로 성공한 예술가의 이야기다. 만약 당신이 최선을 다해 창조적 작업을 해내면서, 먹고살 걱정을 하지 않아도 된다면 어떨까? 예술을 하면서 번창할 수 있다면?

후기 르네상스 시대에는 예술가들의 벌이가 꽤 괜찮았고, 그 결과로 사회적인 엘리트의 지위도 얻을 수 있었다. 오늘날 우리는 그때와 비슷한 재능의 부활 시대를 경험하고 있다. 신 르네상스라고나 할까. 모든 종류의 창의적인 사람들이 잠재력을 깨우는 시대 말이다. 이들은 배가 고프지도, 예술을 저버리지 않아도 된다. 성공할 수 있기 때문이다. 우리 모두가 그렇다. 이 모든 것은 결국 우리가 어떤 이야기를 믿느냐에 달려 있다.

■제프 고인스는 작가, 연사 겸 기업가다. 《일의 기술》, 《예술가는 절대로 굶어 죽지 않는다》 등 다섯

## 이 정도면 충분하다는 생각의 함정

이 성공 불가능 시나리오는 특히 우등생들이 교묘하게 빠지는 함정이다. 왜냐하면 그동안 대단한 노력과 준비 없이도 꾸준히 좋은 성적을 내왔기 때문이다. 너무 오랫동안 그래 온 나머지, 우리는 그간 해오던 대로 하면 되리라는 안일한 생각으로 프로젝트를 시작한다. 하지만 한편으로는 실제로 우승하기 위해 최선을 다할 때와 그렇지 않을 때 큰 차이의 결과가 난다는 점도 잘 알고 있다. 다만 알고 있고 겪고 있는 것과는 정반대로 일하고 있을 뿐이다. 우리가 할 수 있는 것을 당당히 드러낸다면, 우리는 그만큼 높은 기준을 설정해야 할 것이다. 그리고 어쩌면 그런 성과를 또다시 재현하기는 어려울 수도 있다.

그래서 우리는 첫 성공에 이어 두 번째 성공에서는 실패하는 상황을 예방하기 위해, 미래에 확실하게 넘어설 수 있는 수준으로 성공의 정도와 노력의 크기를 적당히 조절한다. 이렇게 하는 것의 장점은 굳이 진정으로 뛰어난 분야를 고를 필요가 없다는 것이다. 무슨 분야든 조금 열심히 하는 듯하면서, 평균보다 조금 나은 수준을 유지해서 3등 트로피를 닥치는 대로 모으면 된다. 1등과 2등을 차지한 사람들이 그걸 쟁취하기 위해 얼마나 힘들게 노력했는지 잘 안다는 으쓱한 웃음을 지으면서 말이다.

이 시나리오를 해소하기가 너무 어려운 이유는 바로 이 정도면 충분하지 않냐는 질문의 기저에는 애호가 혹은 박식가로서 누릴 수 있는 재미와 자유를 잃어버릴지도 모른다는 두려움이 도사리고 있기 때문이다.

탁월함과 완벽함은 꾸준한 노력과 실패, 의지를 필요로 한다. 어떤 분야에 통달한 전문가가 되는 데서 오는 전혀 다른 종류의 기쁨과 자유를 얻기 위해서는, *취미의 수준*을 넘어서서 아주 작은 차이에까지 피땀 어린 노력을 기울여야 한다.

이 정도면 충분하다는 생각의 함정에 빠지면 우리가 이 과정에서 다음번에 더 잘하는 데 도움이 되는 경험과 인맥, 자원들을 축적하지 못한다는 점을 놓치게 된다. 물론, 우리의 목표 수준과 프로젝트의 범위 또한 함께 확대되지만 사실 이건 당연한 수순이다. 우리 삶의 어떤 지점이든지 간에, 우리는 두 달 전의 우리 자신에 비해 그만큼 성장한 것이다. 오늘 해가 떴으니까 내일도 뜰 것이라고 믿는 것처럼, 두 달 후의 나는 오늘의 나보다 그만큼 더 성장해 있으리라고 믿는 것이다.

그래서 솔직하게 당신의 현재 상태로는 분명 그 일을 다시 해낼 수 없을 수도 있지만 다행스럽게도 미래에 훨씬 더 낫고, 강하고, 현명한 버전의 당신은, 최선을 다해 경기에 임해 결국은 그 일을 해낼 수 있을 것이다. 성공은 축적되는 것이다. 오늘 사진을 찍었다고 해서 그만큼을 미래에 못 찍게 되는 것이 아니다. 오늘 찍은 것에 더해서, 더 많이 찍을 수 있다.

다음 번 괴물을 만났을 땐 분명히 잡을 수 있을 거라는 신념과 용기를 가져라. 첫 번째에 잡았던 것이 엉겁결에 가능했던 것처럼 보일지 몰라도, 여기까지 올 수 있었다는 것 자체가 앞으로 더 나아갈 수 있다는 확실한 증거다.

물론, 다음번에 실패할 수도 있다. 하지만 성공은 못하더라도 전심을 다해 무언가에 도전하는 것이, 그저 그런 쉬운 성공을 계속 하는 것보다 훨씬 낫다. 정말로 3등 트로피를 또 갖고 싶은가?

## 평범함을 선택할 때 포기해야 하는 것

성공 불가능 시나리오의 양 측면을 우리가 논의했던 방식으로 모두 살펴보자. 실패를 피하려는 욕구는 굳이 설명이 필요 없다. 실패하고, 창피를 당하고, 부끄러움을 느끼고 싶은 사람은 아무도 없으니까.

하지만 만약 성공에 대해서 앞서 논의한 것처럼 믿고 있다면, 그러니까 성공이 인간관계를 망치고, 도덕성을 낮추며, 적당히 자유롭게 즐길 수 있는 여지를 빼앗아간다고 생각한다면, 이런 믿음들이야말로 당신이 피하고 싶은 괴물들일 것이다. 이 괴물들을 피하는 방법은 바로, 위험을 감수하지 않는 정도까지만 성공하는 것이다. 괴물들로부터 거리를 두면 물리지는 않을 테니까.

> 슬픈 사실은 바로, 당신이 평범한 삶을 선택할 때
> 화내고, 속상해하며, 좌절하는 몇몇 사람들이 존재한다는 것이다.
> 당신이 평범함에 안주함으로써 이들의 요구사항과 우선순위,
> 혹은 목표가 영향을 받게 된다면 더더욱 그렇다.

이들은 당신의 실패에 화를 내고, 속상해하며, 좌절할 것이다. 그런데 어쩌면 이들은 당신이 성공을 해도 화를 내고, 속상해하며, 좌절할지도 모른다.

그러므로 평범하면 안전하다. 어떤 괴물도 당신을 잡아먹을 수 없다. 일단 당신 앞에 있는 괴물 하나를 극복하면, 당신은 더 이상 괴물을 만들어내지 않을 것이다.

그러나 평범하면 안전하다는 말은, 반은 맞고 반은 틀리다. 일단 단기적인 관점, 당신이 매일 내려야 하는 의사결정과 타협의 관점에서는 맞는 말이다. 위험한 일은 하지 말고, 문제가 되지 않을 만큼만 일하며, 열정은 다른 날로 미루는 것이다.

하지만 장기적인 관점에서 보자면, 이것이야말로 당신의 일과 삶이 성장하는 것을 막는 최악의 결정이다. 위험은 절대 피하고, 문제 되지 않을 만큼, 최선을 다하지 않은 사람들이 만들어낸 결과물 중에 기억에 남는 것이 있는가? 시대적 문화에 중대한 변화를 미친 것은? 안전하고 쉬운 선택만 하도록 한 부모 밑에서 자란 아이들 중에 성공한 아이들은 얼마나 있는가?

물고기도 얕은 물에서는 잘 살지 못하는데, 하물며 우리라고 평범해짐으로써 성장할 수 있겠는가. 물론 살아남는 물고기가 있을지도 모른다. 하지만 이들이 깊은 물속으로 돌아가 다른 무리들을 만나기 전까지는, 재앙이 일어나지 않는 좋은 날만 계속되어야 할 것이다.

평범함을 선택해서는 성공 불가능 시나리오를 극복할 수 없다. 오직 평범함을 거부하고, 빅 워크를 이루면서 우리의 성공과 행복, 인격을 만들어갈 때에만 이를 극복할 수 있다.

---

## 세스 고딘 Seth Godin ▪

## 키 큰 양귀비만이 온전히 햇빛을 쬘 수 있다

왜 평범함을 선택하는가?

어쨌든 튀는 것이 훨씬 재밌어 보인다. 탁월함을 추구하는 것도, 당신의 분야에서 유일무이한 최고가 되는 것도 말이다.

하지만 여전히 중간만 가도 된다고 말하는 사람이 많다. 중간은 평범함의 다른 말이다. 튀지 않는 것, 기대한 만큼만 해내는 것, 그래서 최대한 많은 사람들의 비위를 맞추는 것.

평범함에는 어느 정도의 안전함이 내재되어 있다. 평범한 대안은 곧 표준을 의미하고, 만약 당신이 표준이라면 당신의 행동을 정당화하는 것도 무척 쉬워진다. 영양 무리를 보면 몇몇 개체는 언제나 무리의 맨 앞에서 날뛰면서 사자를 자극한다. 또 몇몇 개체는 약간 속도가 느려서 무리의 끄트머리에서 가장 먼저 사냥의 표적이 된다. 하지만 그 중간 무리에 속해 있는 개체는 바깥 세계와 단절된 채, 안전하다는 것을 알고 안도한다.

우리가 학교에서 배운 것은 바로 이 같은 무리 행동이다. 어쨌든 학교에서는 튀지 않으면 훨씬 살아남기가 쉬우니까. 이 같은 깨달음은 살면서 계속된다.

문제는 언제 생길까? 바로 중요한 사람이 되고 싶은 욕망과 안주하고 싶은 욕구가 충돌할 때다. 평범해지는 것이 안전하게 느껴질지는 몰라도 이제는 더 이상 그렇지 않다. 왜냐하면 유별나게 행동하는 사람만이 관심을 받고, 튀는 사람에게만 성공하고 성장하기 위한 여유가 주어지기 때문이다.

키 큰 양귀비의 운명은 여러 문화권에 걸쳐 나타나는 신화다. 키 큰 양귀비가 가장 먼저 눈에 띄어서 꺾일 확률이 높기 때문에, 키가 크지 않은 것이 더 낫다는 것이다. 그러나 사실 키 큰 양귀비야말로 유일하게 온전히 햇빛을 받을 수 있다. 잠재력을 발휘해서 자신이 할 수 있는 능력을 모두 선보일 수 있는 것도 오직 키 큰 양귀비만 할 수 있는 일이다.

■세스 고딘은 세계적인 베스트셀러 작가로, 19권의 책이 36개 언어로 번역되어 일에 대한 사람들의 사고방식을 바꿔놓았다. 그의 저서로는 《보랏빛 소가 온다》, 《트라이브즈》, 《더 딥》, 《린치핀》, 《마케터는 새빨간 거짓말쟁이》 등이 있다. 그는 세계에서 가장 유명한 마케팅 블로그를 운영하면서 전 세계의 청중과 독자들을 상대로 이야기를 계속하고 있다.

## 다른 사람의 우선순위를 따르면 안 되는 이유

만약 우리 프로젝트의 우선순위가 외부와 단절된 진공상태에 있다면 달성하기가 훨씬 더 쉬웠을 것이다. 추진 과정에서 몸부림칠 때도 있고, 울며 겨자먹기로 일할 때도 있겠지만, 어쨌든 다른 사람의 프로젝트로 내적갈등을 할 필요는 없기 때문이다.

그러나 애석하게도, 우리 우선순위와 프로젝트들은 다른 사람들의 우선순위와 프로젝트들과 나란히 존재한다. 다른 사람들의 우선순위(Other People's Priority, 줄여서 OPP)는 언뜻 보기에는 앞서 살펴봤던 우선순위의 충돌처럼 보인다. 그러나 OPP와 우선순위 충돌 사이의 결정적인 차이는 바로 우선순위 충돌이 우리가 스스로 정한 선 안에서 일어나는 것인 반면, OPP는 다른 사람의 것을 우리가 수용하고 인지하고 받아들였다는 점에 있다. 만약 우리가 OPP를 우리 자신의 것으로 받아들인다면, 그때부터는 우선순위 충돌의 상태로 접어들게 된다. 적어도 우리가 내적 반추의 과정을 거친 끝에 이 가치 혹은 의미가 잘못 배치되었다는 걸 깨닫기 전까지 말이다.

예를 들어 많은 사람들은 부모님 혹은 가족의 행복을 추구한다. 그게 가족 사업을 하는 것이든, 혹은 자랑스러운 의사나 변호사가 되는 것이든 간에, 수많은 사람들이 힘든 교육 과정을 거치고, 정치적 한계를 뛰어넘어서, 사실은 다른 사람의 우선순위이기 때문에 결코 잘 맞을 리가 없는 옷을 입기 위해 몸을 구겨 넣는다. 다른 사람의 우선순위를 너무 오래 추구하다 보면 남는 것은 번아웃과 적자, 상처받은 마음뿐이라는 점이 자명함에도 말이다.

개인적인 삶과 일, 프로젝트 수준에서 이보다는 좀 덜 극단적인 사례도 얼마든지 많다. 당신 상사의 우선순위가 바뀌어서, 한때는 지지를 받았던 프로젝트가 쓸모없는 프로젝트의 섬으로 추방되는 경우도 있다. 반려자의 건강과 정신상태가 급격하게 악화돼서 이들이 당신과 함께 소중한 시간을 보내고 싶어 할 수도 있다. 혹은 부모님이 집을 줄여서 이사하시는 바람에 생뚱맞은 물건들을 산더미처럼 떠맡게 될 수도 있다.

OPP 관련 법칙들은 아래와 같다.

▶ 프로젝트를 끝내는 데 오래 걸릴수록, 당신이 충족시켜야 할 OPP도 많아진다.
▶ 프로젝트가 당신에게 중요할수록, 당신이 충족시켜야 할 OPP도 많아진다.
▶ OPP가 사라지는 날은 절대 없을 것이다. 세상은 다른 사람들이 본인들의 우선순위를 당신의 입장에서 생각하고, 당신의 우선순위를 본인들의 것처럼 받아들이는 식으로 정리되지 않는다. 당신 생일날 챙겨야 하는 OPP가 얼마나 많은지 생각해보라. 하루라도 OPP가 조용한 날이 있다면, 그날이 당

신의 생일이 되어야 한다.

▶ 만약 당신이 스스로의 우선순위와 다른 사람의 우선순위를 분명하게 알지 못하면, 끊임없이 OPP에 시달리게 될 것이다.

▶ 당신이 OPP에 더 많이 양보하고 수용할수록, 앞으로 양보하고 수용해야할 OPP는 더욱더 늘어나기만 할 것이다.

OPP의 법칙과 한계는 강력하게 연결되어 있다. 한계선을 강력하게 유지하면 매일 닥쳐오는 OPP의 방해를 막아낼 수 있다. 왜냐하면 이미 따라야 할 승낙과 거절을 분명히 정해두었기 때문이다. 만약 당신이 토요일에 가족과 함께 미리 약속한 모험을 떠나기로 분명히 정해두었다면, 누군가 충분히 그럴듯한 이유로 당신에게 토요일에 무언가 해줄 것을 부탁한다 하더라도, 이번 토요일은 이전이었다면 해주었을지도 모를 토요일과는 완전히 이야기가 달라질 것이다. 비슷하게, 만약 당신이 창작 관련 프로젝트를 오전에 한다는 긍정적인 한계를 갖고 있다면, 사람들은 당신이 오전에는 시간을 뺄 수 없다는 것을 이해할 것이다.

당신의 프로젝트에 등장하는 OPP에 대처하는 방법은 아래와 같다.

**당신이 수용하고 받아들일 OPP라면, 이를 위한 시간과 공간을 비워두어라.**
이렇게 함으로써 "내가 알아서 할게"보다는 훨씬 밝은 표정으로 "알았어, 언제?"라고 대답할 수 있게 된다. 예를 들어 만약 당신 아버지가 전화를 걸어서 이야기를 좀 하고 싶다고 하신다. 사실 그렇게 급한 일은 아닐 때, 당신은 아버지에게 수요일 저녁에 다시 전화하면 충분히 여유를 가지고 통화할 수 있다는 점을 알려드릴 수 있다. 만약 일주일에 한 번씩 연락하는 것이 적절한 연락 빈도라고 생각되면, 매주 수요일마다 연락한다는 긍정적인 한계를 정해두는 게 당장 급하게 설득해야 하는 상황을 미연에 방지해줄 수 있을 것이다.

**당신이 받아들일 수도 없고 받아들이고 싶지도 않은 OPP라면, 애매한 대답 대신 확실히 아니라고 대답하라.**

나중에 수습하는 것보다 초장에 이렇게 하는 편이 훨씬 낫다. 중요한 관계라면 좀 더 수용하기 좋게 돌려 말할 수도 있다. 하지만 어쨌든 "안 돼"가 가장 완벽한 문장이라는 점을 명심하라.

**마음속으로는 받아들이기 어렵지만 당장 거절하거나 협상하기 어려운 OPP라면, 일단 상황을 피했다가 나중에 따로 당신의 프로젝트를 추진하는 것이 최선이다.**

예를 들어 당신 상사는 당신이 부업 혹은 자선단체에서 일하는 것이 마음에 들지 않을 수도 있다. 하지만 당신이 점심시간이나 근무 외 시간에만 이를 한다면 딱히 뭐라고 지적할 수는 없다. 이런 상태가 계속된다면 여기에 대해서는 어떻게든 말이 나오지 않게 하는 것이 매우 중요하다. 오지랖꾼의 눈에 띄지 않는 것도 중요하다. (오지랖꾼에 대해서는 곧 자세히 살펴볼 것이다.) 만약 책의 진척상황에 대한 이야기를 아버지께 꺼내기만 해도 좌절감이 든다면, 아버지가 오늘 혹은 이번 주에 잘 지냈냐고 물어보셨을 때 아무리 잘 지냈다 하더라도 책의 진척상황에 대해서는 일언반구도 언급하지 마라.


## OPP를 프로젝트에 끼워 넣을 수 있을까?

위 전략들은 OPP와 당신의 우선순위와 프로젝트가 서로 충돌한다고 가정하고 있다. 하지만 OPP를 당신 프로젝트에 끼워 넣을 수 있는 경우도 종종 발생한다. 이렇게 했을 때의 좋은 점은 이런 계기가 아니었다면 구경할 일조차 없는 방관자들을 성공지원단으로 끌어들일 수 있게 된다는 것이다. 많은 경우, 당신에게 중요한 프로젝트에 포함되지 못한 방관자들은 오지랖꾼<sup>Derailers</sup> 혹은 반대꾼<sup>Naysayers</sup>이 되려는 경향이 있다. 당신이 그들을 한쪽에 방치한다는 것은 당신이 이들보다 프로젝트와 다른 우선순위를 더 중요하게 선택한다는 것을 의미하는데, 사람들은 지위를 박탈당한 것처럼 비춰지는 것에 상상을 초월하게 예민하다. 타인의 관심에 목마른 사회 속에서는, 현재 상태에 관심을 기울이는 것이 과거 그 어느 때보다도 중요하다.

예를 들어 당신이 할 일이 있는데도, 아내는 당신이 그녀의 건강을 좀 더 신경 써주길 바라고 있다고 가정해보자. 당신은 당신대로, 배우자는 배우자대로, 각자 알아서 할 일을 해야 한다고 생각할 수도 있을 것이다. 하지만 배우자와 함께 운동을 하면서 당신의 프로젝트가 어떻게 진행되고 있는지 논의할 수도 있다.

혹은 당신 상사가 당신이 현재 하고 있는 프로젝트가 아닌 다른 프로젝트에 신경 써주길 바라고 있을 수도 있다. 이럴 때 당신은 상사의 프로젝트를 하되, 당신의 프로젝트에 도움이 될 만한 기술, 전문성, 인맥, 혹은 신용도를 올려주는 방향으로 그 일을 진행할 수 있다.

OPP와 당신의 프로젝트를 엮는 것이 항상 가능한 것은 아니지만, '어떻게 하면 내 프로젝트에 OPP를 연결할 수 있을까?'라고 생각해보는 것은 언제나 아주 좋은 태도라고 할 수 있다. 그렇다고는 해도, OPP를 너무 많이 받아들이거나 프로젝트에 끼워 넣어서, 나중에 통제하기 어려운 상태가 되거나 협상이 어려워져서 결국은 프로젝트를 끝낼 수 없는 상태가 되지 않도록 주의해야 한다. 원칙적으로는 프로젝트에 연관된 사람들이 적을수록 프로젝트를 빨리 완수할 수 있다. 하지만 믿을 만한 성공지원단이 뒷받침된 프로젝트는 훨씬 끝내기가 수월하다.

지금까지 살펴본 OPP 관리 전략들은 당신 삶에서 당신과 당신이 하는 일들을 주로 지지하는 사람들에 대해 다루었다. 하지만 이런 전략들은 오지랖꾼이나 반대꾼들에게는 먹히지 않는 전략이다. 이제 이들에 대해서 살펴보자.

## 오지랖꾼과 반대꾼을 다루는 방법

성공지원단이 당신의 프로젝트를 추진시키는 로켓의 연료라면, 오지랖꾼과 반대꾼은 당신에게 작용하는 맞바람이다. 모든 프로젝트에 이들이 다 포함되는 것은 아니다. 하지만 만약 당신의 프로젝트가 현재 상태를 바꾸려 하면 할수록, 오지랖꾼과 반대꾼을 겪게 될 확률은 더욱 높아진다. 현 상태의 기득권자들이 존재하는데, 이들이 아무런 저항이나 투쟁 없이 이 기득권을 순순히 포기할 수 있을 리가 만무하기 때문이다.

그런데 당신을 반대한다고 해서 오지랖꾼와 반대꾼이 꼭 같은 사람이라고 볼 수는 없다. 오지랖꾼이란 선의를 담은 '도움'이나 '피드백'으로 당신의 진로를 방해하는 사람들을 말한다. 하지만 반대꾼들은 그야말로 당신과 당신의 프로젝트 자체를 적극적으로 반대하는 사람들을 의미한다. 이 둘의 차이는 이따금씩 너무 흥분해서 당신을 무는 개와 그냥 무는 개의 차이를 생각하면 된다. 결과적으로 당신이 물리는 건 마찬가지이지만, 어쩌면 당신은 너무 흥분해서 당신을 무는 개와 함께 지내는 것이 좀 더 낫다고 느낄 수 있다.

## 오지랖꾼을 상대하는 법

오지랖꾼의 가장 견디기 힘든 부분은 바로 이들은 자신이 탈선을 유발하고 있다는 사실을 전혀 모른다는 점이다. 그들의 관점에서 보면 그들은 당신을 도와주고 있고 누구보다 당신의 성공을 바라고 있다. 하지만 당신의 관점에서는 이들과 소통하기 전에 충분히 마음의 준비를 하거나, 대화를 하고 난 후에 감정적으로 모든 것을 털어내 버려야 한다.

오지랖꾼은 특별한 사람이 아니다. 당신이 부탁하지도 않았는데도 당신이 인터넷에 쓴 글을 읽고 교정해주는 편집자 엄마는 오지랖꾼이다. 무척이나 검소해서 당신이 물건을 살 때마다 의문을 제기하고 비판하며, 심지어 직접 만드는 것까지 고려하는 배우자 역시 오지랖꾼이다. 모든 것에 너무 뛰어나서 당신의 생각은 그냥 해볼 만한 귀여운 아이디어 정도로 치부하고 결코 진지하게 받아들일 가치가 없다고 단정해버리는 언니도 오지랖꾼이다.

일적으로 본다면 보고 전에 미리 완벽하게 빈틈없이 완성된 기획안을 가져오기를 기대하는 까탈스러운 상사일 수도 있고, 혹은 '선의의 비판자'라고 스스로 자처하면서 당신 아이디어가 가진 가치를 인정하거나 평가하지 않은 채 일단 반대부터 하고 보는 사람도 오지랖꾼에 해당한다.

선의를 가지고 당신이 성공하길 바란다는 점을 고려했을 때, 오지랖꾼과 의사소통하는 방법은 아래와 같다.

**① 이들이 정말 당신이 성공하길 바라는지 확실히 하라.**

"사실은요, 가끔은 당신이 제기 이 프로젝트니 아이디어에서 성공하길 바라긴 하는지 헷갈려요." 이렇게 묻는 것만으로도 충분히 의미 있는 대화를 시작할 수 있다. 이때 그들이 그동안 당신의 의욕을 꺾었던 모든 사례를 미주알고주알 나열하는 것은 전혀 도움이 되지 않는다. 그보다는 (위에서 언급한 것처럼) 아주 일반적인 이야기를 하는 것이 낫다. 일의 맥락에서는 이런 요구가 인신공격처럼 느껴지지 않도록 협력을 요청하는 것처럼 위장해야 할 수도 있다. 어쨌든 이러한 대화의 궁극적인 목표는 앞으로는 다른 방식으로 소통해보겠다는 확실한 승인과 합의를 확보하는 것이다.

**② 당신이 기대하는 종류의 피드백 혹은 교류 방식을 분명하게 요청하라.**

만약 앞으로 몇 달 동안만이라도 당신의 배우자가 당신이 구매한 모든 것에 토를 달지 않기를 원한다면 이를 솔직하게 말하라. 만약 '선의의 비판자'가 당신 아이디어의 긍정적인 부분부터 먼저 평가해주길 바란다면 그대로 직접 요청하라. 특히 그들이 하는 방식을 그대로 그들에게 되돌려주는 것은 효과가 없는 방법이다. 왜냐하면 이들은 당신보다 훨씬 이런 식의 의사소통에 능통할 뿐 아니라, 당신이 그렇게 함으로써 이런 식으로 소통하기를 바란다고 오해할 수도 있기 때문이다. 덧붙이자면, 수동적으로 공격하는 것은 절대로 좋아 보이지 않는다.

**③ 계속 의욕을 꺾는다고 해서, 이들을 아예 무시하거나 반대꾼이 되도록 쫓아내지 마라.**

이들이 다른 식으로 말하기로 했던, 혹은 '협력하기로 했던' 합의사항을 상기시켜 주어라. 당신의 요청이 건드리는 부분은 이들 내면에 아주 깊이 각인된 습관 혹은 무의식적 패턴일 확률이 높다. 다음 전략으로 넘어가기 전에 삼진아웃 법칙을 시도하는 것도 좋다.

**④ 만약 의욕을 꺾는 언행을 계속한다면, 두 번째 방책은 바로 이들과 대화할 때 좀**

**더 전략적으로 접근하는 것이다.**

예를 들어 앞서 말한 깐깐한 완벽주의 보스에게 보고를 해야 한다면, 당신의 성공 지원단에게 아이디어를 먼저 선보인 후에 상사에게 보고하는 것이 더 나을 수 있다. 이렇게 하면, 프로젝트를 하다 말았냐는 비판보다는 어떻게 이렇게 아이디어를 잘 정리했냐는 칭찬을 들을 확률이 훨씬 더 높아질 것이다.

**⑤ 위 4단계를 거쳤음에도 불구하고 계속 오지랖을 부려 방해한다면, 앞서 받아들일 수도 거절할 수도 없는 OPP를 다뤘던 방법을 적용해라. 즉, 이들 모르게 프로젝트를 진행하고, 여기에 대해선 일언반구 언급하지 마라.**

사람들은 남몰래 진행 중인 프로젝트에 대해서 어떤 진척이 있을 때 이를 자랑하거나, 방해 요소에 대해 자기도 모르게 이야기해버리는 실수를 저지른다. 하지만 이건 오지랖꾼들이 들어올 수 있도록 문을 활짝 열어주는 것이나 다름없다. 만약 이들이 프로젝트가 어떻게 진행되고 있는지 콕 집어서 묻는다면, 실제로는 그렇지 않더라도 그냥 두루뭉술하게 "좋아요" 내지는 "아직 진행 중이에요"라고 대답하고 넘어가는 것이 가장 좋다. 유일한 예외가 있다면, 아주 가능성이 희박하지만 이들이 의욕을 꺾는 양상 자체가 실제로 당신이 겪고 있는 문제를 해결하는 데 도움이 될 때다. 물론 가능성은 아주 낮지만 말이다.


위에 소개한 단계들이 상당히 부담스럽게 보인다는 점도 잘 알고 있다. 맞다, 이런 대화를 하기 위해서는 상당한 용기가 필요하다. 하지만 이렇게 했을 때의 보상은 바로 오지랖꾼들을 한쪽으로 배제하지 않고 품는 법을 배움으로써, 나중에 이들이 당신과 당신이 하는 일을 반대하는 세력이 되는 걸 막아준다는 점이다. 더 나아가 이들은 잠재적으로는 당신의 성공을 지원하는 사람으로 업그레이드될 수도 있다.

## 제프리 데이비스 Jeffrey Davis ▪

## 오지랖꾼은 궁금증에 약하다

원하지 않는 자극을 받게 되면, 뇌는 0.5초 만에 이를 차단하고 무장한다.

하지만 궁금증 개입법 Wonder intervention 을 활용하면 당신은 뇌 회로를 살펴보고 더 넓은 기회를 받아들일 수 있게 된다. 궁금증 개입법은 실증적으로 입증된 훈련법으로, 우리 일과 인간관계에 있어 더욱 열린 마음과 목적의식을 부여해준다. 오지랖꾼의 자극 속 기회를 포착하기 위해, 아래의 내용들을 시도해보자.

### 관찰하고, 반전시켜라.

자극에 즉각 반응하기 전에, 한 번 더 생각해보라. 관자놀이를 마사지하라. 그리고 스스로에게 되뇌어라. '일을 키우지 말고, 마음을 키우자.' 이렇게 함으로써 닫혀 있던 몸과 마음이 모두 열리게 된다.

### 이상 반응이 아닌 평범한 반응으로 받아들여라.

당신의 반응을 아주 평범한 생리적 방어기제처럼 지켜보라. 그리고 속으로 다른 사람 혹은 당신의 프로젝트에 대해 하는 이야기를 멈춰라. 스스로에게 분명하게, 흥미로운 듯이 '그것 참 재밌는 반응이네' 같은 말을 하라. 부탁하건대 강박적으로 생각하지 마라.

### 협력적 오지랖을 유도하라.

상대방에게 상황을 분명하게 하는 질문을 던져라. "당신을 자극하는 것은 무엇인가요?" 혹은 "X에 대해 더 자세히 설명해줄 수 있나요?" 같은 질문들 말이다. 개방형 질문을 더 많이 던지면서 비판보다는 진심 어린 호기심을 유도하라. "당신은 프로젝트를 이런 쪽으로 이해하시나요?", "만약 X가 일어났다면 어떻게 될까요?"

### 겸손하게 경청하라.

자존심을 바닥까지 떨어뜨려라. 이 조언을 따르면 당신은 무언가를 방어적으로 받아들이지 않게 된다. 이렇게 함으로써 수많은 관리자와 스타트업 설립자들, 예술가들, 팀 운영자들이 에고ego나 자존심이 아닌 프로젝트라는 더 큰 관점을 위해, 완전히 새로운 방향으로 훨씬 생산적인 관계를 구축할 수 있었다.

아마 당신은 앞으로 벌어질 일에 입이 딱 벌어질 것이다. 오지랖꾼이 갑자기 당신의 동맹이자, 지지자이자, 당신 프로젝트의 홍보대사가 될 것이기 때문이다. 그 이유는 바로 당신이 관계의 지평을 바꿔버렸기 때문이다. 충분히 가능한 일이다.

■ 제프리 데이비스는 컨설팅 기업 '트래킹 원더Tracking Wonder'의 최고경영자로 예술가, 리더, 조직 등이 진정성 있는 브랜드를 갖추도록 돕는다. 한 명의 기업가든, 여러 명의 팀이든 암묵적인 편견을 제거하고 매일의 문제를 더 창의적으로 해결하며, 개방적인 업무환경을 만들도록 돕고 있다.

## 반대꾼을 상대하는 법

반대꾼들을 생각하면 전갈과 개구리의 우화가 떠오른다. 당신이 이 이야기를 못 들어봤을 수도 있다는 가정하에 소개를 하면 이야기는 이렇다. 전갈이 개구리에게 연못을 건널 수 있도록 등에 태워달라고 부탁한다. 개구리는 전갈이 자기를 쏠 것이라고 주장하면서 전갈의 부탁을 거절한다. 하지만 전갈은 자신이 개구리를 쏠 이유가 전혀 없다고 대답한다. 전갈의 주장이 그럴듯하다고 생각한 개구리는 결국 부탁을 받아들여 전갈을 등에 업는다. 연못 중간쯤을 지나고 있을 때 전갈이 개구리를 쏜다. 이때 개구리는 물에 빠진 채로 전갈에게 왜 자기를 쏘았는지 묻고, 전갈은 이렇게 대답한다. "쏘는 게 내 본능이야."

이유야 어찌됐든, 반대꾼들은 반대하는 것이 그들의 본능이다. 싱어 송라이터 테일러 스위프트의 노래처럼, "욕할 사람은 욕하게 마련이다 Haters gonna hate". 어떤 사람들은 기회균등주의자여서 무엇이든 다 똑같이 반대한다. 어떤 사람들은 당신과의 관계에 있어서만 특별하게 뭔가를 반대하기도 한다. 다른 사람들은 일종의 책임감을 느끼면서, 자기가 하는 반대는 소리 높여 능동적으로 기준을 주장하는 것이라고 생각할지도 모른다.

당신이 반대꾼에게 특별히 과도하게 집중하지 않는 이상, 수많은 사람 중 반대꾼 한 명이 당신의 성공에 미치는 영향은 거의 없다고 봐도 무방할 것이다. 물론 예외는 있다. 바로 반대꾼이 당신의 프로젝트를 승인하고, 거절하며, 완전히 뒤엎어버릴 수 있는 극소수의 그룹에 속했을 경우다. 만약 당신의 논문 심사위원단이 반대꾼이라면 문제가 심각하다. 비슷한 의미에서 만약 당신의 상사나, 상사의 상사가 반대꾼이라면 이 역시도 진짜 심각한 문제다. 전자의 경우 심사위원단에서 그 사람이 빠지도록 하거나, 후자의 경우 (가망은 없지만) 이들을 설득하거나 (가능하면) 이들 라인에서 빠져나와야 할 것이다. (상사가 유별나게 반대가 심한 편이라면, 로버트 I. 서튼이 쓴《또라이 제로 조직》을 참고하라. 이 책의 통찰과 전략이 당신의 시나리오에 많은 도움을 줄 것이다.)

불행 중 다행으로 한 사람의 반대꾼이 당신이나 당신 프로젝트에 큰 영향을 미칠 수 있는 경우는 상대적으로 많지 않다. 사실 그보다 훨씬 더 흔한 상황은 바로 존재하지도 않는 유령 반대꾼을 우리가 괴물로 만들어버리는 경우다. 이런 종류의 괴물을 물리칠 수 있는 유일한 방법은 이들이 우리가 만들어낸 환상이자 투사임을 스스로 깨닫는 것뿐이다.

당신이 선택한 프로젝트를 생각해보자. 만약 당신이 너무 오래 프로젝트를 생각하다 보면, 스스로 반대꾼들을 일부 꾸며냈을 수 있다. 가장 무시하기 쉬운 반대꾼들은 바로 '(인터넷이나 어떤 지역, 혹은 아주 멀고 먼 은하계 어딘가에 있는 어떤 방 같은) 어딘가'에 있는 익명의 사람들이다. 만약 당신이 '사람들이 안 좋아하면 어떡하지?'에서 '사람들'을 실명으로 바꿀 수 없다면, 당신은 유령 반대꾼을 잡아낸 것이다. (한번 시도해보라.)

두 번째 부류의 반대꾼들은 당신 혹은 당신 작업에 반응하는 실존하는 사람들이지만, 이들은 보통 과거 속 사람들일 확률이 높다. 예컨대 5학년 때 당신이 글을 못 쓴다고 비난하며 창피를 주었던 선생님이나, 중2 때 당신이 밧줄타기를 못한다고 놀렸던 지미처럼 말이다. 과거의 반대꾼들은 현재 시점에서는 유령 반대꾼이다. 이들이 가진 유일한 힘은 바로 당신이 부여한 것이다.

유령 반대꾼의 실체가 당신이 만들어낸 생각 쓰레기라는 것을 깨달게 되면, 이제 당신이 싸워야 할 진짜 반대꾼들은 그렇게 많지 않을 것이다. 그런데 만약 당신이 실제 반대꾼들을 상대하고 있다면 이렇게 대처하면 된다.

**상대하지 마라.**
당신이 뭘 하든, 이들이 뭐라 말하든, 당신은 상처받고 혼란에 빠질 것이다.

**이들을 만족시켜주거나 이들의 인정을 받기 위해 프로젝트를 변형하려 하지 마라.**
최악의 상황은 바로 당신이 실제로 그렇게 하는 것이다. 왜냐하면 이제부터 반대꾼들을 기쁘게 할 의무에 빠지게 되기 때문이다. 아마도 당신은 의무를 다하기 위해 당신을 지지하는 사람들을 무시하거나 묵살했을 것이다.

**반대꾼들을 상대하고 싶은 충동이 일어나더라도, 그 시간에 차라리 지지자들과 함께 하라.**
이들은 당신의 성공지원단으로 당신 곁을 지킬 것이다.

**그럴 일은 거의 없겠지만 혹시라도 반대꾼들이 적극적으로 반대하는 걸 그만두는 경우라도, 이들이 이제 성공지원단이나 당신 절친이 되었다고 착각하지 마라.**
기껏해야 반대꾼들이 이제는 오지랖꾼으로 승진한 것일 뿐이다. 이들 대신 당신의 지지자들과 성공지원단에 집중하라. 왜냐하면 성공지원단이야말로 어쨌든 당신이 반대꾼들로부터도 인정을 얻을 수 있도록 이끌어준 사람들이기 때문이다.


가장 다루기 어려운 반대꾼들은 아마도, 문자 그대로 태어날 때부터 피를 나눈 가족일 것이다. 부모님이나 형제자매가 반대꾼 수준의 거절을 하면 이보다 더 깊은 상처도 없다. 위에 언급한 모든 전략들은 다른 사람들과 마찬가지로 가족 반대꾼에게도 유효한 것이지만, 가장 첫 번째 전략만 이렇게 약간의 변형이 필요하다. 가족과는 '당신의 일에 관해서 만큼은' 상대하지 마라. 추수감사절 저녁 식사 시간은 당신이 하는 일이나 프로젝트를 방어할 수 있는 적절한 시간과 장소가 아니다. 앞서 OPP에 대한 대처방안으로 제시했던, 비밀스런 프로젝트 추진 전략도 적용할 수 있다.

> 반대꾼들과 싸우기 위해 사용하는 일말의 에너지조차도
> 당신의 프로젝트나 성공지원단과 교류하는 데 쓰는 편이
> 훨씬 더 낫다.

언제나 당신의 뒤를 든든하게 지켜주는 사람들을 선택하라. 절대 그렇게 하지 않을 사람들은 신경도 쓰지 마라.

## 프로젝트를 사전부검하는 방법

샛길 혹은 시궁창으로 빠져버린 프로젝트의 실패 원인에 대해 논하는 회의나 대화를 듣고 있을 때, 속으로 '프로젝트를 시작하기 전에 이런 것들을 이야기할 수 있었더라면 훨씬 좋았을 텐데'라고 생각한 적이 얼마나 많은가? 혹은 반대로 프로젝트를 하던 도중에, 잠깐이라도 생각할 시간이 있었다면 아마도 지금 겪고 있는 어려움을 피하거나 대책을 세울 수 있었으리라 깨달은 적은 또 얼마나 많은가?

프로젝트 사전부검이란 프로젝트가 고꾸라지는 모든 방식을 전부 검

토하는 과정으로, 이를 통해 실제 이러한 일들이 일어나는 것을 능동적으로 막을 수 있다. 사전부검을 한다는 것은 프로젝트가 망할 것이라는 가정이 아니라, 오히려 프로젝트라면 으레 진행 과정에서 난관을 겪을 것이라는 가정에서 출발한다. 이미 알고 있는, 계획된 어려움은 프로젝트를 망치지 않는다. 프로젝트를 망치는 것은 예상치 못한 것과 무모한 고집이다. 무모한 고집이란, 같은 일을 반복하면서 이번엔 다를 것이라고 기대하는 것이다. 그 역도 성립한다. 잘될 거라고 생각했던 일에서 실패하고는 왜 이렇게 고생을 하고 있는지 의문을 갖는 것 또한 무모한 고집이다.

이제 당신은 널리 알려진 모든 종류의 방해 요소들을 잘 알고 있고, 이 방해 요소가 당신을 괴롭힌다고 해서 당신이 특별히 무능한 것은 아니라는 점을 인지하고 있다. 사전부검을 진행하기 위한 체크리스트를 작성할 준비가 된 것이다. 이제는 가지고 있는 바퀴를 또 만들 필요도 없고, 똑같은 구덩이에 또 빠지지 않아도 된다. 오예!

지금 이 시점에서 사전부검을 진행하는 이유는 앞으로 발생할 수 있는 방해 요소들을 고려했을 때, 프로젝트와 관련된 시간표에 변화를 줘야 할지도 모르기 때문이다. 예를 들어 당신이 의도치 않게 오지랖꾼을 성공지원단에 포함시켰다고 가정해보자. 실제로 그런 실수를 하기가 정말 쉽다. 이들을 더 내 편인 사람으로 교체하거나 프로젝트 후반에 배치하는 것이, 프로젝트를 하는 데 걸리는 시간을 바꿀 수 있는 방법이다. 어쩌면 당신이 이미 프로젝트에 걸릴 예상 시간을 계산할 때 OPP를 고려해서 반영했는데, 이제는 그 사람과 프로젝트를 함께할 수 있겠다는 점을 깨달았을 수 있다. 이 경우라면 시간표를 조정하거나 시간을 추가할 수 있다. 왜냐하면 시간이 좀 더 걸리더라도, 사랑하는 사람들과 함께 빅 워크 프로젝트를 하는 것이 훨씬 좋기 때문이다.

다시 당신의 프로젝트로 돌아가보자. 지금까지는 방해 요소와 당신의 프로젝트가 샛길로 빠질 가능성들에 대해서 논의했다. 이제는 당신이 스스로에게 중요한 아이디어를 선택했고, 이 아이디어를 스마트한 목표로 변환했으며, 당신이 경로에서 벗어나지 않도록 도와줄 성공지원단도 꾸렸다는 사실에 다시금 초점을 맞춰보자. 당신은 이미 성공을 위한 조건을 모두 갖춘 셈이다. 지금 당장 없는 것도 앞으로 프로젝트를 진행하는 동안 얼마든지 확보할 수 있다. (사전부검은 현실적이고, 탄력적이며, 긍정적인 관점에서 하는 것이 무엇보다 중요하다.)


사전부검에서 활용할 수 있는 질문들을 소개하면 아래와 같다.

▶ 혹시 스스로 성공 불가능 시나리오를 지어낸 적이 있는가? 어떻게 하면 극복할 수 있을까?

▶ 프로젝트를 하는 데 특별히 어려운 방식을 선택한 적이 있는가? 어떻게 당신의 게이트에서부터 시작해 이를 활용할 수 있을까?

▶ 고려해야 할 OPP가 있는가? 어떻게 하면 OPP와 당신의 프로젝트를 함께 추구할 수 있을까?

▶ 대처해야 할 오지랖꾼이나 (진짜) 반대꾼이 있는가? 이들의 이름과 어떻게 이들을 다룰 수 있을지를 목록으로 정리하라.

▶ 프로젝트 중에서, 당신 발목을 잡지 않도록 포기할 수 있는 프로젝트가 있는가?

▶ 당신 스스로 되뇌는 아무 쓸모 없는 이야기가 있는가? 예를 들어 당신은 괴짜라거나, 계획에는 영 젬병이라거나, 정말로 이 일을 할 수 있다고 생각하는지 등등. 이런 이야기에 대처하기 위해 할 수 있는 일은 무엇일까?

만약 당신이 이 질문들에 성심성의껏 대답한다면, 아마도 당신은 두 가지 감정을 오락가락할 가능성이 높다. 풀이 죽었거나 방해 요소들을 극복하고 싶은 열정으로 가득 차거나 말이다. 만약 풀죽은 채로 어찌할 바를 모르는 상태에 빠져 있다면, 괜찮다! 이 감정을 받아들이고 일단 며칠 시간을 좀 보낸 다음, 다시 사전부검으로 돌아와라. 아마도 당신이 돌아올 때쯤엔, 그 사이 몇몇 해결책이나 돌파구를 마련했을 가능성이 높다. 만약 방해 요소를 극복하고자 하는 열정에 사로잡혀 있다면, 그 또한 좋다! 일단 승리를 자축하는 세리머니를 하라. 다음 장에서는 당신의 프로젝트에 구체적인 일정을 정하는 핵심 방법을 다룰 것이다.

## 07
요약

▶ 방해 요소는 현실이 당신의 계획을 밀어내는 자연스러운 지점을 의미한다.

▶ 세 종류의 성공 불가능 시나리오는 바로 성공이 인간관계를 망친다는 소설, 착하면 성공하지 못한다는 신화, 이 정도면 충분하다는 생각의 함정이다.

▶ 우리는 (단기적 관점에서) 평범함을 선택한다. 왜냐하면 성공 불가능 시나리오 때문에 성공을 피하면서 동시에 실패도 하고 싶지 않기 때문이다. 평범함은 성공과 실패 그 중간을 의미한다.

▶ 다른 사람의 우선순위를 뜻하는 OPP<sup>Other people's priorities</sup>는 빅 워크와 충돌을 유발한다. 하지만 OPP를 빅 워크와 함께 엮고, 그 갈등을 협력으로 변환하는 방법도 존재한다.

▶ 오지랖꾼은 선한 의도를 가진 사람들이지만, 이들이 건네는 '도움'과 '피드백'은 당신을 경로에서 벗어나게 만든다. 반대꾼들은 당신과 당신의 프로젝트를 적극적으로 반대하는 사람들을 뜻한다.

▶ 프로젝트 사전부검은 당신의 프로젝트를 망쳐버리거나 발목을 잡는 과제들을 미리 파악하고 피할 수 있도록 돕는다.

# BIG WORK

# 3부 ▶ 계획 실천하기

# 08 프로젝트를 **스케줄**로 엮어라

달력에 속지 마라.
한 해는 당신이 충실히 살아낸 날만큼만 존재할 뿐이다.

찰스 리처즈Charles Richards

주간 블록 일정, 다섯 프로젝트 법칙, 프로젝트 로드맵을 통해 당신은 추진 가능한 계획과 일할 수 있는 공간을 확보했다. 자연스럽게 마주칠 여러 방해 요소들을 다룸으로써 당신이 일할 수 있는 공간과 계획도 확실히 마련했다.

빅 워크를 시작하기 위해서는, 이를 전체적인 관점에서 일과 삶의 스케줄과 함께 짜야 한다. 그리고 아마 당신이 완벽하게 짠 계획을 내려놓는 그 순간부터 현실은 이에 저항하기 시작할 것이다. 계획과 현실이 충돌할 때 당신이 선택할 수 있는 유일하게 합리적인 선택지는 당신의 계획을 조정하는 것이다. 직관적으로는 이해가 안 되겠지만, 당신이 계획을 더 잘 세울수록 당신은 계획을 더 자주 들여다보고 이를 조정하게 된다.

탄력적 *계획*Momentum planning이란 내가 고안한 용어로, 모든 시점을 통틀어 계획을 만들고 조정하는 지속적인 과정을 말한다. 여기에는 주간 검토, 오전 계획, 업무 분류처럼 아주 일반적인 것들도 포함되지만 시간 블록, 프로젝트 피라미드, 다섯 프로젝트 법칙 같은 것들도 함께 들어간다. 일단 지금은 현실적 상황이 계획에 미치는 영향에 대해서 이야기하고 있으므로, 이제부터는 당신을 위한 업무 환경이 당신에게 적절한지를 살펴보자.

## 일하기 좋은 환경을 만드는 방법

대학원에 다니는 동안 글이 잘 써지지 않을 때면 나는 나만의 비밀 작업실로 가곤 했다. 바로 네브래스카 대학교 링컨 캠퍼스에 있는 러브 도서관Love library이었다. 그 도서관에는 거의 반 층 정도 쓰지 않는 공간들이 있었는데, 책상에 앉으면 창밖으로 주 의회 의사당이 보였다. 침묵에 가까운 고요함, 오래된 고서와 논문들에 둘러싸여서 나는 당시 학생들 사이 최고의 작문 애플리케이션이었던 메렐Mellel을 열고 클래식 음악을 튼 뒤, 몇 시간이고 글을 쓰곤 했다. 이렇게 하면 확실히 글을 잘 쓸 수 있었다. 덕분에 나는 마감을 일주일 앞두고도 그동안 조사한 자료들을 확인하고, 마감 3일 전까지 (모든 자료를) 최종적으로 검토한 뒤, 하루 동안 꼬박 글을 쓰고, 그다음 날 약간의 편집을 해서 마감에 맞춰 제출할 수 있었다.

하지만 만약 내가 똑같은 일을 그 도서관에 가지 않고 다른 상황 속에서 했더라면, 아마도 마감을 맞추려는 나의 계획은 산산조각이 났을 것이다. 마감의 압박은 곧, 내가 집에서 밤새도록 억지로 글을 썼으리라는 것을 의미했다. 그런데 그건 굉장히 고통스러운 작업일 뿐만 아니라, 그렇게 해낸 결과물이 최선이라 볼 수도 없었을 거다. 왜냐하면 나는 종달새형 인간이기 때문이다(이 부분은 뒤에서 좀 더 자세히 설명하겠다). 이렇게 말하면 좀 이상하긴 하지만, 실질적으로 대학원에서 보낸 7년 남짓한 기간 중에서 내가 실제로 글들을 완성하는 데 들어간 시간은 60일 정도의 집중 작업이 전부였다. 나뿐만 아니라 내 동료들 역시도 상황은 매한가지였다.

그 후로 여러 해 동안 몇백 몇천 개의 문장들을 더 작성하면서, 나는 글을 쓰기 위해 일주일에 두 번, 아마도 월요일과 화요일에 도서관에 갔었더라면 훨씬 더 현명하게 일할 수 있었을 거라는 점을 깨닫게 됐다. 물론 이런 지혜는 아직 경험이 부족한 아마추어의 귀에는 들리지 않을 수도 있다.

하지만 당신은 과거의 나보다 훨씬 똑똑하고 준비되어 있는 사람일 거라고 생각한다. 그리고 아마도 집중력과 추진력, 창의력을 발휘하는 데 환경이 얼마나 중요한지를 이미 잘 알고 있을 것이다. 당신은 수다스러운 직장 동료가 하루 종일 당신을 방해하거나 옆집에 사는 사람이 하필 당신이 조용하게 글을 쓰기로 작정한 그날에 공사를 시작하는 바람에, 이날에 세웠던 최선의 계획이 샛길로 빠져버리는 것이 어떤 느낌인지 이미 충분한 경험을 통해 알고 있을 것이다. 문제는 당신이 능동적으로 당신의 빅 워크를 할 수 있는 공간을 만들고 있는지 여부다. 영화 〈아이언맨〉 주인공 토니 스타크처럼 말이다.

처음 이 영화를 보았을 때 내가 얼마나 감동받았는지는 차치하고, 지

금 우리 대화에서 중요한 것은 바로 토니 스타크의 연구실이 그의 최첨
단 초능력 슈트를 만드는 데 얼마나 최적화된 공간인지에 대한 것이다.
영화 속에서 그가 가상의 스크린을 터치하고 왼쪽으로 밀어서 연 뒤, 컴
퓨터에게 다른 부품이나 소재를 보여 달라고 명령하면 로봇이 작동하
고, 뒤쪽에서 돌아가면서 그가 방금 말했던 모든 아이디어를 일련의 작
업 대기 목록으로 만들어낸다. 토니 스타크의 연구실은 마찰을 가능한
최소화하여 아이디어를 포착할 수 있도록 맞춤 제작된 공간이다. 여기
서 그는 최소한의 노력으로 무엇이든 원하는 것을 만들어낼 수 있다.

이 공간이야말로 이상적인 장소다. 물론 당신이 상상의 세계 속 가장
똑똑하고 부유한 사람은 아닐지라도 작업실, 안식처, 부엌 등등 당신에
게 가장 와닿는 비유적 공간이 어디든 간에 당신만의 연구실이 어떤 모
습일지를 알면, 당신에게 어떤 작업환경이 가장 적합한지도 분명하게
생각해낼 수 있다. 만약 상상 속 당신의 연구실이 해변이 보이는 큰 통
유리창으로 되어 있어 채광이 잘되는 곳이라면, 현재 지하실 한쪽 구석
에 있는 당신의 책상은 아주 임시적인 공간일 뿐이다. 지금 당신이 할
수 있는 것은 그 앞에 해변 풍경이 담긴 포스터를 걸고 조명을 적절하
게 바꾸는 것이다.

당신에게 최적의 환경을 생각할 때 고려해야 하는 환경적 요소들을
살펴보자.


### 소리

뒤에서 직장 동료가 잡담하는 소리, 카페에서 들려오는 소리, 멀리서 아이들
이 노는 왁자지껄한 웃음소리, 천장에 달린 환풍기가 돌아가는 소리, 졸졸

흐르는 시냇물 소리, 혹은 바쁘게 돌아가는 대도시의 북적거림을 생각해보라. 각각의 소리는 우리에게 전혀 다른 영향을 미친다. 어떤 배경음이 당신이 빅 워크를 하는 데 최적의 작용을 하는지 파악하라.

### 냄새

역겨운 냄새가 집중을 방해한다는 것은 너무 자명한 것이지만, 쉽게 집중할 수 있게 해주는 향기도 존재한다. 모든 감각 중에서도 특히 후각이 기억 중추와 가장 근접해 있다. 따라서 후각이야말로 우리가 완벽하게 집중하도록 하는 강력한 효과를 발휘할 수 있다.

### 채광

연구에 따르면 채광은 우리의 기분에 영향을 미친다. 우리에게는 각자 적절한 수준의 채광량이 존재한다. 예를 들어 올빼미형 인간은 어두운 방에서 일하는 것을 훨씬 선호한다.

### 복장

그렇다. 당신이 입고 있는 옷 역시 환경의 일부로 충분히 고려할 가치가 있다. 잘 맞지 않는 바지를 잘못 입었을 때 계속 신경이 쓰이는 것은 당연한 일이다. 간지러운 양말도 마찬가지다. 만약 당신이 잠옷 바람이거나 3일 동안 똑같은 셔츠를 내리 입고 있다면, 아마도 당신은 자기 자신에게 혹은 일에 대해 그렇게 진지한 상태는 아니라고 볼 수 있다. 물론 그 잠옷과 셔츠가 당신의 행운의 옷이어서 그럴 수도 있다. 만약 그게 당신에게 잘 맞는다면, 나도 뭐라고 하진 않겠다.

### 어수선함/정리정돈

책상이 깨끗해야 마음도 깨끗해진다는 것은 모든 사람에게 반드시 적용되는 이야기가 아닐 수도 있다. 왜냐하면 그동안 깨끗한 책상, 혹은 아무것도 없는 단촐한 책상에서 집중을 못하는 사람도 많이 봐왔기 때문이다. 사람마다 일하는 공간에 대한 어지러움, 혹은 정돈 상태에 대한 참을성이 다를 수 있다.

### 공간적 여유

어떤 사람들은 가구와 선반 등등으로 꽉 들어찬 작고 아늑한 방을 좋아하는 반면, 어떤 사람들은 세간이 별로 없는 여백의 공간을 선호한다. 어지러운 환경과 마찬가지로, 당신은 일하는 특정 공간에만 여유 공간이 필요하다고 느낄 수도 있다. 더 나아가서 공간에 특정 종류의 물건을 두는 것만으로도 색다른 느낌을 줄 수 있다.

### 음악

연구에 따르면 클래식 음악은 집중력과 창의력을 높여준다. 하지만 클래식 음악을 들으면 집중을 하기가 어려운 사람도 있다. 당신에게 맞는 특정 장르의 음악이 있을 수도 있고, 아니면 음악을 듣는 것 자체가 아예 안 맞을 수도 있다. 때론 음악의 종류에 따라 엄청 큰 차이가 나타날 수도 있다. 예를 들어 보통 나는 노랫말이 있는 음악을 들으면 집중 블록을 하지 못하는 편이지만, 이 책을 쓸 때는 스포티파이Spotify에서 제공하는 미국 출신 록밴드 코히드 앤 캠브리아Coheed And Cambria의 플레이리스트를 꽤 오랫동안 들으며 작업했다. 주로 관리 블록을 할 때에는 싱어송라이터 잭 존슨Jack Johnson의 라디오를 듣는 편이다. 코히드 앤 캠브리아는 사실 좀 뜬금없긴 하지만 어쨌든 나한텐 잘 맞는다. 당신의 빅 워크에 작용하는 배경음악 역시도 비슷한 의미에서 다양하거나 쌩뚱맞을 수 있다.

여기서 반복적으로 등장하는 주제는 바로 어떤 환경이 당신에게 잘 맞는지 여부가 개인의 선호에 따라 고유하게 나타난다는 점이다. 당신이 토니 스타크라고 생각해보라. 어떤 것이 부적절한 환경인지 생각할 수도 있지만, 반대로 어떤 모습이 최적의 환경인지 상상할 수도 있다.

당신에게 적합한 환경을 만든다는 것은
어떤 장소에 있는 무엇을 바꾸는 것이 아니라
장소 자체를 다른 곳으로 바꾸는 것일지 모른다.

당신에게는 카페나 도서관, 혹은 아무도 쓰지 않는 회의실 같은 곳에서 집중 블록을 활용하는 것이 빅 워크를 하기 위한 최적의 방법일 수 있다. 하지만 이렇게 하는 데에는 내가 위에서 언급한 요소들 중 하나가 분명히 작용하고 있을 것이다. 특히 당신이 개방형 사무실에서 일하고 있다면 더욱 그렇다. 다행히도 요즘 추세는 개방형 사무실에서 벗어나서 몇몇 거점을 중심으로 운영되는 허브 앤 스포크Hub-and-spoke 방식으로 옮겨가는 듯하다. 개방형 근무 환경이 집중력을 요하는 고도의 작업에는 그다지 생산적이지 못하다는 연구 결과들 때문이다.

주변 환경이 얼마나 당신에게 잘 맞는지 아닌지에 따라 달라지겠지만, 잘 맞도록 환경을 만드는 것 자체가 하나의 프로젝트가 될 수도 있다. 하지만 이것이 당신이 빅 워크를 하지 않는 아주 쉬운 핑곗거리가 되지 않도록 주의해야 한다.

중요한 것은 이 모든 게 크든 작든 단계적으로 당신의 환경을 토니 스타크의 연구실과 유사하게 만들어가는 과정이라는 점이다. 물론, 때론 카페에 가거나 도서관의 빈 공간으로 숨어들어 가는 것처럼 간단하게 해결될 수도 있지만 말이다.

## 조슈아 베커 Joshua Becker [*]

# 미니멀리스트의 작업공간은 어떻게 집중력을 향상시키는가

돈을 벌기 위한 것이든, 봉사의 일환이든, 혹은 창의적인 것이든, 일은 우리가 이 땅에 존재하는 큰 부분이다. 일을 통해 우리는 주체적으로 존엄성을 세우는 동시에, 기술과 재능을 활용해 다른 사람을 도우며 이타적 본능을 충족시키기도 한다.

미니멀리즘은 우리의 가능성을 극대화한다. 여기에는 일도 포함된다. 중요한 시도에 우리의 시간을 집중하기로 선택하는 것은 매우 의미가 크다. 그뿐만 아니라, 작업공간에서 물리적인 어지러움(외적 혼란)을 깔끔하게 정리하는 것은 우리의 잠재력을 더욱 증가시킨다.

어떤 사람들은 어지럽고 복잡한 사무실이야말로 생산적이고 바쁜 사람의 특징이라고 생각할지 모른다. "제 사무실은 좀 너저분하긴 하지만, 저는 뭐가 어디 있는지 다 알아요." 오늘날 이 말은 널리 퍼진 주문이 됐다. 우리는 서류, 폴더, 메모, 책들을 책상 위에 쌓아놓고, 이런 난장판을 마치 명예로운 훈장처럼 생각한다. 하지만 안타깝게도, 너저분한 사무실은 정리도 못하고 집중도 못하며 스트레스에 빠진 상태에서 일에서도 뒤처지고 통제도 안 되는 직원을 의미할 뿐이다. 작업공간이 지저분하면 의미 있는 일을 할 수 없다. 집중할 수 없기 때문이다.

업무 공간을 깨끗하게 비우면, (그 공간이 당신을 위한 공간이든 아니든 간에) 훨씬 평화롭게, 효과적으로 일에 집중할 수 있다. 마음을 해방시킴으로써 더 분명하게 깊이 사고하고, 더 나은 결정을 내리며, 더 먼 미래까지 계획할 수 있다는 걸 깨달을 것이다. 사업에 휘둘리고 분주한 일상에 치이면서 고군분투하지 않고, 자신의 미래를 주도적으로 이끌어갈 수 있다.

어지러운 주변을 정리함으로써 우리는 더 많은 일을 더 훌륭하게 해내면서도 스트레스를 덜 받을 수 있게 될 것이다. 무엇보다도 이를 통해 우리가 남기게 될 것의 형태 역시도 완전히 바뀔지 모른다.

■ 조슈아 베커는 《작은 삶을 권하다》, 《미니멀리스트의 집The Minimalist Home》을 쓴 베스트셀러 작가다. 또한 '미니멀리스트 되기|BecomingMinimalist.com'라는 블로그의 운영자 겸 편집자로, 더 적게 소유함으로써 더 풍성한 삶을 살 수 있도록 사람들에게 영감을 주는 일을 하고 있다.

## 일괄처리와 보완처리는 업무의 효율을 높인다

업무 장소가 어떻게 영향을 미치는지 생각하다 보면, 각각의 장소와 맥락에 적합한 활동들에 대해서도 자연스럽게 생각하게 된다. 예를 들어 만약 당신이 업무를 출력해서 검토해야 한다면, 카페나 비행기는 비효율적인 업무 공간이다. 지역 행사를 조직하고 있다면, 행사가 열리는 장소에서 필요한 준비 작업 대부분을 하는 것이 훨씬 적절할 것이다. 혹은 당신이 하나의 일 처리를 하러 나왔다면, 나온 김에 여러 심부름을 한꺼번에 처리하는 것이 훨씬 효율적이다.

일괄처리와 보완처리는 일을 효율적으로 처리할 수 있도록 도와주는 전략들이다. 일괄처리Batching는 비슷한 종류의 일을 유사한 시간대에 처리하는 것이고, 보완처리Stacking는 서로 다른 종류의 일을 동시간대에 처리하는 것이다.

일괄처리는 설명하기 쉽다. 이미 당신도 이렇게 일을 처리하고 있을 것이기 때문이다. 이메일 처리를 예로 들어보자. 당신은 한 번에 이메일 하나를 확인하고 답장한 뒤, 다른 일을 했다가, 다시 돌아오는 식으로 일을 할 수도 있다. (여기서 내가 단순히 확인한다고 하지 않고 처리한다고 한 것은, 이메일을 확인만 하는 것은 그렇게 자주 할 필요가 없는 일이기 때문이다. 처리할 이메일이 있을 때에만 이메일을 확인하는 연습을 하면, 쓸데없이 이메일을 열었다 닫았다 하지 않게 될 것이다.) 하지만 이건 끔찍할 정도로 비효율적이다. 우리가 받은 이메일을 처리한 뒤 다시 집중하는 데에는 16분이 걸린다. 그렇다면 당신은 한나절을, 다시 집중했다가 옮겨갔다가 하느라 다 써버리는 것이다. (그렇다. 오늘날과 같은 디지털 안개 속에서 수많은 사람이 이렇게 하루를 다 허비하고 있다.)

이 경우에는 여러 개의 이메일을 한 번에 처리하는 것이 훨씬 더 효율적이다. 그래야 한 번에 몇 개의 이메일을 처리하고 그 후에 다시 일에 집중할 수 있기 때문이다. 일괄처리는 관리 블록의 개념 안에 이미 내재되어 있기도 하다. 왜냐하면 관리 블록을 하는 동안, 여러 행정적 업무를 분류해서 한꺼번에 처리할 것이기 때문이다.

일괄처리가 굉장히 효과적인 이유는 이 일 저 일을 오갈 때 발생하는 심리적, 물리적 변화나 흐름의 끊김을 최소화하기 때문이다. 우편물을 한꺼번에 부치고 찾아오는 식으로 우편 업무를 일괄처리하면, 하루에도 몇 번씩 물리적 우편함을 오가면서 우편물을 가져오거나 부치는 데서 발생할 낭비를 막을 수 있다. 일괄처리는 그런 면에서 잔심부름, 집안일, 관리 업무(거래처 통화, 이메일, 문서 작업 등등), 정리 등에 매우 유용하다.

표면적으로 보완처리는 멀티태스킹과 비슷해 보인다. 하지만 사실 멀티태스킹은 문제가 많은 개념으로, 충분히 생각하지 않고 사용했다가는 엄청난 주의산만과 비효율로 연결된다. 왜냐하면 사람들이 멀티태스킹이라고 부르는 것의 대부분은 사실 생산성 코치이자 베스트셀러 작가인 데이비드 앨런David Allen의 개념을 바꿔쓴 '신속한 재집중력'을 의미하기 때문이다. 이메일에서 소셜미디어로, 달력으로, 웹사이트로, 다른 화면으로, 다시 이메일로 돌아오는 과정에서 당신의 인지적 자원은 빠르게 소모되는 동시에 당신이 더욱 클릭질에 빠져들도록 할 것이다. 클릭질을 하면서 보낸 하루가 빅 워크를 마치는 하루가 될 확률은 거의 없다.

보완처리가 일괄처리와 구분되는 지점은 바로 보완처리가 다른 종류의 물리적, 정신적 자원을 동시에 사용한다는 것이다. 보완적으로 과제를 처리하는 몇 가지 쉬운 사례는 다음과 같다.

- 오디오북을 들으면서 빨래를 하는 것
- 하이킹을 하면서 전화 통화나 실시간 회의를 하는 것
- 아이들과 함께 놀이터에서 시간을 보내면서 운동하는 것

처음 두 사례에서는 근육 기억이 대부분의 신체적 일을 수행하고 있기 때문에, 인지적으로는 다른 일을 할 여지가 있다. 세 번째 사례에서는 운동을 하면서 눈으로는 아이들을 지켜보거나 운동을 함께할 수도 있다.

이 지점이 바로, 당신이 정신적 혹은 신체적으로 집중해야 할 때 조

심해야 하는 것이다. 이메일을 체크하면서 심오한 글쓰기는 불가능하다. 어려운 독서를 하면서 진지한 대화를 하는 것도 마찬가지다. 보완하기가 단순히 멀티태스킹을 재정의한 것처럼 보일 수도 있다. 하지만 여기서 다른 용어를 사용하는 까닭은 ① 비효율적인 멀티태스킹을 시도한다는 신념 혹은 습관을 깨기 위해서 ② 당신이 동시에 할 수 있는 행동의 종류들을 생각하게끔 만들기 위해서다.

## 개구리와 하기 싫어 죽을 것 같은 일의 상관관계

지금까지 일괄처리와 보완처리, 에너지 소모에 대해 이야기했다면, 이제는 개구리, 즉 우리가 정말로 하기 싫은 일이라고 말했던 그 일을 다룰 차례다. 자질구레한 일들은 놀라울 정도로 생명력이 끈질기다. 물론 이들이 정말 살아 있는 건 아니다. 사실 그들에게 생명을 불어넣은 장본인은 바로 우리들이다.

개구리란 마치 돈이 있어도 지불하기 귀찮은 고지금 납부처럼 아주 단순한 것일 수도, 마음만 먹으면 3분이면 끝낼 수 있는 이메일에 답장하는 것일 수도 있다.

마크 트웨인이야말로 이를 정확하게 포착했다. "만약 개구리를 삼켜야 한다면, 아침에 눈 뜨자마자 개구리부터 삼켜라. 만약 개구리 두 마리를 삼켜야 한다면, 큰 놈부터 삼켜라." 아침에 눈 뜨자마자 개구리를 삼키고 나면 하기 싫어 죽을 것 같은 일이 하루를 차지하는 비중이 늘어나는 것을 막을 수 있다.

### '하기 싫어 죽을 것 같은 일'을 해부해보자

대부분 일은 해야 하는 최소한의 양이 정해져 있다. 이것은 곧 그 일을 나중으로 미룬다고 해서 절대로 쉬워지지는 않는다는 것을 의미한다. 만약 어떤 일이 처음에 5분이 소요된다면, 희한하게도 그 일은 언제 하더라도 최소한 5분 이상은 걸리게 되어 있다. 방정식에서 '일'은 항상 이렇게 유지된다.

'하기 싫어 죽을 것 같은' 부분은 시간이 흐름에 따라 어마어마하게 증가한다. 과제를 오래 뭉갤수록, 과제를 생각하는 시간도 길어진다. 그 과제를 생각하고 미루는 데 들어가는 시간은 어찌 됐든 그 프로젝트의 심리적 크기를 점점 부풀린다. 개구리는 점점 크고 우락부락해지고, 혹들이 커지면서 혹 위에 또 다른 털과 혹이 자라나기 시작할 것이다. 적어도 느낌은 그렇다.

시간이 흐르면서, 직접 그 과제를 하는 것과 간접적으로 과제를 하는 것의 구분이 모호해져서 둘을 구분하는 것이 의미가 없어지는 지경에 이르게 된다. 하루 종일(혹은 일주일 내내) 과제를 회피하면서 전전긍긍하느라 마음만 바빴다면, 당신은 다른 일을 하는 데 쓸 수 있었던 시간과 에너지를 낭비한 셈이다. 일을 하지 않아서 생기는 낭비 비용을 가볍게 여기는 것은, 그래도 어쨌든 비용이 들어간다는 점을 기만하는 것이다.

### 매일 잡는 한 마리의 개구리가 당신의 추진력을 유지시킨다

앞서 말했던 아침에 눈 뜨자마자 개구리를 잡으라는 말은 사실 썩 매끄러운 조언은 아니다. 시간이 그렇듯, 모든 개구리가 다 똑같은 것은 아니기 때문이다. 창의적인 해결책을 요구하는 개구리를 잡기 위해서는 집중 블록이 필요하다. 조그만 개구리 떼를 동시에 잡을 수 있을 때는, 일괄처리로 한꺼번에 잡아야 한다. 하지만 일단 당신이 개구리를 잡지 않고 미루는 이유가 훨씬 효율적인 사냥법을 알고 있어서인지, 아니면 진짜로 그 개구리를 잡기 싫어서인지 스스로 솔직해질 필요가 있다.

추진력을 유지하기 위한 전략으로 개구리를 최소 하루에 한 마리씩 잡다 보면, 아래와 같은 세 가지 효과가 연결되어 나타난다.

▶ 하기 싫어 죽을 것 같은 일의 비중이 낮아진다. 왜냐하면 당신이 개구리를 빨리 알아차리고, 어떤 놈인지 파악한 다음, 차라리 일찌감치 삼켜버리기 때문이다.
▶ 개구리가 점점 작아지고, 숫자도 적어진다. 개구리의 타고난 속성을 생각하며 업무의 전체적인 흐름과 패턴을 볼 수 있게 되기 때문이다. 일단 흐름과 패턴이 파악되면, 일과 삶에서 개구리가 처음으로 발생하는 부분을 제거하거나 최소화할 수 있다.
▶ 일전에 언급했던 추진력이 나선을 따라 상승곡선을 타게 된다. 개구리를 회피하는 데 소모됐던 에너지가 방출됨과 동시에 개구리 자체도 적어지기 때문이다. 이렇게 되찾은 시간과 에너지를 빅 워크를 추진하는 데 사용할 수 있게 된다.

그런데 여기서 분명히 해야 할 것이 하나 있다. 그래도 개구리는 늘 존재한다는 점이다. 크기가 작을 수도 있고, 덜 나타날 수도 있고, 완전 새로운 종류가 등장할 수도 있지만, 어쨌든 개구리는 어디선가 튀어나올 것이다. '개구리를 가지고 있는가?'라는 물음은 의미가 없다. 그보다는 '당신이 처리해야 할 개구리는 어디 있는가?'라는 물음이 더 적합하다.

개구리를 찾아내고 이들을 다루는 것을 하루 일과로 받아들이고, 그다음 일로 넘어가라. 개구리를 너무 두려워하면서 일을 키울 필요는 없다.

## 언제 일하는지가 무슨 일을 하는지보다 더 중요할 수 있다

개구리를 다룸으로써 우리는 특정한 종류의 일을 하기 적절한 때를 패턴의 관점에서 생각할 수 있게 되었다. 많은 사람이 한 주가 시작하기도 전에 미리 이번 주에 탈 고난의 버스표를 몽땅 사놓는 이유는, 전략적으로 언제 일하기 더 좋은지의 관점보다는, 단순하게 무엇을 해야 하는지의 관점에서 계획을 시작하기 때문이다. 하지만 우리는 일주일보다 더 짧은 시점도, 긴 시점도 모두 살펴보아야 한다. 왜냐하면 프로젝트를 하기 좋거나 안 좋은 시간은 하루의 관점에서도, 연간 관점에서도 모두 존재하기 때문이다.

이 길로 더 나아가기 전에, 명심할 것이 있다. 빅 워크를 할 시기적절한 때를 알아내는 것을 모든 문제를 해결할 묘약으로 생각해선 안 된다는 것이다. 중요한 일에 집중할 수 있는 온전한 하루 혹은 한 주가 올 거라고 믿으며 이때만을 오매불망 기다리는 함정처럼, 이상적인 스케줄을 잡기만 하면 일을 추진하는 건 수월해진다는 믿음 역시 함정에 불과하다. 프로젝트를 할 시기적절한 때를 계획한다는 것은 기껏해야 진로를 방해하는 장애물을 제거하는 것 정도를 의미할 뿐이다. 단, 에너지와 의지가 바닥일 때는 절대 괴물에 덤벼들면 안 된다. 물론 기회가 있다면 최대한 활용은 해야 하겠지만 말이다.

## 하루의 시간

일찍 일어나서 중요한 일을 먼저 하라는 조언과 잔소리가 쉴 새 없이 들려오지만, 사실 이 조언은 인간에게 '일주기형Chronotype'이라 불리는 생활 패턴이 세 종류나 된다는 현실을 무시한 것이다. 일주기형이란 '24시간 중 특정 시간대에 수면하거나 활동을 하는 경향'을 말한다. 일찍 일어나는 새(종달새)가 되라는 흔해 빠진 조언은 올빼미형 인간과 에뮤라고 불리는 저녁형 인간을 억지로 바꾸려는 시도일 뿐이다. 사실상 나이가 드는 것 말고는 인간의 일주기형에 진정한 영향을 미치는 것은 없는 듯하다.

보통의 경우라면 산업 혁명의 패러다임 자체가 인간에게 적합하지 않지만, 일주기형에 있어서만큼은 공장의 3교대 방식이 상당히 합리적으로 보인다. 그러나 이를 어쩌겠는가, 오늘날 많은 창작가가 9시부터 5시까지 일하는 환경에서 작업하고 있는 것을. 심지어 같은 빌딩에서 근무하는 것도 아닌데, 사람들은 우리가 그 시간에 '작업 중'이길 기대한다. 사실 하루가 끝나갈 무렵은, 에뮤의 창조력이 절정에 달하고 올빼미들이 이제 막 몸을 풀기 시작하는 시간인데도 말이다.

상사의 강력한 의지에 따라 당신의 근무시간과 휴일이 좌지우지될 수도 있지만, 혹시라도 당신이 독립적이고 창의적인 사람이라면 일정과 일주기형을 서로 일치시키는 것이 다른 사람의 선호에 맞추는 것보다 훨씬 더 좋을 것이다. 창조적인 사람들 상당수는 보기보다 일정을 조정하고 다시 만들어내는 데 훨씬 더 능숙하다. 다만 지금까지 그렇게 하지 못한 것은 할 수 있는 가능성이 없어서가 아니라, 여기에 대한 인식과 용기가 부족했기 때문이다. 현재 교육 체계와 업무 문화가 사람들을 종달새로 과도하게 표준화시킨 나머지, 사람들은 본인 스스로 종달새가 아니라는 것을 깨닫지도 못하고, 에뮤나 올빼미의 스케줄을 시도조차 해보지 못하는 수준에까지 이르렀다. 만약 사람들이 각자 타고난 일주기형을 깨닫고 이에 따라 일하기로 마음먹는다면, 용기를 가지고 이야기를 꺼내야 한다.

예를 들어 창조적인 종달새형 엄마의 대부분은, 아이들을 깨우고 등교시키느라 본인이 가장 창조적인 시간을 다 써버린다. 종달새형 엄마가 아침을 되찾을 수 있는 하나의 옵션은 배우자에게 아이들과 놀아줄 카우보이가 되어주기를 부탁하는 것이다. 또 다른 방법은 가족들이 다 함께 좀 더 일찍 자고 일찍 일어나도록 설득하는 것이다. 이 경우라면 아이들과 카우보이 놀이를 하는 것은 집중 블록을 끝내고 난 뒤 창조력을 발산한 후 회복 주기의 일환으로 진행될 것이다. 에뮤형 인간은 회의를 오전에 시작함으로써 오후에는 집중을 요하는 일을 하도록 시간을 조정할 수 있을 것이다. 하지만 이를 위해서는 오후에 직장 동료나 동기들과 미팅을 잡지 않아야 한다. 올빼미형 역시 비슷한 전략을 활용해, 오후에 사람들과 사회적 시간을 보냄으로써 저녁 시간과 밤 시간을 자유롭게 활용할 수 있다.

하루 중 빅 워크를 하기 위한 최적의 시간대가 언제인지 고민할 때 명심할 것이 있다. 바로 사람들은 당신의 스케줄은 잘 모른 채 그저 다른 약속 때문에 시간이 없나 보다 하고 대충 넘겨짚는다는 점이다. 이 점을 언급하는 이유는, 많은 사람이 스케줄 조정 과정을 마치 시간이 안 된다고 변명하기 위한 과정처럼 행동하기 때문이다. 하지만 당신이 사람들에게 그렇게 말하고 다니거나 당신이 실제로 가능한 시간이 턱없이 부족한 상황이 아니라면, 어떻게든 시간은 만들 수 있다. 그러므로 당신의 집중 블록을 다른 사람의 스케줄에 따라 정해지도록 놔두지 말고, 다른 사람들이 당신을 기준으로 맞추도록 상황을 조성하라. 함께 일하는 사람들의 일주기형이 죄다 똑같아서 일정을 맞추기 어려운 상황만 아니라면, 당신을 포함한 모든 사람에게 잘 맞는 시간도 분명 있을 것이다.

## 마이크 발디 Mike Vardy ▪

### 생산적인 사람이 되기 위해 일찍 일어날 필요는 없다

한 가지 비밀을 말해주겠다. 당신은 생산적인 사람이 되기 위해 일찍 일어나지 않아도 된다. 경쟁에서 앞서기 위해 아침형 인간이 될 필요는 없다는 말이다. 만약 당신이 하루가 끝날 무렵에 더 일을 잘하는 사람이라면, 자신이 올빼미형 인간이라는 타고난 경향을 무시하고 아침형 인간이 되라고 하는 유혹을 잘 피하는 것이 훨씬 더 중요하다.

당신은 더 큰 전투를 준비해야 한다. 타고난 생체시계를 바꾸는 데 에너지를 쓰며 당신의 할 일 목록에 신경 쓰지 않는 것은 시간과 주의력을 사용하는 최선의 방법이 아니다. 아침 일찍 일어나는 상대편에 대항하는 데 집중하지 말고 선제적으로 대응할 다른 방법에 집중하라. 바로 나처럼 말이다.

모든 것이 아침형 인간을 위해 맞춰진 세상에서 올빼미형 인간으로 살아남는 두 가지 빠른 팁을 준다면 아래와 같다.

▶ 상황을 뒤집어보라. 먼저 중요한 프로젝트를 뒤로 배치하고, 쉬운 일들을 하루 일과의 이른 시간에 배치하라. 그렇게 하면 최적의 시간대를 위해 당신 최선의 자아를 아껴둘 수 있을 것이다.

▶ 아침과 저녁 루틴을 모두 만들어라. 사실, 저녁 루틴이 아침 루틴보다 훨씬 중요하다. 왜냐하면 저녁 루틴을 잘 진행하면 다음 날을 훨씬 수월하게 시작할 수 있기 때문이다.

올빼미형 인간이어도 괜찮다. 나도 올빼미형 인간으로 지난 수년간 잘 해왔다. 위에 소개한 간단한 단계를 따르면, 당신도 나처럼 성공할 수 있다.

■ 마이크 발디는 저자 겸 생산성 전략가로, 생산성 향상 워크숍인 `타임크래프팅TimeCrafting`의 설립자이기도 하다. 저서로는 《전반 나인 홀: 언제든 원할 때 한 해를 시작하는 방법The Front Nine: How to Start the Year You Want Anytime You Want》, 《생산성주의자의 전략노트The Productivityist Playbook》 등이 있다.

## 일주일 중 하루

특정 프로젝트를 하는 데 일주일 중에서 특정 요일이 다른 날보다 더 적합할 수 있다. 예를 들어 월요일은 업무 계획을 수립하고 감을 되찾기 좋은 요일이다. 그래야 집중해야 할 회의와 업무들을 일괄적으로 묶어서 한 주를 적절하게 시작할 수 있기 때문이다. 하지만 같은 일을 금요일에 하면, 당신은 물론 당신 동료들 모두 곧 쉬게 되므로 큰 효과가 없을 것이다. 어쩌면 당신은 월요일마다 힘든 일이 유독 더 힘겹게 느껴질 수도 있다. 왜냐하면 당신의 전 배우자가 주말 동안 아이들을 데리고 간 것의 영향이 일요일 저녁부터 그다음 날 아침까지 계속 될 수 있기 때문이다. 이럴 때에는 월요일을 행정 처리나 자기 치유의 시간으로 집중하는 것이 훨씬 도움이 된다.

통제할 수 있는 업무의 맥락과 수준은 각자 다르겠지만, 일주일 중 어떤 요일이 특정한 종류의 일을 하기에 최적의 날인지를 고심하는 것만으로도 성공을 달성하기 위한 기초를 다질 수 있다.

일반적으로 적용 가능한 원칙은 아래와 같다.

**의사결정, 분석 및 평가, 심도 있는 작업 등 '가장 고도의 노력'이 필요한 일은 가장 창의력 넘치고 긍정적 에너지가 가득한 요일에 배치하라.**
이 요일에 집중 블록도 함께 배치해야 한다. 에너지를 최고로 잘 발휘할 수 있을 때 하던 집중 블록을 사용하는 게 탄력 계획법(262쪽 참고)을 수월하게 만드는 기본 준비다. 보통 사람들에게는 월요일과 화요일이 적절하지만, 그러려면 이때 하던 일상적인 회의와 월요일 오전 잡무 처리 습관에서 벗어나야 한다.

**후속 작업, 협력이 필요한 작업을 일괄로 묶어서, 가능한 많은 사람이 '몰입 가능한' 날에 하라.**
여기서도 마찬가지로, 대부분 화요일부터 목요일까지가 가장 적합하다. 월요일 아침 혹은 금요일 오후에 심각한 검토 요청 메일을 보내는 것은, 상대방이 이메일이나 전화를 펑크낼 확률을 높일 뿐이다.

**'가벼운' 사교 모임은 목요일과 금요일에 하라.**
가벼운 사교 모임이란, 서로 신뢰를 쌓고 관계를 유지하기 위한 대화를 의

미하는 것이지, 주요한 외사결정이나 전략적 토론, 혹은 협업을 말하는 것이
아니다. 목요일과 금요일은 동료들이나 성공지원단과 함께 한 주를 돌아보
며 점검을 하기에도 좋은 때다. 이렇게 한 주를 집중해서 돌아보는 점검 시
간 자체가 일의 마감 날짜로 작용하기 때문이다.

위에서 현실적으로 요일이 겹치는 것이 어쩔 수 없지만, 블록들을 어
떻게 배치하느냐에 따라 여러 목표를 동시에 다루는 것이 얼마든지 가
능하다. 예를 들어 만약 당신이 종달새형 인간에 월요일을 잘 활용하는
사람이라면, 월요일과 화요일 오전에는 빅 워크를 위한 집중 블록을 배
치하고, 오후에는 생각과 에너지를 많이 필요로 하는 회의들을 배치할
수 있다. 또한 일반적으로 후속 조치나 프로젝트 시작을 위한 관리 업무
처리는 오후에 관리 블록을 배치해서 확인한다. 이런 시나리오대로 일
을 하면 금요일은 훨씬 덜 빡빡하고 수월한 날이 될 것이다. 이때 네트
워킹이나 프로젝트 점검, 혹은 기타 관리 업무 같은 것들을 계획할 수도
있다.

주말은 와일드카드다. 지금까지는 평일 근무시간을 중심으로 논의를
전개했지만, 이건 사실 사회적인 관습일 뿐이다. 단지 조금 강력한 관습
말이다.

그러나 토요일이나 일요일도
빅 워크를 하기 위한 부분, 혹은 전체가 되지 못할 이유는 없다.

사실 주말이야말로 사람들이 빅 워크를 할 수 있는 가장 최적의 요

일이다. 왜냐하면 그날에는 일적으로 집중을 방해하는 요소들이 없기 때문이다. 직장 동료가 쉬는 날에는, 당연히 우리를 괴롭힐 확률도 낮아진다.

토요일과 일요일에도 일을 할 수 있다는 아이디어에서 한 발 더 나아가면, 월요일이 반드시 한 주의 '시작'이어야 할 필요는 없다는 생각으로 이어진다. 많은 사람이 월요일마다 쓸데없이 바쁜 일들을 처리하느라 정신없이 보내버리고는 그 주에 해야 할 빅 워크를 하지 못하는 것에 좌절하며 월요병을 호소한다. 하지만 만약 일요일에 빅 워크를 하거나 주간 계획을 세운 뒤 이를 그대로 추진하면, 당신은 이미 한 주를 시작한 것이나 다름없다. 일주일의 시작을 바꿈으로써 가장 중요한 일을 먼저 한 것이다.

분명히 경고할 점은 쉴 때를 확실히 정해야 한다는 것이다. 나는 보통 고객들에게 적어도 일주일에 하루는 꼭 쉴 것을 권한다. 이 지점에서부터 논쟁이 있긴 하지만, 당신이 원하면 2~3일을 쉴 수도 있다. 어쨌든 당신이 그 일만 하는 것은 아니니까. 여기에 예외가 있다면 고객들이 전력으로 프로젝트를 추진 중이거나, 프로젝트를 마쳐야 하는 압력을 받고 있거나, 업무상 성수기를 맞고 있을 때다. 하지만 지속적인 '전력 질주 - 압력 - 성수기'의 패턴은 번아웃으로 가는 지름길이다.

지금까지 주말을 활용하는 부분에 대해 이야기하고 있지만, 창의적인 부모 혹은 보호자들 중에는 저녁뿐 아니라 주말 낮 시간에도 시터나 도우미의 도움을 받을 수 있다는 현실을 간과하는 이들도 많다. 당신이 종달새형, 혹은 에뮤형 보호자라면, 토요일에 시터에게 아이를 맡기고 집 혹은 사무실에서 빅 워크를 하는 것이 일을 진척시키는 강력한 방법이 될 수 있다. 그리고 사실 솔직히 말하면 이것이야말로 본전을 뽑고도 남는 것이다.

저녁에 시급 15달러를 지불하고 시터와 아이가 영화를 보도록 할 바에는, 똑같은 돈을 낮 시간에 주고 아이를 공원에서 놀게 한 뒤, 저녁에는 일을 마친 만족스러운 상태로 당신이 직접 아이들과 함께 영화도 보고 저녁을 먹는 것이 더 낫지 않은가? (맞다, 여기서 당신은 조금 다른 의미의 우선순위 충돌로 인해 몸부림을 칠지도 모른다. 이것이 우리가 프로젝트를 위한 자금을 확보해야 되는 이유이기도 하다.)

이렇게 주간 일정을 조정하고 이를 대하는 태도를 바꾸면, 당신은 포기 상태로 한 주를 마치거나 뒤처졌다는 불안감으로 한 주를 시작하지 않아도 된다. 기억하라. 현실이 당신의 계획(일정)과 맞지 않을 때, 현실을 바꾸려 해서는 안 된다는 것을. 바꿔야 할 것은 당신의 계획이다.

이렇게 시기적절한 때를 찾는 아이디어를 조금 더 확대해서 적용하면 일년 중 나에게 맞는 특정 계절의 관점까지도 고려할 수 있다. 당신은 태어날 때부터 겨울에는 빅 워크를 위한 에너지와 영감을 받고, 여름에는 축 처지는 사람일 수 있다. 혹은 당신에게는 봄이 어떤 새로운 큰 프로젝트를 착수하는 데 가장 좋은 계절일 수 있다. 또 너무 분명하지만, 당신의 빅 워크가 야외에서 해야 하거나 자연 속 계절과 연관된 것이라면, 이것 역시 당신의 프로젝트와 로드맵, 다섯 프로젝트 법칙에서 고려할 요소다.

**'중요한 것을 먼저 하라'고 해서 꼭 맨 처음에 할 필요는 없다**
"중요한 것을 먼저 하라"는 말은 가장 중요한 우선순위에 대한 행동을 먼저 취해서 덜 중요한 일들이 시간을 좀먹도록 하지 말라는 경고다. 그 뜻은 충분히 직설적이지만, 이 문장이 때론 가장 중요한 우선순위가 순서상으로 다른 무엇보다 먼저 해야 된다는 것을 의미하는 것처럼 들릴 수도 있다.

하지만 이는 사실이 아니다. 우선순위가 높다고 해서 항상 순서가 빨라야 하는 것은 아니다.

예를 들어 만약 당신의 최우선 순위가 창의적인 작업을 하는 것인데, 당신이 아침형 인간이 아니라면 이때 당신은 창의적이지 않은 일들을 오전에 먼저 집중해서 하는 것이 좋다. 그래야 창의적인 일을 맞지 않는 시간에 하느라 애쓸 필요가 없어진다.

비슷하게, 이번 분기에 해야 할 가장 중요한 프로젝트가 있다면, 다른 긴급하고 신경 쓰이는 프로젝트들을 먼저 끝낼 때까지 잠시 미뤄두는 것이 더 생산적일 수 있다. 왜냐하면 그래야 당신이 크고 중요한 프로젝트를 하는 동안 마음속 원숭이들이 다른 프로젝트에 대해서 시끄럽게 소리 지르는 그 소음들을 듣지 않아도 되기 때문이다.

혹은 프로젝트를 추진하는 데 이를 지지해줄 적절한 지원군들을 모으는 것이 프로젝트를 성공으로 이끌기 위한 가장 중요한 단 하나의 우선순위라고 결정했다면, 이 경우 당신은 이 지원군들에게 접근하기 전에 미리 프로젝트의 초기 청사진을 완성할 필요가 있다.

하루든, 일주일이든, 한 달이 됐든, 당신에게 가장 중요한 일을 가장 먼저 하지 못하게 되더라도 혼란스러워할 필요는 없다. 더 중요한 것은, 이 일을 적절한 시간에 하는 것이니까.

## 계획이 없을 때 세우는 탄력 계획법

지금까지는 어떤 종류의 일을 언제 해야 하는지 이야기했다. 그렇다면 계획은 언제 세우는 건지 궁금할 것이다. 계획을 세우기 가장 좋은 시간을 논하기에 앞서, 우리기 기억해야 할 것은 바로 아무 계획이 없다는 것을 깨달았을 때가 계획을 세울 최적의 시간이라는 점이다. 하루, 일주일, 한 달의 한복판에서 허덕거리며 낙오하고 있는 것처럼 느껴진다면 15분, 또는 1시간이라도 허덕거리는 걸 멈추고 계획을 세우면 된다. 부디 부탁하건대 당신이 하루나 한 주 혹은 한 달을 계획 없이 시작했다고 해서 그다음 날, 다음 주, 혹은 그다음 달이 시작될 때까지 계획이 없는 상태로 기다려야 한다는 착각에 빠지지 마라.

탄력 계획법을 세울 시점을 다룰 때 반드시 이야기해야 하는 건 빈도다. 다행스럽게도 빈도야말로 이 훈련에서 가장 직관적으로 이해하기 쉬운 부분이다. '일주일 계획은 한 주에 한 번 세운다. 하루 계획은 하루에 한 번 세운다.' 이런 식으로 계획을 위한 시간을 잡으면 된다.

탄력 계획법이 흐름을 타기 시작하면, 보통은 아래 다섯 가지 법칙 덕분에 계획 자체에 드는 시간이 짧아진다.


사람들에게 잘 맞는 계획 빈도와 시점은 이렇다.

**일간 계획: 전날 혹은 아침에 이메일을 확인하기 전에 가장 먼저 세운다.**
이메일을 보기 전에 계획을 먼저 세워야만, 타인의 우선순위가 당신 계획에 주도권을 잡는 것을 막을 수 있다. 보통 일간 계획은 15분 안에 끝낼 수 있다.

**주간 계획: 일요일 밤 혹은 월요일 아침에 이메일을 확인하기 전에 가장 먼저 세운다.**
이 작업은 보통 30분 안에 끝낼 수 있다.

**분기 계획: 새 분기 시작 일주일 전에 세운다.**
만약 그동안 월간 탄력 계획을 해오지 않았다면, 분기 계획에는 여러 번의 작업이 필요할 것이다.

**월간 계획: 새로운 달이 시작하기 전 주말 혹은 그달의 첫 월요일에 세운다.**
만약 그동안 주간 탄력 계획을 해오지 않았다면, 이 작업을 위해서는 집중 블록 하나가 필요할 것이다.

**연간 계획: 새로운 한 해 시작 한 달 전에 세운다.**
연간 계획은 여러 번의 작업이 필요하다.

위에서는 상향식으로 설명했지만, 실제로는 높은 수준의 시점에서 탄력 계획을 먼저 마치고 낮은 단계로 탄력 계획을 세우는 것이 훨씬 쉽다. 이번 달에 해야 할 다섯 프로젝트가 무엇인지, 그리고 이번 주에 짜넣어야 하는 반복 프로젝트가 무엇인지 분명하게 알면 하루하루 어떤 일을 해야 하는지 훨씬 분명해지는 이치다.

게다가 만약 당신이 지난 주 주간 탄력 계획을 수행했다면, 프로젝트 간 연결고리와 순서에 따라 이번 주에는 어떤 프로젝트를 해야 하는지 바로 알아차릴 수 있다. (적절한 관점에서) 과정을 자주 수정하고 바로잡는 것이 계획을 훨씬 더 쉽게 만들어준다.

## 5/10/15 법칙이면 매일 할 일은 식은 죽 먹기가 된다

5/10/15 법칙을 활용하면 탄력 계획법은 식은 죽 먹기처럼 쉬워질 것이고, 현실이 계획을 압박할 때 경로를 수정하는 것도 훨씬 수월해질 것이다. 5/10/15 법칙은 다섯 프로젝트 법칙과 매일 탄력 계획 세우기를 섞은 것으로, 쉽게 말해 (하루 혹은 한 주를 위한) 다섯 프로젝트를 가지고 일간 계획을 매일 아침 10분과 하루를 마무리하기 15분 전에 계획하고 업데이트하는 것을 말한다.

5/10/15 분할 법칙은 마치 마법을 부리듯 우리가 마주한 두 가지 장애물을 헤쳐나갈 길을 보여준다. 바로 ① 하루를 훌륭하게 시작하는 것 그리고 ② 하루를 잘 마무리하는 것이다.

이 두 장애물은 굉장히 긴밀하게 연결되어 있다. 당장 뭘 해야 하는지 모를 때, 우리는 가장 중요하지는 않지만 단지 시작하기 쉬운 일들을 시작하게 된다. 정신이 들기 전까지 그 일을 하느라 많은 시간을 낭비할 것이고, 결국엔 이 시간을 메꾸기 위해 더 오래 고생하게 된다.

그리고 수습할 수 없을 정도로 일을 망쳤다는 사실이 분명해질 때가 돼서야, 우리는 처음부터 어떤 일들을 시작했어야 했는지 생각한다. 하지만 아무리 자책한들 상황은 바뀌지 않는다. 그럼에도 우리는 쉽게 포기하지도 못한다.

그러나 이제는 받아들여라.

하루를 계획으로 시작하기는
전문가가 아닌 이상 굉장히 어렵다.

우리는 너무 쉽게, 이메일부터 열고 다른 사람의 우선순위에 휘둘리게 된다. 그렇게 당신이 바꿔보려 애쓰는 그 패턴을 똑같이 반복하게 될 뿐이다.

그러니 그런 방식 대신, 앞서 말한 법칙의 10과 15를 활용하라. 5는 다섯 프로젝트 법칙을 의미하는데 이제 이 부분은 충분히 숙지했을 것이므로 주간, 일간 관점으로 관심을 집중하는 것이 좋겠다. 즉, 이번 주 당신의 다섯 프로젝트가 무엇인지, 이를 바탕으로 이 프로젝트들을 추진하기 위해 어떻게 블록들을 사용할 것인지에 집중하자.

5/10/15 법칙이 성공하려면 사실상 아침 체크인보다는 저녁 체크아웃이 핵심이다. 체크아웃에 좀 더 시간이 오래 걸리는 것도 바로 그 때문이다. 하지만 이때 하는 질문들이 조금 더 어렵기 때문이기도 하다. 우선 15분 체크아웃부터 이야기해보자.

### 15분 체크아웃

체크아웃이 핵심적인 이유는 우리가 보통 하루를 시작할 때보다 마무리할 때 더 판단력이 분명해지기 때문이다. 우리는 우리가 한 일과 하지 않은 일을 분명하게 알고, 앞으로도 공을 계속 굴리기 위해 다음 단계에서 해야 할 것에 대한 적절한 아이디어도 갖고 있다. 따라서 부담감의 수준은 좀 더 클지언정, 마음의 거미줄에 엉켜 하루 시작이 모호해지는 어려움은 겪지 않아도 된다.

*15분 체크아웃에 하는 세 가지 질문은 아래와 같다.*

### ① 당신이 달성한 것은? (축하하재)

오늘 달성하지 못한 것에 집중하지 말고 달성한 것을 더욱 인정하라. 항상, 늘, 언제나 당신이 성취한 것을 축하하라. 삶은 작은 단계의 연속일 뿐이다. 작은 성공들을 축하하지 않으면 앞으로 더 큰 성공을 향한 추진력을 발휘하기 어렵다.

### ② 일을 마무리하기 위해 지금 당장 해야 하는 일이 있는가?

이 질문은 혹시 빼먹은 것이 있지 않은지에 대한 찝찝한 기분을 해소하기 위한 것이다. 받은 편지함과 할 일 목록에서 오늘 해야 했던 일이 남아 있는지 확인하라. 이때 생각나는 것들을 지금 하지 않으면 어떻게 될지 스스로 물어본다. 그러면 당신은 얼마나 많은 일이 내일 해도 괜찮은지를 깨닫고 놀라게 될 것이다.

### ③ 오늘 하지 못한 일은 언제까지 해야 하는가?

언젠가 끝내야 할 일들이 오늘 하루 동안에도 많이 생겨났을 것이다. 하지만 그때가 반드시 오늘일 필요는 없다. 만약 내일이든, 미래의 어느 날이든 일어나야 하는 일이 있다면 앱이든, 플래너든, 달력이든 또는 그 어떤 도구든 간에 이를 적어놓고 내일 확인할 수 있도록 해두어라. 이렇게 해야 미련을 버리고 마음의 평화를 찾을 수 있다.

만약 오늘 해야 할 일을 다 마치지 못했다면, 다음번에 어디서부터 시작해야 하는지 분명하게 표시해두어라. 특히 추진력을 유지해야 하지만 매일 하기는 어려운 창의적 프로젝트에서는 이 방법이 아주 유용하다.

## 10분 체크인

5/10/15 법칙에서 15분 체크아웃을 시작했다면, 사실상 어려운 건

거의 다 마친거나 다름없다. 이다음엔 스스로에게 말했던 그 일들을 예정대로 하기만 하면 된다.

10분 체크인에 스스로 점검할 질문들은 아래와 같다.

### ① 마지막 체크아웃과 지금 시점 사이에 어떤 중요한 변화가 일어났는가?

여기서 핵심 단어는 '중요한' 변화다. 어떤 사건들은 당신의 하루 계획을 완전히 바꾸기 때문이다. 예를 들어 아이가 갑자기 아프면, 당신은 오늘 계획을 아이를 돌보는 것으로 바꿔야만 한다.

### ② 오늘 하기로 한 계획은 무엇이었는가?

이 질문은 어제 당신이 계획을 점검했던 바로 그 지점이다. 명심하라, 당신이 지금 당장 떠올리는 것보다 어제 체크아웃을 할 때 생각했던 계획들이 훨씬 더 낫다는 것을.

### ③ 지금 당장 시작할 수 있는 한 가지 일은 무엇인가?

이 과정은 다음 블록에서 한 가지 프로젝트에 집중함으로써, 여러 프로젝트를 오가면서 실질적 성과를 달성하지 못하는 상황을 겪지 않겠다는 확고한 의지를 세우기 위한 것이다. 하나의 프로젝트에서 실질적 진척을 이루거나 끝마치는 것이, 세 가지 프로젝트를 왔다 갔다 하는 것보다 낫다.

어쩌면 첫 번째 질문에 답을 하면서 이메일과 음성사서함을 확인하고 싶은 충동을 느낄 수도 있다. 하지만 그렇게 하기에 앞서 스스로에게 물어보라. 그 안에 당신의 하루를 바꿔버릴 만한 것이 들어 있을지를 말이다. 혹시 무언가 이미 시작된 스케줄이 있는가? 오늘 아침에 하기로 계획했던 프로젝트와 관련되어 기다리는 무언가가 있는가? 이메일과 음성메시지를 어떻게 처리할 것인지를 계획하라. 이 단계에서 중요한 것은, 아무 생각 없이 이메일을 체크하는 것보단 당장 해야 하는 일과 관련된 몇몇 핵심 메시지부터 찾는 것이 가장 좋다는 점이다.

더불어 당신은 왜 5/10/15인지, 5/10/10이나 5/15/15가 될 순 없는지 궁금할 수도 있다. 5/10/15 분할은 내가 여러 시행착오 끝에 학습한 것이다. 개인적으로도 그렇고, 학생들, 고객들을 통해서도 나는 이 분할이 스스로에게 충분한 시간을 주지 않는 것과 너무 많은 시간을 허락하는 것 사이의 적절한 균형점이라는 것을 깨달았다. 10분 혹은 15분보다 짧을 때에는 적절한 관점에서 충분히 생각하기가 어렵고, 더 길어지면 이 단계 역시 하기 싫은 또 다른 일이 되어버린다.

5/10/15 법칙을 활용하면 모든 단계의 탄력 계획법이 훨씬 쉽고 빨라진다. 왜냐하면 처음 계획에서 많이 벗어나지 않게 되기 때문이다. 경로를 이탈하지 않으면 본래 경로로 돌아오느라 애쓸 필요가 없다. 또한 당신의 다섯 프로젝트에 계속해서 집중하고 있을 확률이 높아지기 때문에, 딱히 훈련을 더 하거나 재점검할 것도 많지 않다.


## 너무 먼 미래를 계획하는 건 시간 낭비 이상으로 해롭다

탄력 계획과 관련해서 언뜻 보기에 일반적인 직관에 반대되는 또 다른 훈련은 바로 필요 이상으로 너무 먼 미래를 의도적으로 계획하지 않는 것이다. 너무 먼 미래에 대한 계획은 오늘 해야 하는 일을 하지 않을 핑계가 된다. 우리는 계획이라는 퍼즐을 푸는 것 자체를, 실제로 소매를 걷어붙이고 일을 해내는 것보다 더 좋아하는 경향이 있다.

하지만 여기에도 분명한 긴장 관계가 존재한다. 충분히 먼 미래를 계획하지 않았다가 나중에 준비가 안 된, 혹은 도움을 요청하기에 너무 늦어버린 상황에 처할 수 있기 때문이다. 예를 들어 (당신의 성공지원단에 포함된) 동료들에게 당신이 진행 중인 프로젝트를 검토받으면 도움이 될 거라는 점을 마감 3일 전에 깨달았다면, 정말 필요한 도움을 받기는 어렵다. 하지만 이를 뒤집어 생각해보자. 아직 프로젝트가 어떻게 될지도 모른 채로 동료들에게 앞으로 4개월 후의 프로젝트 진행 상황에 대한 도움을 미리 구했다면, 계획에서 벗어났을 때 당신이 이들에게 직접 이 사실을 알려야만 한다.

마감 기한과 교대 시간을 파악해서 이를 월간 시점의 계획에 담았다면, 4주 정도까지는 자신감을 갖고 합리적으로 일 단위 블록을 계획할 수 있다. 여기서 다시금 프로젝트 피라미드가 중요한 친구가 된다. 왜냐하면 예컨대 이 상황에서 이미 3주 작업을 마쳤다면, 이제 주간 크기의 프로젝트 묶음 중에서 어떤 것을 해야 하는지만 알면 되기 때문이다. 그 주의 탄력 계획을 할 때가 되면, 그 주에 당신의 블록들을 어떻게 사용할 것인지 상세하게 결정할 수 있을 것이다.

여기서 내가 *계획한다*는 단어를 굉장히 특정한 방식으로 사용하고 있다는 점을 분명히 하고 싶다. 이것은 미래에 어떤 일을 할 것인지 아무런 생각을 하지 않는 것이 아니라, 너무 자잘해서 무리하게 조정해야 하는 수준까지는 계획하지 않는다는 것이다. 예를 들어 당신이 대륙 횡단 자동차 여행을 계획하고 있다면, 다음 주 중에 언제 화장실을 가고, 밥을 먹고, 기름을 넣을지까지 계획하는 것은 너무 과하다. 다음 날 어디로 가는지만 분명히 알면 된다.

연습을 하다 보면 미래를 계획하기 위한 당신에게 딱 맞는 최적의 계획 수준을 알게 될 것이다. 나의 경우, 프로젝트들을 2주 정도 미리 계획하고 머릿속에 넣어두는 것이, 무리한 계획을 세우지 않고 일을 추진하기에 충분한 수준이라는 점을 알게 됐다. 팀의 레벨에서는 (월간 시점에서) 프로젝트의 두 달 정도를 미리 계획하고 머릿속에 넣어두는 것이, 팀을 제대로 이끌면서 팀원들이 나에게 바라는 업무들을 내 계획에 확실히 반영할 수 있는 적정한 수준이다. 하지만 2주 정도의 프로젝트는 더 큰 그림의 일부라는 점을 기억하라. 앞만 보고 가는 것처럼 보일지라도, 적어도 바른 방향, 바른 궤도로 달려가고 있다는 점은 분명히 알고 있을 것이다.

## 탄력 계획법 시작하기

5/10/15 법칙은 하루하루를 연결하는 데 쓸 수 있는 훌륭한 방법이지만, 더 큰 그림을 보여주지는 않는다. 탄력 계획법의 가장 어려운 부분은 바로 맨 처음 시작할 때다. 왜냐하면 이 방법을 어디서부터 시작해야 할지 확실하지 않기 때문이다.

탄력 계획법을 맨 처음 어떻게 시작할 수 있는지 간략하게 설명하면 아래와 같다.

### ① 일단 월간 시점에서 시작하라.
월간 시점은 맥락을 파악하기에는 충분히 크고, 매번 계획할 필요는 없는 시점이다.

**② 마감 혹은 주요 행사가 있는지 검토하고 이를 정확히 파악하라.**

월간 수준의 주요 행사란 며칠 정도 당신의 일상에 지장이 있거나 행사 당일을 위해 상당한 수준의 사전 준비가 필요한 일들을 말한다. 중요한 발표나 결혼식, 최소 4일 이상 떠나는 여행, 회사/학교의 첫날 혹은 마지막날, 이사 등등이 월간 수준의 주요 행사라고 볼 수 있다. 이러한 마감일과 행사들은 일정상 다루기 어려운 장애물을 만들 뿐 아니라, 사용 가능한 블록의 수와 이를 사용해야 하는 일에도 모두 영향을 미친다.

**③ 분기 관점의 다섯 프로젝트를 정확히 파악하고, 검토하고, 조정하라.**

분기 수준의 다섯 프로젝트를 통해 이번 달에 해야 할 프로젝트를 결정한 맥락을 파악할 수 있을 것이다.

**④ 이번 달에 해야 할 다섯 프로젝트는 무엇인지 결정하라.**

다섯 프로젝트 법칙은 원칙적으로 시점별 주요 프로젝트를 다섯 개 이하로 제한하는 것일 뿐, 다섯 개를 꼭 다 채울 필요는 없다. 게다가 ②번 단계를 거치고 나면 다섯 개를 다 채울 수조차 없을 것이다. 프로젝트를 그냥 적는 것을 넘어서 직접 하는 데 주력하라. 지난 5장에서 다루었던 행동 동사를 다시 살펴보고, 당신이 선택한 다섯 프로젝트를 설명하는 데 어떤 동사를 사용할지 생각하면 도움이 된다.

**⑤ 다섯 프로젝트를 주간 크기의 덩어리로 나누고, 그달의 매주마다 이를 분배하라.**

꼭 한 달 내내 해야 할 필요가 없는 프로젝트도 있다. 예를 들어 마감이 있는 중요한 보고서가 하나 있다면, 당신은 마감 직전 주에 미리 블록들을 몇 개 사용해 일을 마치고 동료들에게 검토를 부탁함으로써, 마감이 있는 주에 마감을 해야 하는 일에만 모든 역량을 집중하는 상황을 피할 수 있다. 왜냐하면 마감이 있는 주에도 다섯 프로젝트 법칙은 물론, 반복되는 프로젝트와 (목록을 차지하는) 다른 주요 행사들을 해야 하기 때문이다.

다른 사람들과 마찬가지로, 당신도 주간 프로젝트 계획을 여러 번 수정하게 될 것이다. 왜냐하면 첫 번째 과정에서 보통 과하게 낙관적으로 계획을 세우기 때문이다. 심지어 다섯 프로젝트 법칙을 적용했는데도 그럴 것이다. 명심하라, 당신이 끝내려고 애쓰는 것은 중요한 프로젝트들이지 하고 있는 모든 일이 아니라는 것을.

일단 월간 수준의 시점에서 시작하고 나면, 더 큰 시점으로 확대해서 보는 것도 상당히 쉬워진다. 분기가 어떻게 돌아가는지 쉽게 확인할 수 있기 때문에, 연간 시점으로 보는 것도 쉬워질 수 있다. 하지만 미래의 분기 시점을 검토할 때에는 월간 시점 이하를 고민할 필요가 없다. 그렇게 하다 보면 너무 미리 과하게 계획하게 되기 때문이다.

또한 만약 당신이 하향식 계획을 하는 사람이라면, 다섯 프로젝트를 연간 관점에서 시작해서 월간 수준으로 하향 작업하는 것이 더 쉬울 것이다. 다행스럽게도 시점만 대체한다면, 모든 계획 단계는 다 똑같다.

5/10/15 법칙은 추진력을 발휘하는 데 상당히 도움이 되는 강력한 도구이므로, 지금까지 소개한 단계들을 따라 월간 수준의 탄력 계획을 세우려면 최소한 집중 블록 하나는 투자해야 한다. startfinishingbook.com/resources에 들어가면 월간 탄력 계획 플래너를 다운로드할 수 있는데, 이를 활용하면 훨씬 쉽게 계획을 세울 수 있다. 하지만 그냥 빈 종이를 써도 무방하다.

다음 장에서는 빅 워크를 하면서 마주할 성공과 방해 요소들을 탐색하면서, 이를 어떻게 이리저리 잘 대처할 수 있을지 살펴보겠다.

▶ 탄력 계획법이란 계획을 세우고 수정하는 지속적인 과정을 말한다.

▶ 작업에 영향을 미치는 7가지 환경 요소는 소리, 냄새, 채광, 복장, 어수선함/정리 정돈, 공간적 여유, 음악이다.

▶ 일괄처리는 비슷한 종류의 일을 유사한 시간대에 처리하는 것이고, 보완처리란 비슷하진 않지만 서로 호환 가능한 종류의 일을 동시에 처리하는 것이다.

▶ 개구리란 정말로 하기 싫은 과제와 프로젝트 덩어리를 말한다. 개구리를 더 자주 다뤄야 끔찍한 일의 비중이 낮아진다.

▶ 하루 혹은 한 주를 계획할 때 무엇을 해야 하는지를 기준으로 하지 말고, 특정 종류의 일을 언제 하는 것이 가장 효과적인지를 기준으로 계획하라.

▶ 최우선 순위의 일이라고 해서 가장 먼저 해야 하는 것은 아니다.

▶ 5/10/15 법칙은 다섯 프로젝트 법칙, 작업 시작 10분 전, 하루를 마치는 마지막 15분을 뜻한다.

▶ 너무 먼 미래를 미리 계획하면 좌절과 체념만 경험한다. 왜냐하면 먼 미래를 계획할수록, 그 계획이 틀어질 확률도 높아지기 때문이다.

# 09

# 매일 **추진력**을 더하라

우리는 성장을 인생 전체의 관점에서 생각하곤 하지만, 실제로 성장은 목적의식으로 가득 찬 생산적인 하루하루가 축적된 결과물이다. 우리는 실천을 통해서 성장할 수 있고, 하루는 이러한 실천이 이뤄지는 시간이다.

하지만 우리 삶의 나날은 우리가 자초한 온갖 방해와 주의산만, 우리가 내린 선택의 결과들로 가득 차 있다. 우리는 닥쳐올 과제들의 빈틈을 넘나들며 매일같이 동분서주해야 한다. 좋은 소식은 '빅 워크 끝내기'를 시작할 수 있는 하루가 일 년에 365일이나 된다는 것이고, 나쁜 소식은 하루를 허비하면서 매일의 중요성을 과소평가하는 것이 놀라울 정도로 너무나 쉽다는 것이다.

오늘 우리가 내딛는 발자국은 내일의 전혀 다른 길로 연결된다. 한 발짝 한 발짝이 모두 소중하다. 이 지점에서부터 이야기를 시작해보자.

## 작은 성공을 축하할 때 큰 성공도 축하할 수 있다

당신의 빅 워크는 작은 프로젝트로 쪼개지며, 이 프로젝트들은 종종 완수하기까지 몇 달, 몇 분기, 혹은 몇 년이 걸릴 수 있다. 하지만 당신이 프로젝트를 시작하고, 또 끝내는 그 사이에는 매일매일 수많은 실패와, 과제의 쌓임, 몸부림 그리고 사소한 존재론적인 갈등들이 한데 섞여, 당신이 큰 그림을 놓쳐버리고 몸부림의 상태로 추락하도록 만들어버린다.

하지만 당신이 프로젝트에 배정하는 모든 시간 블록 하나하나가 전부, 어쨌든 앞으로 나아가고 있음을 의미한다. 예외가 있다면 당신이 몸부림을 치거나 결승 지점에 거의 임박했을 때이지만, 사실 한바탕 의미 없는 일들을 치르는 것조차도 과정의 일부라 볼 수 있다. 아무 의미 없는 일을 하더라도 자리를 지키는 것이 아예 자리를 뜨는 것보다는 훨씬 나으니까.

우리가 프로젝트를 끝내는 데 중점을 뒀던 것만큼이나 미묘하게 강조한 사실은 바로 과정이 더 중요하다는 것이다. 당신이 하나의 프로젝트를 마쳤다고 해서 빅 워크가 다 끝난 것은 아니다. 완수된 각각의 프로젝트는 하나 이상의 또 다른 프로젝트의 시작이다. 당신이 성공하고 진화할수록 빅 워크의 목표 지점 역시도 그만큼 멀어질 것이다. 진척을 이루기 위해서는 프로젝트를 완수해야 한다. 당신은 완수 과정에서 굉장히 만족감을 느낄 수 있지만, 보통 그것이 최종 목표는 아니다.

또한 과정을 더욱 중요하게 생각하게 되면, 프로젝트를 완수하는 것에서 오는 행복감은 기껏해야 찰나에 불과함을 수용하게 된다. 우리가 피, 땀, 눈물을 흘려가며 빅 워크를 하고서는, 결국 일이 끝났을 때 한 발 물러나 '이게 끝인가?'라고 생각한 적이 얼마나 많았던가. 어떤 점에서는 분명 기쁨이 최종 결과물이 아닌, 진행 과정에 있다. 하지만, 여전히 우리 중 일부에게는 결과물이 생계유지의 바탕이 된다.

하지만 과정이 결과보다 중요하다면, 이는 다시 말해 우리가 매일 일궈낸 작은 일들도 축하할 만한 충분한 가치가 있다는 것을 의미한다.

물론 여기서 말하는 축하가 매일매일 파티를 여는 것을 뜻하는 것은 아니다. 실제로 당신이 생각하는 축하가 그런 것이라 한들, 이 또한 상관없다. 그저 내가 말하고 싶은 건 잠깐 멈춰 서서, 수많은 방해 요소와 압박감과 긴박한 일들로 넘쳐나는 이 세상에서, 당신이 물러서지 않고 중요한 어떤 것을 완수했다는 사실을 인정해주라는 것이다.

나는 매일의 성취를 축하하는 것이 생소한 개념이어서, 때론 이를 얻어내기 위해 투쟁까지 하는 상황이 너무 이상하다고 생각한다. 그에 비해 우리는 너무 많은 순간을 우리가 원하는 방향으로 흘러가지 않은 것들을 생각하느라 허비하고 있다. 우리가 매일 하는 자기 비하의 시간을 뺏어다가 축하하는 것으로 바꾸기만 하면 된다. 매일 축하하는 과정을 통해 적어도 우리는 부정적인 이야기를 매일 만들어내고, 강화하고, 흡수하는 것에서 벗어나 이를 반박할 수 있게 된다.

작은 성공을 축하하는 방법을 아래 몇 가지 소개한다.

**성공 일기를 만들고 매일 세 개의 성공담을 적어라.**

여기에 적을 성공이 반드시 빅 워크에 관련된 것일 필요는 없다. 혹시 감사 일기와 같은 것을 이미 쓰고 있다면, 여기에 성공을 적을 칸만 조금 더 마련하면 된다. 이것은 5/10/15 법칙의 일환이기도 한데, 아마도 저녁이나 잠들기 전에 하루를 정리하면서 오늘 이룬 성공을 생각하는 편이 좋을 것이다. 오늘 이룬 성공들을 생각하면, 실패나 좌절을 마음에 담아두고 자는 것보다 훨씬 더 단잠을 잘 수 있게 될 것이다.

**작은 성공담을 사람들과 나눠라.**

당신이 마친 것이 아주 작아서 그리 대단해 보이지는 않을 수도 있다. 하지만 그건 대단한 일이 맞다. 당신의 친구들이나 성공지원단이 관심을 가지고, 기뻐하며, 당신을 축하해줄 수 있는 일이다.

**프로젝트에 대한 연승 기록을 남겨라.**

기록하는 것은 첫째로는 연승 혹은 프로젝트의 추진력을 지속하기 위해서, 둘째로는 그보다 더 강력한 것, 즉 당신이 지난 3개월 동안 진득하게 해온 것을 눈으로 확인하기 위해서다. 이 기록은 당신 스스로에 대한 이야기를 바꿀 강력한 도구가 될 것이다. 왜냐하면 이 기록이야말로 당신이 마음먹은 것은 할 수 있다는 강력한 증거이기 때문이다.

작은 성공을 축하하는 연습을 하지 않으면, 큰 성공을 축하하는 것도 어려워진다. 이유는 두 가지다. ① 작은 성공들이 있어야 허무함을 극복하고 더 큰 성공을 이룰 수 있기 때문이다. ② 그렇게 중요하게 보이지 않는 것들을 축하할 때, 더 중요한 성공을 인정하고 축하하는 게 훨씬 더 쉬워진다. 나의 개인적인 경험과 고객들의 사례를 통해 배운 점이 있다면, 바로 작은 성공들을 축하하는 습관이 큰 성공을 대하는 마음가짐과 언어 자체를 바꿔놓는다는 것이다. "어쩌다 보니 성공하게 됐네요"
라고 말하기보다는 "제가/우리가 성공을 이뤘습니다"라고 말하게 된다.
이는 곧장 설명하기 어려운 수수께끼나 운과 우연에 덜 기대고, 결과를
이끌어낸 우리의 행동을 더욱 인정하는 것이다.

그리고 당연하지만 이러한 변화에는 어떤 비밀도 없다.


무엇이 큰 성공을 이끌어냈는지 파악하는 것은 어렵지 않다.
당신이 그 과정의 모든 작은 성공을 축하하고
기록을 남겨뒀다면 말이다.


## 스리니바스 라오Srinivas Rao ▪
## 줄을 이어가라


우리는 가장 야심차고 창조적인 프로젝트에 있어서만큼은, 피, 땀, 눈
물을 다 쏟아부었을 때만 축하하는 경향이 있다. 하지만 꼭 그럴 필요는
없다. 단순히 진행상황을 점검하는 것만으로도 의욕 수준이 높아지고,
프로젝트를 하는 동안의 만족감이 더 향상된다는 점이 증명된 바 있다.

이를 가장 단순화한 사람이 바로 미국의 코미디언 제리 사인필드Jerry
Seinfeld다. 젊은 코미디언 한 사람이 그에게 다가와 어떻게 하면 더 좋은
코미디언이 될 수 있는지 조언을 구했다. 이에 사인필드는 그에게 달력
을 산 뒤, 그가 개그 아이디어를 짠 날에는 X 표시를 하라고 조언했다.

그렇게 하다 보면 연속적인 X 표시 줄이 생기게 된다. 목표는 그저

이 줄이 계속 이어지게 하는 것이다.

우리가 이룬 진전을 볼 수 있게 되면 만족감은 미룰 필요 없이 즉각 느낄 수 있으며, 진전 그 자체가 의욕을 돋우고 추진력을 발생시킨다. 삶의 행복을 단순히 결과에만 맡길 것이 아니라 노력에 둘 수도 있다. 그리고 노력, 실천, 행동들은 언제나 통제 가능한 것들이다.

끊임없이 실천하고, 그간의 노력을 측정하라. 그러면 당신의 성취감과 의욕 수준이 천장을 뚫어버릴 것이니까 말이다.

■ 스리니바스 라오는 《단 한 명의 청중An Audience of One》의 저자이자 팟캐스트 〈분명한 창의력 Unmistakable Creative〉의 호스트로, 700명 이상의 사람들을 인터뷰하고 있다.

## 추진력을 계속 유지하는 습관과 루틴 만들기

지금까지 작은 성공을 축하하는 습관을 만들어보았다면, 이제는 좀 더 일반적인 습관과 루틴에 대해서 이야기해보자. 둘은 모두 기초설정 값Default, 즉 자동적으로 일어나는 매번 선택할 필요가 없는 행동에 속한다. 우리에게는 하루에 쓸 수 있는 에너지가 한정되어 있는데, 기초설정들은 에너지를 계속 소모하는 일상 속 수많은 자잘한 결정들을 제거해줌으로써 우리에게 필요한 인지적 에너지 양을 줄여준다. 이런 점에서 기초설정은 매우 유용하다. 매번 결정할 필요가 없게 되면, 그 에너지를 다 더해 정말 중요한 문제에 집중할 수 있게 된다.

기초설정에 관한 공공연한 비밀이 있다면 우리는 습관의 동물이기에 태어날 때부터 자연스럽게 설정된 기초설정들이 존재하지만, 이렇게 타고난 기초설정 중에 우리를 성공으로 이끌어주는 것들은 거의 없다는 것이다. 보통 자연스럽게 형성된 기초설정은 안정감, 쾌락, 생존에 집중되어 있는데, 이는 대체로 생물학적 뇌 회로가 이러한 조건에 보상하도록 설계되어 있기 때문이다. 또한 인간의 생물학적 뇌 회로는 우리가 어떤 것을 더 자주 하면 할수록, 미래에 그 행동을 반복할 확률을 더욱 높여준다. 신경생물학자 도널드 헵Donald Hebb의 말처럼 "함께 발화하면 함께 연결된다."

따라서 기초설정에 관한 모든 논의는 우리가 이미 어느 정도 타고난 기초설정을 갖고 있다는 현실에서부터 출발해야 한다. 그래야 이를 바탕으로 우리가 새로운 기초설정을 더할 수 있게 된다. 이제 우리에게 도움이 되는 기초설정을 어떻게 만들고 유지하는지, 우리를 방해하는 것은 어떻게 최소화할 수 있는지 의문이 생기기 시작할 것이다. 그간 살펴본 탄력 계획법, 5/10/15 분할 법칙, 시간 블록 만들기 등은 모두 빅 워크를 할 공간 확보를 위해 만든 기초설정의 사례들이다. 이제 습관과 루틴에 대해 좀 더 자세하게 살펴보자.

### 습관

습관이란 깊이 각인되어 있는 개별적인 행동으로, 습관 유발 요소가 있을 때 이를 억제하지 않으면 자연스럽게 습관대로 하게 된다. 사람마다 신발 끈을 묶거나, 이를 닦거나, 특정한 음식을 먹는 자기만의 방식이 있기 때문에, 이 방식을 바꾸고 싶으면 의식적으로 노력을 해야 한다. 그렇지 않으면 원래대로 돌아가 버리기 때문이다. 물건을 사용할 때도 자기만의 기본 방식이 존재한다. TV 채널을 획획 돌리는 사람들의 행동은 신발 끈을 특정 방식으로 묶는 것만큼이나 무의식적으로 하는 행동이다.

정박된 습관Anchor habit이란 습관 중에서도 환경과 도구에 단단히 묶여 있는 것들을 말한다. 우리는 특정 환경 안에서, 특정 습관 행동을 하도록 유발하는 도구를 가지고 습관 행동을 한다. 많은 사람이 운동하기 힘들어하는 이유는, 헬스장 안에서 운동하는 것이 힘들어서가 아니라 헬스장까지 가는 것이 힘들기 때문이다. 일단 헬스장에 가기만 하면, 온 김에 뭐라도 해야겠다는 생각으로 행동하게 된다. 환경 자체의 기초설정이 땀을 흘리는 것이기 때문에, 이를 거스르기가 어려운 것이다. 미묘한 차이는 있겠지만 당신이 회의실이나 사무실, 부모님의 집에 갈 때에도 상황은 마찬가지다.

이제 변화가 특정 공간과 도구와 함께 일어난다는 것을 알게 되었으므로, 이를 중심으로 습관을 형성할 수 있다. 이것이 지난 장에서 당신에게 잘 맞는 환경을 설명하는 데 많은 분량을 할애한 이유이기도 하다. 하지만 다른 습관들과 마찬가지로, 정박된 습관의 힘을 활용하기 위해서는 이를 적극적으로 만들고 가꿔야 한다. 만약 당신이 부엌 식탁에서 빅 워크를 하려고 한다면, 그 식탁에서 똑같은 도구들을 가지고 관리 업무를 계속하면 안 된다. 왜냐하면 그것이 정박된 습관으로 굳어지기 때문이다. 만약 태블릿 PC를 가지고 진지하게 독서를 하고 싶다면, 그 태블릿으로 영화를 보거나 게임을 하는 것은 아무런 도움이 되지 않는다.

## 루틴

루틴이란 습관이나 행동들이 지속적으로 똑같은 순서, 혹은 똑같은 시간에 수행되는 것을 말한다. 루틴은 분자와 같은 것이다. 즉, 각 습관이 원자라면 이 원자들이 모여서 분자인 루틴을 이룬다고 볼 수 있다. 루틴의 주된 효과는 일단 루틴을 *시작하기만* 하면 된다는 점이다. 일단 시작만 하면 나머지 순서는 관성적으로 끝까지 마무리되니까 말이다.

루틴은 몰입으로 이어진다. 그래서 일주기형과 상관없이, 아침 루틴 자체가 매력적인 것이다. 종달새형은 일을 하루의 시작에 배치하고, 올빼미형은 하루가 끝날 즈음에 배치한다. 하지만 그럼에도 업무를 본격적으로 시작하기 전 루틴은 둘 다 상당히 유사할 수 있다. 생리적 기능들은 루틴의 단단한 근간이다. 언제 먹을 것인지, 화장실에 갈 것인지는 정해진 것이 아니므로 변화를 줄 수 있다.

하지만 우리가 아침 루틴만 만들 수 있는 것은 아니다. 당신의 부담을 한결 가볍게 해줄 여러 루틴들을 소개한다.

▶ **취침 루틴**: 단잠을 자기 위한 최적의 환경을 조성하기 위해 할 수 있는 일련의 행동은 무엇인가? 물을 한 잔 마시거나, 양치를 하거나, 내일 입을 옷을 미리 옆에 개어두거나, 감사일기 혹은 성공일기를 쓰는 것처럼 아주 간단한 것만으로도 일상의 속도를 늦출 수 있다. 이렇게 하는 것은 TV를 보다가 갑자기 자려고 할 때보다 훨씬 쉽고 편안하게 잠에 빠질 수 있게 도와줄 것이다.

▶ **출근 루틴**: 최적의 업무 환경 조성을 위해 할 수 있는 일련의 행동은 무엇인가? 만약 통근을 한다면 맨 처음에 할 다섯 행동을 생각하고 혹시 더 나은 순서는 없을지 생각해보라. 예를 들면 메일과 음성사서함 체크를 먼저 하지

않고 맨 마지막에 할 수도 있다. 만약 재택근무를 한다면, 루틴으로 하루를 구분하는 것이 살림과 일, 집중력 저하, 충전 시간 사이가 구분 없이 계속 진행되는 상황을 막는 데 상당히 큰 도움이 될 것이다.

▶ **업무 점검 루틴:** 앞서 5/10/15 법칙 중 15분 체크아웃 부분에 업무 검토 루틴이 일부 포함될 수 있다. 책상 정리나 설거지, 읽은 책 정리, 지금까지 한 작업을 클라우드에 모두 저장하는 것 등이 포함된다.

▶ **퇴근 루틴:** 통근을 한다면 여기에는 가방, 열쇠, 지갑, 전화기를 특정 장소에 두고, 자동차 쓰레기통을 비우는 것 등의 꾸준한 행동들이 포함된다. 하지만 명상이나 음악 감상, 운동, 혹은 다른 여가활동 등 사무실과 집을 오가는 사이에 에너지를 충전하는 행위들도 포함될 수 있다. 만약 재택근무를 한다면, 위와 많은 부분이 비슷하겠지만, 일의 상태를 구분하고 완충지대를 설정하기 위해 더 많은 루틴이 필요할 수 있다. 부엌 식탁과 소파가 열다섯 걸음밖에 떨어져 있지 않다면, 집중해서 해야 할 일을 부엌 식탁에서 소파까지 끌고 오기가 그만큼 쉽다는 뜻이기 때문이다.

▶ **재시작 루틴:** 만약 빅 워크를 하던 중 며칠의 공백이 생겼다면, 다시 몰입 상태로 돌아가는 것이 쉽지 않다. 재시작 루틴이란 당신이 다시 몰입하기 위해 해야 하는 일들의 목록을 말한다. 좀 과하게 들릴 수도 있지만, 나는 이 책을 쓰는 동안 초안 작성을 위한 나만의 재시작 루틴을 출력해서, 내가 건강상의 문제나 일정 때문에 3, 4일 정도 책을 쓰지 못했을 때마다 이 루틴을 반복해서 읽고 단계를 따르려고 애썼다.

▶ **살림 루틴:** 살림은 분명 해야 하는 것이지만, 이를 루틴으로 만들어서 자동적으로 끝내도록 만들면 굉장히 도움이 된다. 적어도 루틴대로만 하면 주의가 산만해져서 집안일을 중간에 하다가 마는 상황은 피할 수 있다.

우리가 습관의 동물이라는 점을 감안하면, 당신도 이미 위에 나열한 종류별 습관 또는 행동을 하고 있을 것이다. 습관 쌓기*Habit stacking*라고 부르는 과정을 통해 당신은 이 습관들을 목적이 분명한 활동들의 흐름으로 만들 수 있다. 그러면 매번 선택하지 않아도 정말 중요한 것들에 주의를 집중할 수 있다. 몸은 움직이고 있지만, 뇌는 그 활동이 아닌 다른 것에 집중하거나 이전에 하던 일에서 벗어나 회복할 시간을 벌 수 있게 된다.

예를 들어 방금 표로 나열했던 루틴 목록들을 활용한다고 했을 때, 당신은 업무 점검 루틴에서 퇴근 루틴, 살림 루틴까지를 하나로 연결할 수 있다. 사실 당신의 퇴근 루틴에 살림 루틴이 포함되어 있을 수도 있다. 이렇게 하면 흐름이 간결해져서 나머지 저녁 시간을 자기만을 위한 중요한 일에 몰입하거나 온전히 재충전할 수 있는 상태로 보낼 수 있게 된다.

## 헨젤과 그레텔이 알려주는 프로젝트 관리 방법

다음 두 가지 사실을 생각해보자. ① 보통 프로젝트를 끝낼 때 다음 단계를 말하는 것은 쉽다. ② 하지만 프로젝트를 시작할 때 이다음 단계가 무엇인지 생각해내는 것은 상상을 초월하게 어렵다. 우리가 빅 워크를 시작하게 되는 이유는 부분적으로는 일단 시작하고 나면 이 상태를 유지하기가 굉장히 쉽기 때문이다. 비슷하게 빅 워크를 피하는 이유도 마찬가지다. 오래 방치했을수록, 다시 시작하기가 더 어렵다.

빵 부스러기를 흘리는 것은 프로젝트로 복귀하기 쉽게 만드는 습관이다. 이는 《헨젤과 그레텔》 동화에서 비롯됐다. 너무 오래전에 들은 이야기라 기억이 안 나는 독자들을 위해 설명하면, 이 동화에서 헨젤과 그레텔은 숲에서 길을 잃지 않기 위해 빵 부스러기를 흘려두었다. 참 적절한 비유다. 하지만 이야기에서 빵 부스러기를 동물들이 먹어버렸다는 점은 여기에서는 무시하도록 하자.

빵 부스러기를 남겨두기 위해서는 우리가 유독 잘 못하는 두 가지 일을 해야만 한다. ① 집중 블록 끝 무렵에 충분한 시간을 갖고 빵 부스러기 흔적을 남겨두는 것 ② 지금 집중 블록 마지막에 발휘한 추진력이 다음 집중 블록을 시작할 때에는 존재하지 않는다는 점을 염두에 두는 것이다. 하지만 우리는 그렇게 하기는커녕, 쓸 수 있는 모든 시간을 총동원해 일 하나를 끝내고 다른 일로 넘어가려고 한다. 이렇게 무섭게 집중했다가 멈춰버리면, 다음번에 프로젝트를 다시 시작하기가 너무 어려워진다. 그래서 다시 몰입 상태에 이르기 위해 많은 시간을 써야 하고, 악순환을 반복하게 된다.

게다가 우리는 종종 프로젝트를 다시 시작할 때 이전의 흐름을 놓치지 않고 그 상태로 돌아갈 수 있을 거라 착각하곤 한다. 하지만 고약하게도 인생은 절대 우리 생각대로 흘러가 주지 않는다. 단순히 우리 프로젝트나 미리 계획했던 집중 블록이 다른 것으로 대체되는 상황만을 말하는 게 아니다. 미리 계획했던 집중 블록들 사이에서도 얼마든지 예상치 못한 일이 터져 길을 잃고 같은 곳만 뱅뱅 도는 상황에 빠질 수 있다.

그런데 역설적이게도 일단 다음번 집중 블록을 시작할 때 분명히 어리바리할 것을 예상하고 이에 대비해 스스로 빵 부스러기를 흘려둔다면, 다음 집중 블록을 시작할 때에는 어리바리하는 것 자체가 오히려 어려워진다. 빵 부스러기를 흘려두는 것을 습관화하면 매일 추진력을 발휘하는 것도 현실적으로 가능해진다.

빵 부스러기를 흘려두는 몇 가지 방법을 아래에 소개한다.

▶ 일 마무리 단계, 즉 하나 혹은 여러 개의 집중 블록의 끝 무렵에, 다음번에 어디서부터 다시 시작해야 하는지 짧은 메모를 남겨둔다.

▶ 너무 집중한 나머지 시간이 어떻게 흘러갔는지도 모르고 집중 블록을 다 끝마칠 수도 있다. 이때 빵 부스러기를 흘려두기 위해, 하루를 마무리할 때 적용했던 5/10/15 법칙 중 마무리 15분을 활용한다. 집중 블록 끝에 빵 부스러기를 흘릴 때만큼은 못하겠지만, 어쨌든 다음 날 아침 혹은 다음번 집중 블록을 시작할 때에 완전 백지상태에서 시작하는 것보다는 훨씬 낫다.

▶ 작가 어니스트 헤밍웨이가 사용했던 비법을 활용하라. 바로 다 쏟아내기 전에 멈춰서 시작하기 쉬운 것을 남겨두는 것이다.▪ 이때 남겨둘 것은 너무 머리 쓸 필요가 없는, 가벼우면서도 어느 정도 집중력이 필요한 정도로 어려운 것이면 된다.

지금까지는 주로 진행 중인 프로젝트의 맥락에서만 빵 부스러기를 다뤘지만, 보류 혹은 계류 중인 프로젝트도 빵 부스러기를 남겨두는 것이 유용하다. 그냥 다음번에 어떤 행동을 해야 하는지를 적어두는 것처럼 아주 간단한 정도면 충분하다. 보류 중인 프로젝트라면 남기는 빵 부스러기는 언제 이 프로젝트를 다시 시작할 수 있는지, 혹은 왜 이 프로젝트가 보류 중인지 적어두는 것이 될 것이다. 반면 계류 중인 프로젝트의 빵 부스러기로는 왜 이 프로젝트가 진행되지 않고 있는지 사유를 적

---

▪ 헤밍웨이가 사용했던 여러 작문 요령 중 하나다. "작업이 잘 진행되고 있을 때 멈춰야 한다는 것을 잊지 마라. 그러다 보면 당신이 글을 쓰면서 머릿속에 있는 문장들을 다 쏟아냈더라도 감을 잃지 않고 언제든 되살릴 수 있다. 만약 멈추지 않는다면 그다음 날 당신은 완전히 맛이 가서 아무것도 할 수 없게 될 것이다." 헤밍웨이가 쓰고 래리 W. 필립스가 엮은 《헤밍웨이의 글쓰기》에서 인용했다. 이 조언은 소설 작성 외에도 모든 창조적 작업에 적용 가능하다.

을 수 있다. 두 경우 모두, 빵 부스러기를 통해 특정 프로젝트를 볼 때마다 매번 무슨 일이 있었는지 궁금해지는 상황을 막아준다.

빵 부스러기는 아주 미시적인 계획이기 때문에, 다른 계획들처럼 반드시 따를 필요는 없다. 프로젝트를 심사숙고하다 보면, 당신은 분명 뭔가 새로운 방법이 필요하다는 통찰과 깨달음, 혹은 인식을 얻고 이를 따라 새로운 길을 시도할 때가 있다. 이때 빵 부스러기를 남겨둔다면 설령 그 길에서 큰 소득이 없더라도, 창의력의 황무지를 방황할 필요 없이 이를 따라 되돌아오면 된다. 만약 새로운 길을 따라간 결과가 좋다면, 그땐 빵 부스러기를 남겨둔 것이 여전히 의미가 있는지, 아니면 전혀 다른 방향인 건지 따져보면 된다.

## 집중방해와 한눈팔기를 최소화하는 현실적인 방법

지금까지 환경에 대해 말했다면, 이제는 당신이 빅 워크를 하지 못하도록 방해하는 집중방해Interruptions와 한눈팔기Distractions에 대해 논하기 적절한 때인 듯하다. 둘 다 업무 도중 예상치 못하게 주의를 돌린다는 점에서 함께 묶긴 했지만, 둘은 근본적으로 원인이 다르기 때문에 대응 역시 달라져야 한다.

집중방해와 한눈팔기의 핵심 차이를 살펴보자.

**집중방해는 빅 워크를 하지 못하도록 하는 외부의 개입이다.**
시도 때도 없이 방에 들어오는 아이들, 계속 울려대는 전화, (문이 닫혀 있으면 노크하지 말라는 경고를 붙여놨는데도 불구하고) 노크를 하는 직장 동료들이 여기에 해당한다.

**한눈팔기는 우리가 스스로에게 허락하는 내적 주의전환이다.**

이메일, SNS, 유튜브, 인기 미드의 이전 시즌, 잡지 신간 등이 이 범주에 해당하는 것들이다. 이들 중 어떤 것도 방으로 뛰어들어와서 먹살을 붙잡는 것은 없다. 그들이 우리 먹살을 붙잡도록 허락한 것은 바로 우리 자신이다.


집중방해와 한눈팔기를 최소화하기 위해서는 각각 다른 해결책이 필요하지만, 해결책 자체만 놓고 본다면 이 둘은 모두 진입지점*Entry point*을 먼저 찾은 후 이를 어떻게 다르게 바꿀 수 있는지 시험한다는 점에서 맥락을 같이 한다. 진입지점에 집중해 한눈팔기와 집중방해를 예방하는 것이 사후 대응보다 더 낫다. 왜냐하면 일단 한눈을 팔거나 집중방해를 받는 상황, 특히 고난이도의 작업을 하고 있을 때에 이런 상황이 발생하면, 이미 흐름을 놓쳐버리고 쉽게 이를 회복하기 어렵기 때문이다.

이메일을 예로 들어보자. 당신이 사용하는 기기의 신규 메일 알림 설정은 집중을 방해할 수 있다. 하지만 이 알림 설정을 켜놓은 것은 바로 당신이다. 당신이 이를 비활성화할 수 있는데도 그렇게 하지 않았다면, 당신은 스스로 한눈을 팔 수 있도록 허락한 것이나 다름없다. 만약 알림 설정을 꺼버리면 당신이 한눈을 팔 수 있는 방법은 직접 메일을 확인하는 것으로 바뀌고, 이때 이메일의 진입지점은 당신이 이를 확인할 수 있게 설정해놓은 기기와 애플리케이션이 될 것이다. 이 진입지점을 제거하거나 최소화한다면, 이메일 때문에 한눈을 파는 것은 눈에 띄게 어려워질 것이다. 15년 전만 해도 이메일로 인해 주의가 분산되는 경우가 훨씬 적었다. 왜냐하면 그때에는 이메일을 확인하는 기기가 우리 호주머니 속에 있지도 않았고, 지금처럼 거의 실시간에 가까운 답장도 아예 기대하지 않았기 때문이다.

## 집중방해를 방해하기

둘 중에서도 특히 집중방해는 최소화하거나 제거하기가 더 어렵다. 왜냐하면 집중방해는 (보통) 외부의 대상에 의한 것이기 때문이다. 물론 천장에서 새는 물방울도 당신의 집중을 방해할 수 있지만, 이런 종류의 집중방해는 흔하지 않다.

좀 더 쉽게 설명하기 위해, 대체로 방해 불가능한 상태를 *비활성화 상태*Being dark라고 부르겠다. 보통은 집중 블록을 할 때 비활성화 상태를 선호하지만 회복 블록에도 이 상태를 적용할 수 있다.

비활성화 상태를 위해서는 한계를 정하는 대화와 협상이 필요하다. 당신이 상대하는 사람에 따라 대화를 분류하는 것이 도움이 된다.

### 상사

권력의 역학관계 때문에 상사의 집중방해는 제거하거나 최소화하기 가장 어려운 종류의 것이다. 왜냐하면 직장에 다니는 한, 상사의 방해를 피할 수 없기 때문이다. 다행스럽게도 상사의 관심사와 당신의 관심사가 일치하는 부분이 있다. 바로 상사는 당신이 더 많은 일을 더 잘 해내길 바라고, 당신도 그렇다는 점이다. 따라서 당신이 비활성화 상태가 되는 것이 더 많은 일을 더 잘 해내기 위해서라고 말하는 게 협상의 기초가 될 것이다.

### 직장 동료

상사와 대화를 마치면 직장 동료의 집중방해를 최소화하는 것은 훨씬 쉬워진다. 왜냐하면 비활성화 상태에 대해 이미 상사의 허락을 받은 상황이기 때문이다. 대부분의 팀은, 대화 가능한 시간대를 협상하는 것 자체를 대단히 환영한다. 왜냐하면 이 협상이 다들 무언중에 따르고 있는 '언제나 대화 가능함'에 대한 기본 가정 자체를 깨기 때문이다.

### 성인(에 준하는) 가족구성원

보통은 어린아이나 반려동물이 성인(에 준하는) 가족구성원보다 더 심하게 집중을 방해하는 편이지만, 아이들의 방해에 대처하도록 도와주는 성인(에 준하는) 가족구성원 당사자도 엄청난 방해의 근원이 될 수 있다. 여기서 성인에 준하는 가족구성원이란 혼자서도 지낼 수 있는 십대 청소년, 어린이들, 나름대로 그럴 만한 이유가 있는 반려동물들까지도 포함하는 개념이다. 이들로부터 비활성화 상태에 돌입한다는 것은 큰 의미에서는 자유시간과 비활성화 상태를 맞교환하는 것이다. 또한 직장에서처럼 가족에게도 비활성화 상태에서 당신에게 접근 가능한 상황과 방법을 보장해야 한다.

### 아이들

일할 때에는 방해하지 않기 혹은 방문이 닫혀 있으면 노크하지 않기 등의 규칙은 아이들의 방해를 막는 데 도움이 되기는 하지만, 사실 아이들은 규칙을 따르기 어려워한다. 게다가 갓난아기나 유아는 여기에 해당하지도 않는다. 따라서 아이들로부터 방해금지모드에 확실히 돌입하기 위한 두 가지 전략을 요약하면 다음과 같다. ① 당신이 비활성화 상태에 들어갔을 때 아이들을 전담해서 돌보는 성인(에 준하는) 구성원을 정하는 것 ② 누군가 대신 아이들을 돌봐줄 때 물리적으로 아예 다른 공간으로 가는 것이다. 다행스럽게도 시간이 지나면 상황은 점점 좋아진다. 왜냐하면 당신의 아이들은 곧 학교에 가고, 방과 후 활동을 할 것이기 때문이다. 더 어린 아기들의 경우 낮잠을 자기 때문에, 그 시간들을 활용해 다른 방해 요소들로부터 비활성화 상태에 돌입할 수 있다.

어쩌면 당신은 이들 외에도 고객이나 이웃, 친구 같은 다른 사람들을 상대해야 할지도 모른다. 하지만 이들은 위에 언급한 사람들보다 상황에 따라 달라질 가능성이 있다. 만약 친구 중 한 명이 고통스러운 이혼 과정을 밟고 있다면, 이 친구가 전화로 미주알고주알 이야기를 하는 것이 집중에 방해가 될 수 있다. 하지만 대부분의 다른 친구들은 이렇게 내적 위기를 겪고 있는 친구만큼 당신을 방해하지는 않을 것이다. 당신이 에뮤형 인간이라면, 못 말릴 정도로 시끄러운 오토바이에 대한 이웃의 끔찍한 사랑 때문에 저녁 작업 시간이 지옥 같아지겠지만, 그렇다고 해서 당신이 저녁에 일을 하는 동안 이들이 오토바이를 몰지 못하게 할 수는 없다. 고객이 당신과 당신 회사를 고용한 이유가 바로, 정확하게 그들이 누군가 필요할 때마다 방해가 가능한 사람을 원했기 때문이었을 수도 있다. 이 경우 고객은 당신에게 (합리적인 수준에서) 방해할 수 있는 합법적인 권한을 갖는다.

일단 당신이 비활성화 상태를 고려한다면, 폐쇄해야 할 진입지점을 평가해야 한다. 업무의 맥락에서 가장 일반적인 진입지점은 전화(스마트폰), 이메일(컴퓨터), 기업용 메신저 같은 협업도구(컴퓨터)일 것이고, 만약 개방형 사무실에서 일하는 경우라면 당신이 일하는 구역 혹은 그 문도 포함될 것이다. 주변 환경을 바꾸거나 앱을 꺼두는 것, 수신금지모드로 바꿔두는 것 등을 조합하면 당신에게 최적화된 비활성화 상태를 구성할 수 있다. 만약 재택근무를 하고 있다면, 아까 말한 문이나 책상을 집으로 바꾸면 되지만, 앞서 언급했던 몇몇 방해 요소들이 더 추가될 수 있다. 그래도 어쨌든 아이들이나 반려동물을 누군가에게 맡기고 이로부터 멀어지는 것을 포함해, 여러 가지를 조합해 비활성화 상태를 구성한다는 점에서는 결과적으로 동일하다. 대부분의 스마트폰에는 정확하게 '방해금지모드'가 있어서 이 모드에서는 특정 시간대 연락 가능한 연락처를 저장하면 그 시간대에는 이 연락처 외에는 연락이 되지 않는다. 이 설정을 활용함으로써 특정 시간대에는 특정 사람들만 연락이 가능하도록 하면, 스팸전화 혹은 '그냥 전화하고 싶어서' 전화한 사람들로부터는 확실하게 방해받지 않을 수 있다.

## 한눈팔기에 대처하기

한눈팔기와 집중방해를 따로 논의해야 하는 가장 핵심적인 이유는, 비활성화 상태 혹은 미리 계획한 집중 블록을 다른 데 한눈파느라 낭비하는 흔한 상황을 피하기 위해서다. 클릭질, 이메일, 시작은커녕 대꾸하고 싶지도 않았던 대화들에 시간과 공간, 환경을 소비하는 것은 너무 쉽다.

우리가 의식적으로 한눈을 파는 경우는 매우 드물다. 그리고 적어도 실제로 한눈을 팔게 되기 전까지는, 한눈을 팔겠다고 작정하는 경우도 없다. 페이스북에 접속해 45분 동안 스크롤을 내리면서 처음 본 사람들과 논쟁하기로 처음부터 작정한 사람은 없다. 하나만 봐야지 하고 시작했던 유튜브 동영상은 7개로 접어든다. 친구에게 했던 짧은 안부 전화는 어제 친구 아들이 선생님한테 뭘 배웠는지 듣고 또 들으며 37분으로 늘어난다.

사람들은 너무나 쉽게 내가 '디지털 한눈팔기의 무한반복(앞으로 줄여서 무한반복)'이라고 명명한 상태에 빠져버린다. 특히 이 무한반복의 고리는 우리 추진력에 아주 막대한 손상을 입힌다. 이메일에는 웹사이트로 가는 링크가 포함되어 있다. 이 웹사이트에는 새로운 링크와 팝업창, 공유하기 버튼이 있다. 공유하기 버튼을 누르면 소셜미디어로 연결 되고, SNS의 쪽지함에는 가입 메시지가 들어와 있다. 이 과정 중에 어디에선가 당신은 뭔가 살 만한 물건 광고에 노출되거나 아마존에서 사려고 했던 물건이 기억난다. 그래서 당신은 지갑을 가지러 간다. 지갑을 가지고 돌아왔거나 아마존에서 사려고 했던 물건에 대한 13개의 조건을 각각 모두 비교한 그 시점에, 새로운 중요한 이메일을 받거나 곧 있을 회의를 준비해야 한다는 사실이 생각난다. 회의 준비 혹은 이메일 답장을 마치고 나면, 화면에는 6개의 탭이 열려 있고, 당신은 아까 공유한 링크에 좋아요나 댓글, 어떤 반응이 있는지 확인한다. 이렇게 주어진 하루 동안 계획하지 않은 순간들 모두가 이 무한반복의 고리 위에서 낭비된다. 만약 내 설명이 짜증 나고 기가 막혀 헛웃음이 나면서도 지루하게 느껴졌다면, 내가 현실을 제대로 포착한 것이다.

문제는 우리가 한눈을 팔았다는 사실이 아니라, 사소한 목표 달성과 도파민 분출의 무한반복 상태에 빠져 이 고리에서 벗어나지 못하게 된다는 것이다. 그 순간만큼은 어딘가를 향해 나아가는 것 같고, 만족감을 느낄지 모르지만, 사실 우리는 흔들의자처럼 요란하기만 할 뿐 제자리걸음 상태다. 그리고 실제로 이 상태는 현실에 역행하는 것이나 다름없다. 왜냐하면 우리가 제자리에서 흔들거리는 동안 시간은 앞으로 흘러가기 때문이다.

집중방해를 방해하는 것처럼, 한눈팔기를 다루는 가장 단순한 방법은 바로 한눈을 팔게 되는 진입지점을 원천봉쇄하는 것이다. 예를 들어, 만약 인터넷에 연결된 기기에 접근조차 할 수 없다면 유튜브에 한눈을 팔게 되는 것은 불가능하다. 그런 점에서 한눈팔기 역시 집중방해와 같은 양상을 따른다. 본인 스스로 한눈팔기를 더욱 어렵게 만들수록, 한눈을 팔게될 가능성은 줄어든다.

아래 서술한 한눈팔기 방지 전략들은 아래로 갈수록 더욱 공격적인 방법이다. 만약 한눈팔기 때문에 빅 워크를 할 수가 없다면, 차례대로 목록을 적용하라.

**한눈팔게 만드는 것에 뛰어들기 전에, 일간 추진 계획부터 먼저 확실히 하라.**

이때에는 5/10/15 분할 법칙이 특히 도움이 될 것이다. 어제 하루를 마무리하면서 세웠던 계획을 기초로 오늘 프로젝트를 시작할 수 있기 때문이다. 이메일이나 협업 툴을 쓰더라도, 이를 사용하는 이유는 미리 세워둔 계획을 업데이트하기 위해서다. 당신의 기본 계획은 당신을 무한루프에서 끌어낼 만큼 충분히 무게감을 갖고 있을 것이다.

**블록들 사이에서 한눈팔기를 유도하는 기초설정을 더 나은 것으로 대체하라.**

예를 들어 이메일부터 먼저 확인하지 말고 회사 복도를 걷거나 집 근처를 산책하라. 개인적으로 나는 매번 회의가 끝날 때마다 잠시 자리를 뜬다. 왜냐하면 그렇게 하지 않으면 쉽게 무한반복에 빠져버려서 회복 블록에 써야 할 시간을 놓쳐버리게 되기 때문이다.

**모든 알람을 꺼버리고 전자기기의 방해금지모드를 적극 활용하라.**

무엇이든 무음모드로 설정할 수 있다면 그렇게 설정하라. 모든 알람을 다 끄고 시작하는 것이, 한두 개만 제거하는 것보다 더 낫다. 여기서 주의할 점은 ① 앞서 집중방해 부분에서 강조했던 대화를 충분히 갖는 것 ② 모든 일에 으레 수반되는 자질구레한 비효율적 행정 업무를 처리하기 위한 관리 블록을 충분히 확보해야 한다는 점이다.

**스스로 가둬라.**

알림을 끄는 것만으로는 클릭 한 번이 무한반복의 고리로 이어지는 것을 충분히 막지 못하기 때문에, 어쩌면 클릭 한 번의 순간을 아예 원천봉쇄해야 할 수도 있다. 애플리케이션이나 웹사이트를 차단하는 방법에는 여러 가지가 존재한다. 최근 나는 맥 컴퓨터에 콜드 터키 블로커Cold turkey blocker라는 앱을, 아이폰에 스크린타임Screen time이라는 애플리케이션을 사용한다. 이 방법들 역시 발전을 거듭하고 있다. 왜냐하면 IT 기업들조차도 그동안 한눈팔게 만드는 기기를 너무 쉽게 만들어왔다는 것을 잘 알기 때문이다.

**애플리케이션을 지워버리고 애초에 싹을 잘라라.**

차단 애플리케이션조차도 충분하지 않다면, 한눈팔게 만드는 애플리케이션을 그냥 완전히 삭제해버려라. 나는 고객들이 한눈을 팔게 만드는 어플들을 스마트폰에서 지워버리는 것을 함께 지켜본다. 여기에는 이메일이나 브라우저가 포함될 때도 있다. 최근 모든 컴퓨터 운영 체계는 특정 사용자 계정을 설정하고 그 안에서 선택한 애플리케이션만 열 수 있거나 특정 웹사이트는 아예 열리지 않도록 설정할 수 있다. 그러므로 빅 워크를 할 수 있도록 '빅 워크' 또는 '창작 프로젝트' 사용자 계정으로 들어가서 작업하라. 와이파이를 끄거나 와이파이 카드 자체를 제거해버리는 것도 당신이 무한반복을 시작하게 되는 것을 막아줄 수 있을 것이다.

**구식 기계를 사용하라.**

불편하겠지만, 인터넷이나 다른 한눈을 팔 만한 기능이 없는 기기들을 사용하면 한눈을 파는 것 자체가 불가능해진다. 예를 들어 사람들은 집중하기 위해 음악을 들어야 하기 때문에 스마트폰이 필요하다고 생각할 수 있다. 하지만 음악 재생을 위해서라면 구식 아이팟도 아무 문제가 없고, 심지어 중고 시장에서 더 싸게 구할 수도 있다. 수기로 글을 쓰는 것은 컴퓨터로 작성하는 것에 비해 훨씬 비효율적이지만, 만약 결과적으로 더 많이, 더 나은 원고를 작성할 수 있다면 수기로 작성하고 일주일에 몇 시간 정도를 디지털로 옮겨 적는 것이 훨씬 더 효과적일 수도 있다.

한눈팔기 예방을 위한 적절한 전략 조합을 찾기 위해 어느 정도 시간과 돈이 들어갈 수도 있다. 하지만 일주일 동안 무한반복 고리에서 허비하는 시간, 한눈을 팔다가 다시 일로 복귀하는데 걸리는 시간, 오늘 하루의 시작 시간을 놓쳐버려서 좌절하는 경우를 생각해보면 답은 간단하다.

한눈을 팔게 되는 요소를 제거하는 것만으로도
빅 워크를 추진하는 데 필요한 집중 블록을
주당 세 개씩 확보할 수 있다.

한눈팔기는 우리의 선택이다. 물론 그 반대를 선택할 수도 있다. 이를 확대해서 생각하면, 우리가 한눈팔기를 선택했다면 우리는 각자의 빅 워크를 하지 않기로 선택한 것이다. 이제는 당신이 결정할 차례다.

**프로젝트가 표류하는 세 가지 형태: 밀림, 막힘, 엉킴**

이상적인 세계에서라면 우리는 완벽한 로드맵을 작성하고, 우리의 스케줄은 정확하게 우리가 계획한 대로 굴러가며, 여기에는 우리를 밀어내는 어떤 방해도 존재하지 않는다. 하지만 실제 세상에서는, 프로젝트들이 계획을 벗어난다. 더 많이 벗어날수록, 더욱더 꼼짝 못 하는 상태가 될 확률이 높다. 움직이는 프로젝트는 계속 움직이는 경향이 있듯이, 멈춰버린 프로젝트는 계속 멈춰 있으려 한다.

하지만 프로젝트가 길에서 벗어나 멈춰버리게 되는 것은 여러 이유가 있다. 이것을 알면 발이 묶이는 상황을 피하고, 실제로 발이 묶였을 때 이를 해결할 수 있게 된다. 지금부터 우리의 추진력을 방해할 수 있는 공통의 위험 요소들을 살펴보도록 하자. 나는 이것을 밀림Cascades, 막힘Logjams, 엉김Tarpits이라고 부른다.

## 밀림

밀림이란 하나의 프로젝트가 뒤처지면서 다른 프로젝트들도 연이어 뒤처지게 되는 양상을 말한다. 프로젝트들이 연결되어 있어서 밀리기도 하지만, 논리적으로 연결되어 있지 않은 프로젝트들에서도 밀림이 발생할 수 있다. 단순하게 보자면, 미리 계획해뒀던 집중 블록이 사라지거나 재배치를 해야 하는 상황이 되면, 다른 모든 프로젝트의 집중 블록을 아래로 끌어당기면서 시간이 뒤로 밀리게 된다. 이 프로젝트 묶음들은 마치 끝이 막혀버린 컨베이어벨트처럼 차곡차곡 쌓이기 시작한다.

이런 밀림 현상에 대처하기 위해서는 컨베이어벨트 시작과 끝 모두에서 작업을 해야 한다. 만약 프로젝트와 약속이 같은 속도로 계속 컨베이어벨트에 실려 오는데, 한쪽 끝에서 일한다면 일은 쌓일 수밖에 없다. 한쪽 끝에서만 일하면, 일은 밀린다.

밀림 현상에 대처하는 방법은 아래와 같다.

**선택적 프로젝트는 잠시 보류하라.**
'선택적' 프로젝트란 당장 마치지 않아도 곤란한 상황이 발생하지 않는 프로젝트를 말한다.

**할 수 있는 새로운 프로젝트도 일단 받지 마라.**
만약 작업 속도보다 더 빠르게 프로젝트들을 맡게 된다면, 담당자들에게 당신이 이미 하고 있는 일들을 보여주고, 이를 따라잡기 위해 얼마간 '신규 프로젝트 일시 정지'가 왜 필요한지 정당성을 입증해야 한다.

**중요도에 따라 남아 있는 프로젝트들을 분류하라.**
이는 하지 않았을 때 더 큰 문제가 생기거나 창피를 당할 수 있는 프로젝트를 우선순위에 두는 것을 의미한다. 중요도에 따라 프로젝트들을 묶었다면, 가장 먼저 끝낼 수 있는 일들을 끝내고 눈덩이 굴리기 방법을 활용해 나머지 프로젝트를 마치는 속도를 올려라.

**한꺼번에 여러 개를 하려고 하지 말고 순서대로 하나씩 작업하라.**
한 주에 한두 개의 프로젝트를 집중해서 끝낸 뒤 눈덩이 효과를 활용해 프로젝트를 따라잡는 것이, 여러 개의 프로젝트를 조금씩 진행하는 것보다 훨씬 낫다. 특히 만약 당신이 사람들과 '신규 프로젝트 일시 중지' 상태를 협상했다면 더더욱 그렇다.

**다섯 프로젝트 법칙을 사용해 밀림 현상이 나타나는지 확인하라.**
밀림 현상은 종종 우리가 처음부터 너무 많은 프로젝트를 떠안아서 발생한다.


끊임없이 여러 프로젝트를 이리저리 오가거나 단순하게 일을 빠르게 한다고 해서 밀린 프로젝트에서 벗어날 수 있는 것은 아니다. 밀림 현상을 해결하려면 핵심 프로젝트들을 먼저 끝낸 뒤, 밀림 현상에서 벗어나자마자 해야 하는 프로젝트의 수를 줄여야 한다.

### 막힘

막힘 현상은 너무 많은 프로젝트가 동시다발적으로 발생해서 제때 마감하지 못하는 상황을 말한다. 밀림 현상과 마찬가지로, 막힘이 반드시 동일한 프로젝트 뭉치 안에서 발생하는 것은 아니다. 간단히 생각하면 두 개의 큰 프로젝트가 같은 날 마감이라, 제한된 집중 블록을 두고 경쟁하는 상황이라 보면 된다.

막힘 현상을 해결하기 위한 방법은 아래와 같다.

**서로 충돌하는 프로젝트들을 검토한 뒤, 어떤 덩어리가 프로젝트 전체를 움직이는지 밝힌다.**
한 프로젝트를 움직임으로써 다른 프로젝트를 할 여지를 확보할 수 있다.

**프로젝트의 중요도를 점검한 뒤 (가능하면) 마감을 미루도록 협상한다.**
이렇게 하면 너무 많은 프로젝트를 한꺼번에 같은 시간에 마감하지 않아도 된다.

**막힘 현상을 예상하고 상황 발생 전에 대처하라.**
프로젝트 목록을 작업할 때부터 어떤 프로젝트가 문제를 일으킬 소지가 있는지 유심히 살피고 이것부터 먼저 끝내라. 그래야 막힘 현상이 밀림으로 이어지지 않는다.

## 엉김

엉김이란 프로젝트가 막혔을 뿐만 아니라 막힌 상태가 오래되면서 다시 시작하기가 점점 더 어려워지는 양상을 말한다. 이건 마치 공을 콘크리트 벽에 던지는 것과 끈적끈적한 타르 구덩이에 던지는 것의 차이와 같다. 만약 당신이 한 번이라도 일 년 넘게 방치되었던 프로젝트를 재개하려고 시도해본 적이 있다면, 아마도 그 엉겨 붙은 기름을 만지면서 '으웩' 소리가 나는 경험을 했을 것이다.

엉겨 붙어 굳어버린 프로젝트를 다루는 방법은 아래와 같다.

**① 프로젝트가 아직 살아 있는지 확인하라.**
죽었다면, 그냥 포기하라.

**② 프로젝트가 살아 있긴 하지만 엉겨버린 상태라면 이상에 부합하지 않은 삶의 고통을 떠올리고, 이 프로젝트를 하지 않는 고통을 다시 고려하라.**
이 프로젝트가 굳어버린 것은 이 프로젝트보다 다른 프로젝트를 하지 않는 고통이 더 크게 느껴졌기 때문이다. '결과가 이러면 정말 좋을 거야'와 '결과가 이렇지 않으면 괴로울 거야'를 비교하는 것보다는, 고통과 고통끼리 비교하는 것이 훨씬 더 쉽다.

**③ 이전에 프로젝트를 나눈 적이 없다면, 지금이라도 작은 덩어리로 나눠라.**
프로젝트가 엉겨 있는 상태이므로, 평소보다 더 작은 덩어리로 나누는 것이 더 낫다.

**④ 3일 이내에 실천 가능한 프로젝트 덩어리를 골라라.**
여기서 목표는 어떻게든 조금이라도 프로젝트를 진척시키는 것이다. 왜냐하

면 일단 움직이기 시작하면 관성적으로 더 진행시키기가 쉬워지기 때문이다.

**⑤ 프로젝트 덩어리를 최소 일주일에 두 번 이상 작업하라.**
이렇게 해야 프로젝트가 다시 엉겨 붙는 상태로 돌아가는 것을 막을 수 있다.

**⑥ (실제로든 비유적이든) 벽장에 프로젝트를 넣지 마라.**
프로젝트가 눈에서 멀어지면 다시 구덩이로 빠져버리기가 너무 쉽다. 질질 끌지 말고 그냥 하라. 그러면 작업하기가 점점 더 쉬워진다.


만약 당신이 계속해서 엉겨 붙은 프로젝트를 발견한다면, 이것은 당신이 너무 많은 데 정신이 팔려 있거나 우선순위와 일치하지 않는 프로젝트들에 전념하고 있다는 것을 알려주는 바람직한 신호다. 바로 지금이 다섯 프로젝트 법칙에서 하나의 프로젝트 자리를 비우는 다이어트를 감행할 시간이다. 지금 하고 있는 프로젝트의 80퍼센트 이상을, 당신이 하기로 한 시간 안에 마칠 때까지, 계속해서 프로젝트를 줄여가야 한다.


## 창의적 레드존을 통과하는 방법

프로젝트를 결승선까지 밀어붙이는 것이야말로 프로젝트를 마무리하는 데 가장 어려운 부분 중 하나라 할 수 있다. 때론 아무리 애를 써도, 마지막에 지금까지 했던 만큼을 그대로 다시 하는 것처럼 느껴지기도 한다. 나는 이 마지막 구간을 프로젝트의 *레드존Red zone*이라고 부른다. 이는 마치 미식축구의 레드존에서 우리가 종종 목격하는 현상, 즉 공격

팀이 터치다운으로 득점권End Zone.을 코앞에 두고 공을 놓쳐버리거나, 혹은 기껏 잘해봐야 공을 차서 골대를 넘겨 부분 점수를 얻는 수준에 그치는 것에서 따온 말이다.

미식축구에서는 레드존에서 공격팀이 공격에 실패해 공수교대가 일어나는 이유가 명확하다. 일단 수비팀이 뒤로 많이 밀리면서 상대적으로 수비해야 할 공간 자체가 좁아졌고, 그러다 보니 공격팀 입장에서도 공을 득점권까지 밀어붙이는 것 말고는 선택권이 거의 없다. 여기서 공격수들은 아래 세 가지 중에 한 가지 상황에 처하게 된다. ① 이미 상황이 끝났다고 믿고 최선을 다하지 않거나 ② 이 지점까지 공을 가지고 오느라 힘을 다 써버려 지쳐서 다리가 풀리거나 ③ 여기까지 온 것에 대해서 너무 흥분한 나머지 실수를 하는 것이다.

창조적 프로젝트도 굉장히 유사한 양상을 띤다. 생각 쓰레기, 우선순위 충돌, 엉성한 팀이 진행을 막는다. 물론 미식축구 수비팀과는 다르게 창조적 작업을 방해하는 괴물들이 당신이 프로젝트를 마무리하지 못하도록 막을 수 있는 방법은 상당히 많다. 이 괴물들 역시도 미식축구 수비팀처럼 최대한 집중해서 당신의 득점을 방어한다. 그리고 우리는 프로젝트의 마무리를 코앞에 두고 너무 지쳐버렸거나, 짜증으로 가득 차거나, 너무 많은 생각에 빠져버려서 창의적 피로감에 굴복해버리고 만다. 이런 피로감은 창의력이라는 공을 여기까지 가지고 오는 데 필요한 인지적, 감정적, 신체적 에너지를 너무 많이 써버렸기 때문에 발생한 자연스러운 부산물이다. (역설적이지만 결정 피로 때문에 더 과도한 생각에 빠지게 된다. 이것은 정확하게는 불확실성을 목전에 두고 결정을 내리기 위해 쓸 수 있는 내적 자원이 부족하기 때문이다.)

이런 상황은 내가 가장 좋아하는《도덕경》의 한 구절을 떠올리게 한다.

사람들은 일을 처리함에 있어서
종종 다 된 밥에 코를 빠뜨리곤 한다.
만약 사람들이 처음 시작할 때만큼 마무리에도 신경 쓴다면,
이런 실패는 일어나지 않을 것이다.

레드존을 통과하는 것은 어려운 일이다. 끝내기를 앞두고 긍정적으로 흥이 오르는 몇몇 예외적 사례도 존재하긴 하지만, 우리 대부분은 사실 여기에 해당하지 않는다. 그것이 우리가 마무리를 하지 못하고 멈춰 있는 이유다.

하지만 당신이 레드존에서 늘 공을 놓치라는 법은 없다. 이제부터는 당신이 프로젝트를 끝내기 위한 단 몇 발자국을 앞두고 저항에 부딪쳤을 때, 이에 맞서기 위해 할 수 있는 몇 가지 방법들을 소개하고자 한다.

**프로젝트에 대한 근원적인 질문으로 돌아가서 더욱 끈질기게 매달려라**

프로젝트의 '어떻게'와 '언제'에 대해서 논하다 보면, 애초에 '왜' 이 프로젝트를 시작했는지 잊어버리기가 십상이다. 적어도 당신의 성공지원단 중에서 당신이 프로젝트를 끝내고 이를 선보임으로써 더 나아질 수혜자들을 생각하라. 당신이 해낸 것들로 인해 세상은 조금 더 나은 곳이 될 것이다.

그리고 장기적인 관점에서 보면 당신 역시도 혜택을 입을 것이다. 그것은 현실이다. 당신은 중요한 일을 하나 더 마쳤고, 당신이 만들어낸

것에 자랑스러워할 수 있다. 빅 워크를 마치는 것은 당신이 스스로에게 줄 수 있는 최고의 선물 중 하나다.

## 충분히 좋은 상태에 집중하라

프랑스의 작가 볼테르가 말했듯 "좋음의 적은 완벽이다". 왜냐하면 완벽함은 획득 불가능한 것이기 때문이다. 따라서 완벽을 목표로 하면 당신은 결코 무언가를 이룰 수 없다. 의미 있고 유용한 성과를 내는 핵심은, 뭔가를 충분히 좋은 수준까지 하는 것이 우리가 할 수 있는 최선임을 이해하는 것이다. 우리 작업을 충분히 좋은 수준에서 훌륭한 수준으로 만들기 위해서는 다른 사람들의 도움이 필요하다.

## 더 중요한 것일수록, 이것은 그저 시작에 불과하다

어떤 프로젝트가 당신 혹은 수혜자들에게 중요할수록, 이 프로젝트는 더 큰 과정의 시작에 불과하다.

책은 대화를 시작하는 소재일 뿐이다. 어떤 지역 프로젝트는 더 번창하는 지역사회를 가꿔나가는 시작일 뿐이다. 어떤 애플리케이션의 베타 버전은 사용자들과 함께하는 유용하고 재미있는 소통의 시작일 뿐이다. 새로운 다이어트는 더 건강한 당신으로 거듭나기 위한 라이프스타일 변화의 시작일 뿐이다. 리더십을 도입하는 것은 팀을 위한 더 훌륭한 일의 시작일 뿐이다.

우리는 종종 더 중요한 것일수록 시작도 더 근사해야 한다고 잘못 믿고 있다. 하지만 현실은 훨씬 더 소탈하고, 이해하기 쉬운 것이다.

*더 중요한 것일수록*

*끝내기를 빨리 시작하는 것이 더 좋다.*

**끝에 갈수록, 당신이 작업하는 건 당신의 사고방식이라는 점을 명심하라**

우리는 프로젝트를 더 나은 방향으로 만들고 있다고 생각한다. 여기서 더 낫다는 것을 측정할 기준조차 없는데도 말이다.

*레드존의 본질은 바로, 우리가 계속 작업은 하고 있지만*

*사실상 이 지점에서 아무것도 끝낸 것이 없다는 점이다.*

그런 의미에서, 여기서 일을 좀 더 한다고 한들 더 멀리 갈 수 있는 건 아니다. 그저 당신의 근무 기록이 더 길어질 뿐이다.

당신이 실제로 작업하고 있는 것은 바로 당신의 마음가짐이다. 당신은 스스로에게 계속 주문을 외우고 있다. 여기서 더 열심히 하면, 내가 모든 것을 쏟아부었기 때문에 반대꾼들과 비평가들이 이 작업의 가치에 대해서 입도 뻥긋하지 못할 거라고. 여기서 하나만 더 하면 모든 것이 한데 합쳐져 하나의 완성품이 될 거라고. 단어 하나, 코드 하나, 여백, 혹은 추가된 재능이나 연구 지원이 작업을 훨씬 좋게 만들 거라고 생각한다.

하지만 이 사고방식을 뒤집어라. 당신의 일을 끝마치는 것 자체가 다른 사람들을 돕는 것이다. 당신이 매일 프로젝트의 마감을 미룬다 한들, 성공지원단은 당신의 일에 더 큰 차이를 만드는 데 도움을 줄 수 없다.

## 최선을 다하라, 그리고 한 발 물러서라

힌두교 경전 중 하나인 《바가바드기타》에서 주인공인 크리슈나가 아르주나에게 했던 말이 있다. "당신은 행동할 권리가 있으나, 행동의 결과물에 대한 권리는 없다." 빅 워크를 완수하면서 확실한 목적이 있었다면, 확실한 결과에 대한 기대는 포기해야 한다.

물론 결과가 실패일 수도 있다. 하지만 희망적인 부분은 바로 레드존에 반복해서 갇히지 않아도 된다는 점이다. 마지막 실패했던 경험을 바탕으로 새로운 것을 시도함으로써 당신의 에너지를 새로운 옵션에 더 많이 투자해볼 수도 있다. 혹은 문제의 중심으로 다시 돌아감으로써 그것은 처음부터 하면 안 되는 일이었다는 것을 깨닫게 될 수도 있다.

지금 아는 것이 3주 후, 몇 달, 혹은 몇 년 후에 아는 것보다 훨씬 낫다. 노자의 말을 빌리자면 "최선을 다하라. 그리고 한 발 물러서라." 하지만 한 발 물러서라는 말이 아예 일하기를 멈추거나 그냥 다른 일로 넘어가라는 뜻은 아니다. 한 발 물러서서 축하하라. 당신이 지나온 여정, 당신이 극복한 괴물들, 그 과정 끝에 달라진 지금 당신의 모습을. 이 모든 것이 당신이 빅 워크를 함으로써 얻은 것들이다.

결승선을 통과하기까지 정말 고생이 많았다. 스스로 자랑스러워해도 된다. 다음 장에서는 일단 결승선을 통과하고 나면 무엇을 해야 하는지에 대해 이야기할 것이다.

▶ 추진 과정에서 작은 성공들을 축하할 때, 더 큰 마무리도 축하할 수 있다.

▶ 습관과 루틴은 선택 피로를 최소화하고 몰입 상태를 더 오래 지속시킨다.

▶ 프로젝트를 하면서 빵 부스러기를 남겨두면, 훨씬 즐겁고 효율적으로 프로젝트에 복귀할 수 있다.

▶ 집중방해는 외부의 개입으로 우리가 빅 워크를 하지 못하게 되는 것이고, 한눈팔기는 내적 개입으로 우리가 스스로 만들어낸 방해 요소다.

▶ 프로젝트 밀림은 한 프로젝트가 늦어졌을 때 다른 것까지 늦춰지는 현상을 말한다. 프로젝트 막힘은 너무 많은 프로젝트가 동시다발적으로 생길 때를 의미한다. 프로젝트 엉킴은 어떤 프로젝트가 오래 정체되어 있을수록 더 단단히 굳어버리는 것을 말한다.

▶ 창의적 레드존은 프로젝트의 마지막 고비로, 결승선이 가까워질수록 이를 넘어서기가 더 어려워지는 구간을 말한다.

# 10  당당히 **마무리**하라

시작은 훌륭한 기술이지만, 마무리는 훨씬 더 훌륭한 예술이다.

헨리 워즈워스 롱펠로Henry Wadsworth Longfellow의 시, '애가Elegiac Verse' 중에서

빅 워크의 결승선을 통과하는 그 기분은, 쾌감과 안도감, 놀라움과 자랑
스러움이 한데 섞여 밀물처럼 밀려드는 기쁨 그 자체다. 그러나 프로젝
트 속에서 자아를 내려놓아야 그 반대편의 다른 자아를 발견할 수 있다.
왜냐하면 우리가 결과물을 만들었듯, 우리가 만든 결과물 역시도 우리
자아를 만들기 때문이다. 지금은 바로 다음 프로젝트로 돌진하기보다,
당신이 일궈낸 성공을 누릴 시간이다.

## 반드시 완주 세리모니를 하라

호송 임무들을 끝마칠 무렵, 우리는 이라크를 빠져나와 쿠웨이트로

복귀하게 되었다. 그렇게 이라크 국경을 넘은 지 20분쯤 지나자, 병사들 사이에 뚜렷한 집단적 안도감, 자부심, 감사의 감정들이 감돌기 시작했다. 가벼운 농담들이 시작됐고, 말리기 어려울 정도로 실없는 대화 소리가 커졌으며, 자기도 모르게 꽉 쥐고 있던 주먹에 힘이 빠졌다. 임무가 완전히 다 끝난 것은 아니었지만, 적어도 원칙대로 수행할 수 있었으니 그걸로 충분했다. 그리고 그제야 나는 생각했다. 내가 그동안 가족들에게 어떤 편지도 쓰지 못했다는 것, 그리고 적어도 본진에 있는 고위 장교들의 입방아에 오르내리지는 않겠다는 점을.

내가 이 감정을 이토록 생생하게 기억하는 이유 중 하나는 바로 끊이지 않는 매복 공격의 위협과 자질구레한 문제들에서 벗어나, 기지로 복귀하는 그 사이에 어느 정도 이동시간이 있었기 때문이다. 물론 전선을 이끄는 리더의 입장에서는 이 순간조차도 또 다른 종류의 기습 공격이 가능한 시간처럼 느껴지기는 했지만, 어쨌든 우리는 하나의 팀으로서 충분한 여유를 가지고 군인들만의 방식으로 함께 기쁨을 나눌 수 있었다. 요약하자면 우리는 기지로 돌아가서 여러 잡무에 치여 시간과 주의력을 다 뺏기기 전에, 우리끼리 임무 완수를 자축할 시간을 가질 수 있었던 것이다.

완주 세리모니는 스포츠나 다른 고강도의 압박감을 요하는 행사의 일반적인 특징이다. 하지만 우리가 잘 깨닫지 못할 뿐이지, 삶 곳곳에서도 이와 비슷한 형태의 것을 볼 수 있다. 결혼식의 식후 피로연, 출산 후 아기를 친구들에게 보여주는 것, 졸업 행진, 새 차를 뽑았을 때 친구들을 태워주는 것 등등이 모두 이러한 세리모니의 일종이다. 뭔가 대단한 것을 만들거나 성취하면, 우리는 이를 선보이고 싶어 한다. 그리고 그만큼 중요한 것은, 우리가 그것을 만들고 성취한 장본인으로 보이길 바란다는 점이다.

그러나 빅 워크 프로젝트에 있어서는 좀 다르게 느낀다. 겨우 프로젝트 하나 끝냈다고 축하하는 게 너무 유난스럽고 자기중심적이면서 유치하다고 느끼는 것이다. 왜냐하면 다른 영웅들은 나보다 훨씬 더 많은 일을 더 멋지게 해냈기 때문이다.

완주 세리모니를 하기가 더 어려운 이유는 바로 빅 워크의 결과가 다른 종류의 일처럼 명쾌하게 딱 떨어질 확률이 낮기 때문이다. 앞서 말했던 내 사례에서 성공했을 때의 모습은 분명했다. 우리는 명령받은 것이 무엇이든 이를 제때 운송하고, 우리가 파병했던 모든 장병을 무사히 복귀시키는 것이었다. 이 지점에서 우리는 목표를 달성하기도 했고, 한편으로는 달성하지 못하기도 했다. 이는 위에 소개했던 다른 사례들도 모두 마찬가지다.

하지만 우리는 늘, 마치 우리가 해낸 것보다 더 많은 것을 훨씬 멋지게 해낼 수 있었다고 느끼곤 한다. 일부러 긍정적으로 뭔가 끝까지 해냈다고 사람들에게 말할 때조차도, 이렇게 했으면 좀 더 잘할 수 있었다고, 혹은 이런 부분이 아쉬웠다고 말해야 직성이 풀린다. 심지어 목표를 달성했어도, 애초에 설정한 목표 자체가 적절하지 않았다고 덧붙인다. 완주를 축하하기는커녕 우리는 천국까지 닿는 사다리를 그렇게 잘 만들어놓고도 몇몇 단을 빼먹었다며 단점을 들추기에 바쁘다.

4장에서 우리는 일단 일부터 벌인 후에 그에 맞춰 목표를 세우는 주먹구구식 계획 습관을 보완하기 위해 처음부터 어떻게 목표를 세워야 하는지 집중해서 살펴본 바 있다. 하지만 여기서 또 다른 중요한 부분은 바로 이 목표를 당신의 성공지원단과 공유하는 것이다. 왜냐하면 당신이 완주 세리모니를 할 때가 되었을 때, 이들이야말로 짐짓 당신의 옆구리를 찌르며 당신의 성공을 축하해주고 이를 지켜봐줄 사람들이기 때문이다. 때로는 성공지원단의 가장 중요한 역할이, 당신이 결승선을 통과할 수 있도록 도와주는 것이 아니라, 오히려 당신이 지금까지 온 길을 되돌아보며 성공적인 완주를 더욱 성대하게 기뻐하도록 돕는 것일지도 모른다.

그러나 우리는 너무 자주 망각한다.
완주 세리모니가 오직 완주자 한 사람을 위한 것이 아니라
공동체 전체를 위한 것이라는 걸.

당신의 성공지원단은 그 분야에서 오래도록 자리를 지켰거나 당신 옆에서 당신을 지켰던 사람들이다. 가족과 친구들은 당신을 기다리면서, 각자의 방법으로 당신을 위해 기여해왔다. 당신이 속한 공동체 역시도 지금까지 항상 당신을 지지하고 응원해왔다. 누군가 당신이 한 일에 영감을 받아서, 당신의 성공을 그들이 할 수 있다는 본보기로 삼을 가능성도 있다. 완주 세리모니를 하지 않는 것은 당신의 성취에 기여한 이들의 지대한 공로를 축하할 기회를 박탈하는 것이다.

여기서 이토록 강력하게 완주 세리모니의 필요성을 강론하는 이유는 많은 사람이 이를 선택사항 정도로 치부해버리기 때문이다. 크든 작든 사람들이 당신에게 보여준 성의를 위해 고맙다고 인사하고 감사를 표현하는 것이 선택사항이 아니듯, 완주 세리모니도 마찬가지다. 다른

것들과 마찬가지로 완주 세리모니 역시 완주 후 할 일 목록에 올릴 자격이 있는 일이다.

완주 세리모니에 대한 몇 가지 아이디어를 제공한다면 아래와 같다.

**성공지원단에게 당신이 프로젝트를 마쳤다는 것을 알린다.**

자세하거나 장황하게 설명할 필요는 없다. 그냥 '끝났어!' 이렇게 문자를 남기는 정도면 충분하다. 하지만 어찌됐든 이들에게 알려야 한다. 특히 당신을 돕기 위해 함께 레드존을 질주한 이들이라면 더더욱.

**상황을 잘 살펴서 "요즘 어떠세요?" 내지는 "잘 지내시죠?" 같은 인사말에 진지하게 대답한다.**

물론 마트 계산원은 당신의 성취에 큰 관심이 없을지도 모른다. 하지만 직장 동료나 이웃, 친구, 가족들은 아니다. 당신의 커피를 내려줬을 뿐 아니라 당신이 지난 6개월 동안 점심시간마다 방문해서 타이핑하는 것을 지켜봤던 바리스타라면, 그들이 당신의 프로젝트의 일부가 되었다는 사실에 기뻐할지도 모른다. 하지만 반대군들에게는 이에 대한 언급을 아예 피하는 것이 현명할 것이다. 당신의 악담을 퍼뜨릴지도 모르는 오지랖꾼도 요주의 대상이다.

**결정적 순간을 남겨라.**

결정적 순간은 가족과 함께 축하를 기념하는 저녁 식사 자리가 될 수도 있고, 주머니 사정이 허락된다면 휴가를 갈 수도 있다. 콘서트에 가거나 지역의 파티에 참석하는 것이 될 수도 있다. 일반적으로는 빅 워크가 눈에 보이지 않는 무형의 것일수록, 이 순간을 더욱 눈에 보이고 손에 잡히는 유형의 것으로 만들어야 한다. 새로운 공간, 손에 잡히는 물건, 혹은 실질적 성과 등의 물리적 실체는 무형의 일은 절대 할 수 없는 방식으로 상황을 반영해준다.

완주 세리모니가 무엇이 되었든, 잊지 말고 꼭 세리모니를 하라. 당신과 당신의 사람들은 그럴 만한 자격이 있다.

## 프로젝트와 프로젝트 사이 여유 시간과 공간을 확보하라

우리는 중요한 프로젝트를 막 마치고 나서 자연스럽게 다음 프로젝트에 돌진하려 한다. 혹은 적어도 그렇게 하려고 계획한다. 하지만 이는 마치 마라톤을 완주하고 나서 바로 다른 마라톤에 뛰어드는 것과 다를 바 없다. 우리는 마라톤 주자가 경험하는 심신의 마모, 부상의 위험을 충분히 이해해야 한다. 이를 이해했다면 일을 마친 뒤 충분한 회복과 휴식을 갖지 않은 사람들이 처하게 될 위험이 어떤 것인지도 알 수 있을 것이다.

어떤 것이 당신에게 더 중요할수록, 당신도 더 많이 몸부림치게 된다. 이러한 통찰에 수반되는 또 다른 결론이 존재한다.

어떤 일이 당신에게 중요할수록, 프로젝트를 마친 후의
휴식시간과 과도기적 시간의 필요성도 그만큼 커진다.

프로젝트에는 당신의 온갖 신경과, 피땀, 영혼, 시간까지 많은 것들이 한데 묶여 있다. 프로젝트를 마친다는 것은 이 모든 에너지에 자유가 주어진다는 것을 의미한다. 하지만 중요한 점은, 이 에너지가 당신으로부터 해방된다는 것이다. 이는 곧 당신이 프로젝트를 떠나보내고 나면 공허감에 시달리게 된다는 것을 의미한다. 이 공허감을 안고 살아간다는 것은 불안하고, 방향감각을 상실하며, 희망차면서도, 안심했다가, 갑자기 기분이 곤두박질치는 것을 한꺼번에 경험하는 것을 의미한다.

프로젝트를 창의적 레드존까지 밀어붙이는 것도 수많은 훈련과 한계, 용기를 필요로 하기 때문에, 당신 주변에는 항상 부산물이 생기게 마련이다. 집안일과 각종 자질구레하게 처리할 일들이 쌓여 있을 것이다. 당신은 사랑하는 사람들과 친구들의 직접적인 도움을 받았거나, 적어도 그들이 당신이 빅 워크에 집중하는 동안 연락이 끊기는 상황을 이해해주었을 것이다. 당신이 빅 워크 프로젝트를 하는 동안 자잘한 프로젝트들이 산더미처럼 쌓였을지 모른다. 그리고 프로젝트를 마치면서 모든 것을 하얗게 불태웠을 것이다. 그런 의미에서 사람들이 큰일을 마친 직후에 크게 아픈 것도 전혀 이상한 일이 아니다. 이건 마치 그들의 가능한 모든 것을 다 붙든 채로 참고 있다가 상황이 종료되자마자 다 놓아버리는 것과 같다.

어쩌면 당신은 위에 설명한 모든 요소를 다 경험하고 있을 수도 있고, 혹은 그중에서 특히 하나에 아주 무겁게 짓눌리고 있을 수도 있다. 어느 경우든, 당신은 휴식시간과 과도기적 시간을 가져야 한다는 점을 인지하고 실제로 이 시간을 스스로에게 허락해야 한다. 그렇게 하는 것이, 당신이 지금 한 프로젝트를 마치고 바로 다른 프로젝트로 넘어가는 중이라고 생각하는 것보다 훨씬 낫다.


아래 질문들을 참조하면 과도기적 시간에 대한 기초설정에 도움이 될 것이다.

▶ 힘이 덜 드는 프로젝트나 과제 중에서 작업하면서 기분이 좋거나 불필요

한 압박감을 덜어줄 것 같은 것이 있는가?

▶ 만나서 어떻게 지내는지 근황을 묻고 싶거나 그렇게 하는 데 부담이 덜 느껴지는 사람들이 있는가?

▶ 취미나 기타 여가활동 등 하고 싶은 스트레스 해소법이 있는가? 예를 들어 당신이 정원 가꾸기를 좋아하는데 그동안 집필 프로젝트에만 매달려왔다면, 그간 돌보지 못했던 정원을 다시 가꾸는 게 약간의 여유를 갖는 동시에 당신이 다음에 할 일을 찾느라 엉덩이를 붙이지 못하고 들썩거리는 것을 막아준다.

최종 결승선을 통과하고 나면, 그 이후에 해야 할 뒷일들이 남아 있을 것이다. 어떤 것들을 해야 하는지 살펴보도록 하자.

## 시간을 들여야 하는 세 가지 작업: 정리, 보관, 폐기

프로젝트를 마치는 과정은 무척 지저분하다. 그 과정에서 우리는 신체적, 정신적 상태는 물론 디지털 자료들을 온갖 곳에 저장하고, 흩뿌리며, 쑤셔 넣고, 쌓아두고, 놓치고, 깨뜨리고, 넝마로 만들어버린다. 심지어 우리가 일을 진행하면서 깨끗하게 정리하는 습관과 루틴을 만들어 유지해도, 여전히 미처 쓸어버리지 못하는 쓰레기와 난장판은 어느 정도 남아 있게 마련이다.

프로젝트를 완수한 직후가 바로 CAT 작업, 즉 정리Clean up, 보관Archive, 폐기Trash 처리를 하기에 완벽한 때다. 당신은 적어도 주변 환경, 디지털 공간, 인간관계의 세 영역에서 각 단계를 모두 실시해야 한다. 물론 추가로 삶의 다른 영역에서 이 작업을 해야 할 필요가 있을 수도 있다. 당신이 결정을 빠르게 내릴 수 있다면 정리하고, 폐기한 뒤, 보관하기로 순서를 바꿀 수도 있다. 혹은 당신이 습관을 통해 그동안 물건들을 비교적 잘 정리해왔다면 정리 단계는 생략 가능하다.

이제 각 단계별로 하나씩 살펴보도록 하자. 어쨌든 일단 어떤 것을 버리고 어떤 것을 저장할지 결정하기 전에 해야 할 일은, 정리다.

### 정리

당신이 그동안 얼마나 어지럽혔는지, 당신의 루틴이 놓친 것들이 얼마나 되는지에 따라 정리를 빨리 끝내고 바로 보관 혹은 폐기 단계로 넘어갈 수 있다. 하지만 여기서 중요한 점은 바로 당신 주변 난장판을 파악하는 것이다.

아래 목록을 활용해 삶의 세 가지 주요 영역을 검토하면 된다.

▶ **주변 환경:** 당신의 업무 환경은 사무실일 수도, 부엌 식탁일 수도, 혹은 당신의 작업실이나 당신이 무언가를 만들어내는 어떤 장소일 수 있다. 당신이 어떤 것을 만드는지에 따라, 당신이 사용하는 도구에 대한 청소 및 유지보수 작업이 필요할 수도 있다. 이 과정을 통틀어 사용되는 물건에 대한 재고 보충 또는 교체 역시도 청소와 유지보수 작업에 포함된다.

▶ **디지털 공간:** 지금이야말로 모든 링크, 작업 파일, 바탕화면의 잡동사니들, 당신이 기억하려고 남겨둔 메모와 프로젝트들을 이해할 최적의 시간이다. 아마 당신이 6개월 후에 이 디지털 난장판을 이해할 가능성은 거의 없을 것이다. 따라서 지금 하지 않으면, 시스템과 뇌 어딘가에 서성거리며 어수선하게 쌓여가다가, 결국 치우지 않고는 못 배기는 상황이 될 때까지 늘어날 것

이다. 정리를 하기 전에 미리 백업해두길 권장한다. 그래야 혹시 실수로 무언가를 지우거나 날려도 나중에 다시 복구할 수 있다.

▶ **인간관계:** 인간관계를 정리의 영역에 포함시키는 것이 좀 이상하게 들리겠지만, 그저 주변 사람들에게 어떻게 행동할지 생각하면 된다. 만약 당신이 레드존에 있는 동안 대화를 다음에 하자고 미뤘다면, 이제는 그때 못한 대화를 다시 할 차례다. 당신이 방해를 받았을 때 좀 못되게 굴었거나, 나중에 처리하겠다고 했거나, 어떤 약속을 했다면 이제 이를 다시 잘 살펴봐야 한다. 어쩌면 당신은 아주 긴 감사 인사 목록을 갖고 있을 수도 있다. 하지만 시간이 흘러 때를 놓치는 바람에 감사하다고 하기엔 약간 어색한 순간이 되는 것은 바라지 않을 것이다. 또 그렇다고 말하지 않고 넘어가는 것은 찝찝하다. [인간관계에서 보관 및 폐기 단계는 이 책의 범위를 넘어서는 것이라 더 자세히 살펴보진 않겠다. 하지만 때론 사람들과 약간의 거리가 필요할 수도 있고(보관), 절교가 필요할 수도 있다(폐기).]

## 보관

일단 당신을 둘러싼 창조적 난장판을 이해하고 나면, 이제는 보관할 것과 버릴 것을 제대로 결정할 수 있다. 이번 단계에서는 단순히 무언가를 저장하는 것 이상을 할 것이다. 즉, 나중에 그 물건이 필요할 때 언제든 쉽게 찾을 수 있도록 정리도 할 것이다. 책 하나를 찾으려고 온 집안을 뛰어다니거나, 일곱 개의 파일 중에서 가장 최근에 편집한 것이 어떤 것인지 찾느라 모든 파일을 다 열어볼 필요가 없도록 말이다.

보관할 것을 결정하는 작업은 아래와 같다.

▶ **주변 환경**: 주변에 물건들을 보관하는 작업은 단순히 물건을 제자리에 두는 것처럼 아주 간단한 것일 수도 있지만, 주변 환경을 재정비하거나 안 쓰는 물건을 저장하는 것과 같은 작업을 포함할 수도 있다. 만약 출력물이 많다면, 이를 다 스캔하거나 라벨로 분류한 폴더에 정리해 나중에 찾기 쉽게 만들 수 있다.

▶ **디지털 영역**: 비슷한 맥락에서, 디지털 보관 작업은 파일들을 잘 정리하는 것에 중점을 둔다. 그래야 신경 쓰이지 않고 나중에 찾기도 쉬워진다. 물리적 환경과의 주된 차이점은 바로 우리가 여러 개의 사본, 혹은 아주 조금씩 수정한 여러 가지 버전의 자료를 모두 끌어안는 자연스러운 경향이 있다는 것이다. 그 당시에는 그렇게 하는 게 좋아 보였을 수 있지만, 시간이 흐르면 어떤 파일이 맞는 파일인지 찾아내느라 더 많은 시간이 걸린다. 심지어 일일이 다 열어봐야 할 수도 있다. 여러 가지 버전을 저장해야 하더라도, 최종 버전에 '최종본'이라고 분명하게 기록하는 것만으로도 차후에 식별하기가 훨씬 쉬워진다. 지금은 시간이 조금 들지만, 나중엔 훨씬 더 시간이 오래 걸린다.

## 폐기

정리도 마쳤고 중요한 것을 다 보관처리 했다면, 이제 남은 것을 제거하는 일만 남았다. '폐기하기'에는 재활용, 기부, 쓰레기처리가 모두 포함된다. 중요한 것은 이제 당신에게는 이 물건들이 더 이상 필요 없다는 것이다. 그러므로 이 물건들을 계속 보관할 이유가 어디에도 없다. 빨리 버리는 편이 훨씬 낫다. 오래 들고 있을수록, 나중에 버리기는 더 어려워지니까 말이다.

폐기 작업을 진행하는 과정은 아래와 같다.

▶ **주변 환경** : 물리적 물건들은 버리기는 어렵지만 필요할 때 언제든 다시 구비하기는 쉽다. 물론 희귀한 물건들, 예를 들어 족보라든지 고가의 고급 장비 같은 것들은 예외지만, 이런 아이템들은 일반적으로는 다음 프로젝트를 하는 데 방해가 되지는 않는다.

▶ **디지털 영역** : 백업을 해두었기 때문에 파일을 지우는 것은 훨씬 쉽다. 실수를 하더라도 언제든지 백업 파일에서 복구할 수 있기 때문이다. 고해상도 혹은 고음질의 사진이나 동영상, 음원 등을 만들거나 편집하는 것이 아니라면, 공간 부족이 문제가 되지는 않을 것이다.


CAT 작업이 귀찮은 일이라는 것은 나도 잘 알고 있다. 기껏해야 치과에 가는 것보다 약간 덜 귀찮은 정도일 것이다. 이것 역시 나를 포함해 우리 모두가 갖고 있지만 결코 원하지는 않는 개구리라고 할 수 있다.

다른 개구리와 마찬가지다. CAT 작업을 할 필요가 있는지는 문제가 아니다. 진짜 끔찍한 것은 그 일을 하지 않으면 안 되는 상황이 온다는 점이다.

프로젝트와 프로젝트 사이의 과도기적 시간에 CAT 작업을 하지 않는다는 것은, 결국 다른 프로젝트 도중 가장 불편한 시간에 그 일을 꼼짝없이 해야만 한다는 걸 의미한다.

프린터는 당신이 당장 누군가에게 보여줘야 하는 문서를 출력하기 직전에 토너가 바닥날 것이다. 혹은 누군가 당신이 여행을 하고 있는 도중에 자료를 요청해서, 요청한 자료를 찾느라 오후를 다 보내버릴 수도 있다. 아니면 하필 당신이 출근하기 직전, 혹은 중요한 회의에 참석하러 가기 직전에 당신 책상 구석 또는 부엌 식탁 위 서류 더미에 커피를 쏟아버리는 바람에, 서류를 살리는 것과 지각하는 것 사이에서 선택해야 하는 상황에 처할 수 있다.

그러므로 만약 당신이 (분명히) 의도적으로 프로젝트와 프로젝트 사이에 공백기에 있으면서, 당신의 난장판이 충분히 이해될 만큼 프로젝트와의 거리가 여전히 가깝고, 에너지가 그리 많이 필요하지 않은 일을 해야 한다면, 지금이야말로 CAT 작업을 할 수 있는 최적의 시기다. CAT 작업은 미래의 작업들을 훨씬 수월하게 만들어줄 것이다. 여기서 한 발 더 나아가면, CAT 작업은 사실 프로젝트 자체의 일부다. 따라서 이를 마쳐야 프로젝트도 완전히 끝난다.

## 토드 카시단Todd Kashdan ▪
### 인간관계를 고르고 다듬기

당신과 함께하는 사회적 지지 집단, 인간관계들을 생각해보라. 어려울 때 나타나 도와준 사람들(예를 들어 새벽 3시에 타이어가 펑크났을 때 달려와줬거나, 병원에서 안 좋은 진단을 받았을 때 함께 해준 사람들)과 좋은 상황(승진이나 개인 운동 기록을 경신했을 때 등)을 함께 기뻐해준 사람들, 이 둘 중에서 누가 당신에게 더 큰 영향을 미쳤는가?

우리는 그동안 좋은 친구야말로 삶이 어려울 때 함께 해주는 사람이라는 믿음을 문화적으로 학습해왔다. 그러나 지난 10년 동안 과학은 여기에 반전을 일으켰다. 상대방이 어떤 승리나 기쁜 상황임을 밝혔을 때 이를 응원하는 것이 인간관계의 만족감과 친밀감, 충성도, 안정감을 더 잘 예측한다는 것이다. 좀 우습게 들릴 수도 있다. 그들의 성취에 대해 당신이 열정적으로 관심을 가지고 질문 공세를 하는 것이, 그들의 행복감을 지속하는 데 무슨 소용이 있다는 건가? 이미 긍정적인 일은 겪은 것은 그들 자신이지, 당신은 아니지 않은가?

그 이유는 바로 긍정적인 소식을 응원하는 것이 당신의 행복을 진심으로 소중하게 여기는 사람인지 알려주는 안전한 식별법이기 때문이다. 그렇다면 이 지식을 어떻게 활용할 수 있을까?

▶ 이제 어떤 친구가 투자할 만한 사람인지(혹은 아프더라도 손절해야 할 사람인지) 식별할 수 있는 새로운 렌즈를 갖게 되었다.

▶ 의도적으로 기쁠 때 함께하려고 노력함으로써, 기존의 습관과 각본을 거부하고 더 건강하고 만족스러운 인간관계를 가꾸고 유지할 수 있다.

▶ 당신은 삶에서 가장 바람직한 형태의 인간관계를 만들어갈 주도권을 얻은 것이다. 다른 사람의 노리개가 되어 수동적이고, 반응적이고, 다른 사람에게 휘둘리는 대신 뼛속까지 주인의식을 갖춘, 적극적이고 책임감 있는 주도자가 될 수 있다.

■토드 카시단 박사는 조지메이슨 대학교 심리학과 교수이자 행복, 강점, 사회적 관계, 스트레스, 불안 분야에서 세계적으로 인정받는 권위자로 지금까지 200편이 넘는 학술 논문은 물론 여러 대중 서적을 집필했다. 대표 저서로는 《다크사이드》가 있다.

## 다음 프로젝트가 훨씬 더 쉽고, 편하고, 재밌어지는 사후검토

프로젝트를 끝까지 마치기 위한 여러 단계를 거치면서 당신은 수많은 성공, 다양한 수준의 문제와 난관들을 겪으며, 어떻게 추진력을 확보하고 유지하는지 깨달았을 것이다. 이러한 요소 대부분은 여러 프로젝트들에 공통적으로 포함된 것이기에, 마치 당신의 게이트를 활용했던 것처럼 이 깨달음들을 새로운 프로젝트에 활용할 수 있을 것이다. 배운 걸 전부 다시 새로 배울 필요는 없다. 무언가를 처음 배우는 것은 투자지만, 배운 걸 또 배우는 건 낭비다.

군대 안에서 일어나는 거의 모든 훈련과 운동, 행사 후에는 사후검토 After-action review라 부르는 작업을 수행한다. 이때 행사에 참여한 당사자들은 행사를 돌아봄으로써 다음번 실행을 위해 효율성을 개선하고, 훈련 수준을 높일 뿐 아니라, 경험을 제도적 기록으로 남겨 공유한다. 대부분의 경우 사후검토 자체가 행사의 체크리스트에 포함되어 있기 때문에, 사후검토까지 다 끝나야만 비로소 행사가 완전히 끝난 것이라 볼 수 있다. 군대 안에서는 사후검토 관습이 너무 널리 퍼져 있어서, 장병들은 우스갯소리로 빗자루질이나 푸시업 한 번처럼 아주 사소하고 자질구레한 일을 하고 나서도 사후검토를 했냐고 물어보곤 한다.

하지만 방금 언급한 효율이나 훈련 수준 향상, 기록을 공유하는 것처럼 각 요소보다도 더 중요한 것은 바로 사후검토 작업을 통해 꾸준히 개선을 추구하는 습관을 체득한다는 것이다. 일의 모든 수준에서 말이다. 장병들이 바닥만 쓸어도 사후검토를 했냐고 농담한다고는 했지만, 실제로 바닥 쓸기를 고찰하는 과정에서 바닥 청소 방법 그 이상의 개선이 일어날 수 있다.

당신의 프로젝트에 대해 사후검토를 실시하는 것도 똑같은 효과를 가져올 것이다.

그냥 머릿속으로 아래 질문들을 대충 읽고 넘기지 말고, 각 질문별로 당신의 대답을 적어보길 권한다. 그렇게 해야 당신이 다음 프로젝트를 해야 할 때가 되었을 때, 기억에 의존하지 않고 당신이 기록했던 마지막 사후검토를 다시 살펴볼 수 있다. 우리 기억은 불완전하기 때문에, 우리를 성공으로 이끌었던 작은 성취와 훈련들보다는 그간의 여러 어려움과 고난들을 더 많이 기억할 가능성이 높다.

아래 질문들은 사후검토를 하면서 생각해볼 것들이다. 이 질문들에 최대한 솔직하게 대답해본다. 지금은 굳이 사탕발림을 하거나 스스로를 과장할 때가 아니다.

**① 잘된 것은 무엇인가?**
이 질문은 꽤나 직설적이다. 우리는 자연스럽게 ②번 질문에 집중하는 경향이 있지만, 그럼에도 이 질문에서부터 시작해야 한다. 이 질문에 대한 답이 반드시 결과에 국한될 필요는 없다. 프로젝트가 잘 진행되도록 해준 사람, 절차들, 특정 수단도 모두 고려 대상이다.

**② 어떤 좌절, 곤경, 실수를 경험했는가?**
이 질문 역시도 굉장히 단순하다. 다른 사람들과의 갈등, 계획 과정이나 주변 환경, 혹은 도구로 인해 겪은 어려움도 모두 잊지 말고 포함시켜라.

**③ 무엇을 배웠는가?**

이 질문은 이번 프로젝트에 국한된 깨달음부터 어디에나 적용 가능한 것까지 모두 포함하도록 의도적으로 광범위하게 설정된 질문이다. 그동안 중요하게 생각하지 않았던 특별한 강점이나 약점을 발견했는가? 새로운 기술을 배웠거나 당신을 둘러싼 환경의 핵심 인물들이 어떻게 상호작용하는지 통찰을 얻은 바가 있는가?

**④ 앞으로 계속해야 할 습관, 훈련, 루틴은 무엇인가?**

이번 프로젝트에서 당신은 공허감, 레드존 등을 극복하기 위해서 어떤 습관이나 훈련, 혹은 루틴들을 개발하거나 강화했을 것이다. 예를 들어 나는 이 책의 원고 작성 초기부터, 집에서 원고를 쓰는 것은 나에게 맞지 않는다는 것을 알게 됐고, 그 후 집에서 1킬로미터가 좀 넘는 곳에 위치한 카페에 가서 작업하기 시작했다. (원칙적으로는) 집에서 작업을 하고 싶지만 실제로는 카페에 가는 것이 루틴이 되었으며, 나는 마쳐야 할 원고가 있을 땐 이 루틴을 계속할 생각이다.

**⑤ 프로젝트에 있어 특별히 중요한 차이를 만들어낸 요소가 있었는가?**

이 질문에 대답하기 위해서는, 이 요소의 양 극단을 모두 고려해야 한다. 이번 질문은 당신이 앞으로도 기억하고 싶은 최고의 항목들을 묻는 것이기 때문에, 이 질문의 답은 이미 목록에 있는 항목을 반복한 것이거나 이를 더 발전시킨 것이 될 수 있다. 예를 들어 나에게 이 프로젝트에서 중요한 차이를 만들어낸 것은 건강문제였다. 건강 악화로 책을 마치는 데 필요한 4개월을 다 써버렸기 때문이다. 하지만 차이를 만들어낸 또 다른 (긍정적인) 점은 앞서 언급했던 카페에서 작업하면서 온전히 프로젝트에 몰입할 수 있도록, 일간 수준까지 예산을 수립하고 이를 소급 적용해가며 계좌를 잘 관리한 것이다.

위에서 나의 경험을 반영한 몇몇 항목들을 보면 알 수 있듯이, 깨달은 점은 (4개월의 고통과 불편함이 나의 집필시간을 단축시켰다는 것처럼) 중요한 것에서부터 (글을 쓰려고 카페에 갔다는 것처럼) 사소해 보일 수도 있는 것까지 다양하다. 하지만 이렇게 포착한 것들을 다음 주요 프로젝트를 시작하는 시점에서 재검토하는 것은 상상을 초월할 정도로 큰 도움이 된다. 예를 들어 만약 내가 새로 맡은 책의 규모 때문에 압박감을 느끼거나 한숨만 쉬고 있다면, 내가 지난번에 4개월을 날려버렸음에도 마감을 제때 맞출 수 있었다는 점을 기억하는 것만으로도 이번 프로젝트 역시 내가 납득할 만한 시간 안에 해낼 수 있을 거라고 깨닫게 된다. 그리고 그 사이 내가 더 나은 작업환경을 찾지 못했다면, 전에 갔던 그 카페에 가서 내 계획과 예산을 짤 것이다.

처음에는 사후검토 몇 번만 해도 다음번 프로젝트에 미칠 상당히 큰 변화들을 눈에 띄게 잡아낼 수 있다. 하지만 이 활동을 하면 할수록, 프로젝트당 '겨우' 1퍼센트에서 잘해봐야 5퍼센트 정도의 개선을 이룬다는 걸 발견하게 될 것이다. 하지만 프로젝트당 1퍼센트에서 5퍼센트를 여러 프로젝트를 진행하면서 10년 이상 했을 때 당신이 개선한 효율성, 효과성, 추진력의 양을 합치면 어마어마한 수준이 된다. 그런 점에서 (직전 프로젝트의 사후검토 및 관련된 다른 사후검토 리뷰를 위해) 프로젝트 처음에 집중 블록 하나, (새로운 사후검토를 작성하기 위해) 프로젝트 마무리에 집중 블록 하나를 각각 사용하라. 이 정도의 투자는 이를 통해 얻는 것에 비하면 새 발의 피에 불과하다.

## 프로젝트를 끝내면 새로운 가능성의 문이 열린다

빅 워크 프로젝트를 완성하는 과정에서 당신은 괴물을 물리쳤고, 개구리 떼를 처리했으며, 팀을 만들고, 막혔거나 엉겨 붙은 프로젝트들의 방향을 바로잡았고, 오지랖꾼들과 협상했으며, 시간을 주물러 빚었고, 당신 내면의 악마들과 씨름했다. 정말 큰일을 해냈다.

또 당신은 프로젝트를 완수함으로써 새로운 현실, 기회, 능력의 문을 열어젖혔다. '새로운 현실'이라는 말이 와닿지 않을지도 모른다. 하지만 이건 엄연한 사실이다. 왜냐하면 당신이 그때, 그렇게, 그 사람들과 함께 당신만의 방식으로 그 일을 해내지 않았더라면 지금 존재하지도 않았을 것들이 이 세상에 존재하게 되었으니까 말이다.

당신이 완수한 빅 워크 프로젝트 하나하나는 모두
이 세상에 더 많은 당신의 족적을 남긴다.

적어도 당신이 프로젝트를 완수함으로써 더 많은 프로젝트들의 씨앗이 뿌려졌다. 빅 워크의 속성 중 하나가 바로, 결코 끝나지 않는다는 점이다. 심지어 우리가 남긴 일과 프로젝트들은 우리가 죽은 후에도 계속 진행된다. 프로젝트 하나가 끝난다는 것은 곧 수많은 다른 프로젝트의 시작일 뿐이다.

완벽하게 빠짐없이 다 적은 것은 아니지만, 아래 목록은 당신이 프로젝트를 완수함으로써 새롭게 얻게 될 것들이다.

### 새로운 프로젝트들
이번 프로젝트를 완수함으로써 다섯 프로젝트 목록에 빈자리가 생겼을 것이다. 여기에 넣을 만한 새로운 아이디어나 프로젝트가 있는가?

### 새로운 게이트들
당신이 가꿔온 게이트는 무엇인가? 혹은 당신의 목록에 새로 등재된 것은
무엇인가?

### 새로운 공동체들
당신이 함께 일하게 될 새로운 공동체는 누구인가?

### 새로운 사고방식과 이야기들
당신의 승리로 인해 거짓으로 판명된 자기 파괴적 이야기가 있는가? 혹은
진실로 입증된 긍정적인 이야기는?

### 이력서에 추가할 항목들
당신이 마친 프로젝트는 당신의 포트폴리오나 이력서, 약력에 추가할 만한
것인가?


어쩌면 아직 다른 사람으로부터 직무나 커리어 진행에 대해 조언을
받아야 하는 입장에 있을 수도 있다. 하지만 그런 상황이라 하더라도 당
신은 스스로의 직무와 커리어에 대한 당신만의 이야기를 쓰고 이를 계
속 개선해나갈 책임이 있다. 당신은 당신만의 이야기로 쓰여질 일을 하
고 있는 것이다. 그러니 주저하지 말고 그 일을 하라.

프로젝트를 끝내는 것만큼이나 중요하고 강력한 것은 바로, 우리가
이것을 적절하게 적용해야 한다는 것이다. 아래 불교의 경구는 이러한
긴장감을 아주 멋지게 설명하고 있다.

깨닫기 전에도 나무하고 물긷고
깨달은 후에도 나무하고 물긷는다.

우리는 종종 중요한 프로젝트나 여정을 완수하고 나면 우리의 삶이 근본적으로 달라져 있을 것이라고 믿는다. 하지만 막상 뚜껑을 열어보면 삶은 이전이나 이후나 크게 다를 바가 없다는 것을 알게 된다. 우리가 이전과 다른, 더 나은 세상에 집착하게 되면 이는 필연 좌절과 고통으로 이어질 뿐이다. 하지만 위 경구에 내포된 또 하나의 통찰이 있다면 그것은 바로 우리가 무언가 대단한 것을 성취한 이후라 하더라도, 이를 성취하기까지 했던 일들을 또다시 반복해야 한다는 것이다. 이 경구를 단순히 기대되는 결과의 관점에서만 이해하면, 과정과 훈련에 대한 내용을 놓쳐버린다.

그러니, 계속하라. 목표를 정하고, 계획을 세우고, 계획을 실천에 옮기며, 아이디어를 완수하기 위해 여백을 찾아라. 당신이 쌓아올린 승리를 축하하고, 업적을 자랑스러워하라. 하지만 이 모든 일이 끝났을 때, 심호흡을 하고, 시야를 새롭게 연 뒤, 새로운 마음가짐으로 빅 워크를 다시 시작하라.

성공 전에도 빅 워크를 시작하라. 성공 후에도 빅 워크를 시작하라.

해줄 말은 이게 전부다. 지금도 그러하고, 앞으로도 그럴 것이다. 당신이 빅 워크를 하면서 보냈던 날들이 거듭되어 성장하는 삶을 만든다.

빅 워크를 시작하라. 바로 오늘.

▶ 완주 세리모니는 당신과 성공지원단 모두에게 필요한 사회적 이벤트를 말한다.

▶ 어떤 프로젝트가 중요할수록, 그 프로젝트를 마친 후 휴식시간과 다음 프로젝트로 이동하기 전 과도기적 기간이 충분히 필요하다.

▶ 스스로 CAT 시간(정리$^{Clean up}$, 보관$^{Archive}$, 폐기$^{Trash}$)을 가져야, 다음 프로젝트를 시작하기가 훨씬 수월해진다. 왜냐하면 그래야 마지막으로 마친 프로젝트의 뒷수습을 하느라 애쓸 필요가 없기 때문이다.

▶ 사후검토$^{After-action\ review}$를 거치면 모든 프로젝트가 학습의 경험이 되는 동시에 미래에 하게 될 프로젝트에서 더 큰 성공을 거둘 발판이 된다.

▶ 빅 워크 프로젝트를 마치는 것은 현실의 새로운 문을 열어준다.

## 감사의 말

아이들을 키우는 데에는 마을 하나가 필요하다는데, 책을 쓰는 데도 그런 줄은 몰랐다. 이 책을 키우기 위해서 얼마나 큰 마을이 앞뒤로 애썼는지에 대해 겸손함을 담아 감사함을 전한다. 이 책은 내가 썼지만, 동시에 우리 모두가 쓴 책이기도 하다.

멋진 나의 에이전트 데이비드 푸게이트에게, 나와 내 책을 믿어주고, 책으로 나올 수 있도록 제안서를 만들고, 최적의 출판사를 통해 세상에 나올 수 있도록 빛나는 길을 닦아줘서 감사하다고 말하고 싶다. 사운드 트루 팀 모두에게 감사하지만, 그중에서도 특히 이 책의 완벽한 편집 파트너였던 헤이븐 이벌슨, 마케팅 아이디어를 이 책 자체로 만들어내도록 1년 전부터 함께 대화해온 키라 로크에게 감사를 전하고 싶다. 토드 새터스틴 역시, 편집 능력이나 전략적 제휴에 있어서 모든 과정의 각 단계마다 헤아릴 수 없는 가치를 발휘해주었다. 데이비드, 헤이븐, 키라, 토드가 없었다면 이 책은 존재할 수 없었을 것이다.

형제자매나 다름없는 조너선 필즈, 수잔 피버, 파멜라 슬림, 코리 허프, 카렌 라이트, 노아 브로크만, 제프리 데이비스에게 감사를 전한다.

가족처럼 그리고 지휘관처럼 나에게 주었던 조언들, 참을성 있게 이야기를 들어주었던 것, 격려, 상담, 나를 향한 믿음들이 방해 요소들을 극복하고 과정 속에서 승리를 축하할 수 있도록 해주었다. 내가 책 출판이라는 로데오를 하는 동안 나와 함께 해주어서 고맙다. 로데오는 계속된다, 제군들!

멋진 생산적 번영Productive Flourishing 팀에게도 감사를 전한다. 지금까지 함께했고, 여전히 함께하고 있는 친구들, 섀넌 맥도너, 조세핀 파닌, 제스 소머스, 캐서린 올리버, 애슐리 주베리, 더스티 아랍, 엠마 핸드, 마리사 브레이크, 사라 마리 레이시, 리사 우드, 미셸 망겐. 이 책은 여러분 모두가 각자의 방식으로 기여하고 지지해준 노력들이 해를 거듭하면서 쌓여온 작업의 산물이다.

세스 고딘, 파멜라 슬림, 조너선 필즈, 마이크 발디, 제임스 클리어, 스리니바스 라오, 첼시 딘스모어, 수잔 피버, 마크 & 엔젤 체르노프, 제프리 데이비스, 토드 카시단, 자케드 M. 티몬스, 조슈아 베커, 제프 고인스, 이시타 굽타까지, 이 책에 목소리를 더해준 모든 이들에게. 여러분의 작업이 나 자신을 포함해 수많은 사람의 삶을 풍성하게 해주었다. 이제 내가 여러분의 작업에 빛을 더할 차례가 되어 너무 기쁘고 흥분된다.

바네사 반 에드워드, 에밀리야 지보토프스카야, 신시아 모리스, 조너선 미드, 데이비드 몰다워, 태라 젠틸, 조엘 자블로스키, 마이크 앰베서더 브루니, 제이미 테스데일, 테리 세인트 마리, 클레이 헤버트, 팀 그랄, 래리 로버트슨, 젠 호프만, 리사 바이어, 레오 바부타, 조쉬 카우프만, 지키 파파도풀로스, 크리스 브로건, 윌리 잭슨, 나오미 던포드, 제니퍼 루든, 제이디 로스, 조니 B. 트루언트, 제니 블레이크, 마크 실버, 이본느 아토르, 마이클 번게이 스태니어, 알리 루크, 루나 자페, 젠 라빈. 여러 해 동안 이들이 보내준 응원, 영감, 조언, 아이디어에 감사하다. 여러분은 모를 수도 있지만 여러분 한 사람 한 사람이 모두 나와 이 책을 만들어주었다.

생산적 번영 팀의 커뮤니케이션 팀 멤버들에게도 감사 인사를 전하고 싶다. 이들이 그동안 내 책을 읽고, 대신 전화를 받아주고, 이야기를 공유해주고, 피드백을 주고, 내 작업을 각자의 공동체로 공유해준 부분까지, 이 모든 것에 대해서 말이다. 여러분의 격려, 질문, 가벼운 자극, 이야기들, 후원이 모여 내가 이 작업을 추진하는 동력이 되었다. 우리가 함께한 지 벌써 10년이 넘었고, 우리는 여전히 더 뜨거워지고 있다. 자신감을 갖고 당신만의 빅 워크를 계속해가길 바란다.

가족들에게도 감사 인사를 전한다. 길키, 휠러, 루스, 브라운밀러, 스와링겐 가의 가족 모두가 비록 내가 집에서 멀리 떨어져 있었지만 항상 큰 꿈을 꾸도록 격려하고 지지해주었다. 내가 나일 수 있는 것은 당신들이 당신들로 존재해주었기 때문이다.

나의 아내, 안젤라 휠러는 어떻게 해도 충분하지 않겠지만, 결국은 가장 감사한, 그럴 자격이 있는 사람이다. 당신은 지난 20년의 세월 동안 내가 해온 모든 일의 원동력이자 촉매제였고, 이 책도 예외가 아니다. 이 책을 마칠 수 있도록 당신이 지원해준 모든 식사와 공간, 고양이를 돌봐준 것, 최종 교정, 전략적 자문, 경제적인 난관을 극복해준 것, 코칭, 정서적인 지원에 감사를 전한다. 사랑해, 그리고 돌아온 걸 환영해.

## 1부. 빅 워크를 위한 책상 정리

### 1장. 지금이 바로 '그때'다
《죽음의 수용소에서》, 빅터 프랭클 저, 이시형 역, 청아출판사
《성공하는 여자는 시계를 보지 않는다》, 로라 밴더캠 저, 김수진 역, 국일미디어
《좋은 인생을 사는 법How to Live a Good Life》, 조너선 필즈Jonathan Fields 저, Carlsbad, CA: Hay House, 2018.
《인간의 언어The Language of Man》, 래리 로버트슨Larry Robertson 저, Arlington, VA: Daymark Press, 2016.

### 2장. 나만의 빅 워크를 선언하라
《인생 파헤치기 프로젝트》, 마크 & 엔젤 체르노프 저, 박선령 역, 토네이도
《위대한 도약The Big Leap》, 게이 헨드릭스Gay Hendricks 저, San Francisco: HarperOne, 2010.
《위대함을 위한 근성Grit to Great》, 카플란 탈러Kaplan Thaler, 린다Linda, 로빈 코발Robin Koval 저, New York:
Currency, 2015.
《부탁의 미학The Art of Asking》, 아만다 팔머Amanda Palmer 저, New York: Grand Central, 2015.
《목적이 분명한 삶Life on Purpose》, 빅터 J. 스트레처Victor J. Strecher 저, San Francisco: HarperOne, 2016.

### 3장. 나에게 가장 중요한 아이디어를 선택하라
《타이탄의 도구들》, 팀 페리스 저, 박선령, 정지현 역, 토네이도
《빅매직》, 엘리자베스 길버트 저, 박소현 역, 민음사
《더 딥》, 세스 고딘 저, 안진환 역, 재인
《일의 기술》, 제프 고인스 저, 윤종석 역, 도서출판CUP
《상처받은 마음이 건네는 지혜의 말들The Wisdom of a Broken Heart》, 수잔 피버Susan Piver 저, New York:
Atria, 2010.
《사랑이야말로 킬러 앱이다Love Is the Killer App》, 팀 샌더스Tim Sanders 저, New York: Crown Business,
2003.

## 2부. 프로젝트 계획하기

### 4장. 아이디어를 프로젝트로 변환하라

《1등의 습관》, 찰스 두히그 저, 강주헌 역, 알프레드

《마인드셋》, 캐롤 드웩 저, 김준수 역, 스몰빅라이프

《위대한 일에 더 집중하라Do More Great Work》, 마이클 번게이 스태니어Michael Bungay Stanier 저, New York: Workman, 2010.

《말보다 실천을 앞세우는 4가지 방법The 4 Disciplines of Execution》, 맥체스니McChesney, 크리스Chris, 션 코베이Sean Covey, 짐 훌링Jim Huling 저, New York: Free Press, 2016.

《크게 놀자Playing Big》, 타라 소피아 모르Tara Sophia Mohr 저, New York: Avery, 2015.

### 5장. 프로젝트를 위한 시간을 확보하라

《몸과 영혼의 에너지 발전소》, 짐 로허, 토니 슈워츠 저, 유영만 역, 한언

《12주 실천 프로그램》, 브라이언 P. 모런, 마이클 레닝턴 저, 장진역 역, 시그마북스

《딥 워크》, 칼 뉴포트 저, 김태훈 역, 민음사

《스타트업처럼 생각하라》, 제프 서덜랜드 저, 김원호 역, 알에이치코리아

### 6장. 프로젝트별 로드맵을 수립하라

《스프린트》, 제이크 냅, 존 제라츠키, 브레이든 코위츠 저, 박우정 역, 김영사

《매달, 무조건 돈이 남는 예산의 기술》, 제시 메칼 저, 김재경 역, 청림출판

《위대한 나의 발견 강점혁명》, 도널드 클리프턴, 톰 래스 저, 청림출판

《재무적 친밀감Financial Intimacy》, 자케트 M. 티몬스Jacquette M. Timmons 저, Chicago: Chicago Review Press, 2009.

### 7장. 방해 요소를 계산하며 비행을 계속하라

《다크사이드》, 토드 카시단, 로버트 비스워스 디너 저, 강예진 역, 한빛비즈

《누드로 대화하기》, 수잔 스코트 저, 이수정 역, 청림출판

《또라이 제로 조직》, 로버트 서튼 저, 서영준 역, 이실MBA

《No, 이기는 협상의 출발점》, 윌리엄 유리 저, 김현구 역, 동녘라이프

## 3부. 계획 실천하기

### 8장. 프로젝트를 스케줄로 엮어라

《소중한 것을 먼저 하라》, 스티븐 코비 저, 김경섭 역, 김영사

《언제 할 것인가》, 다니엘 핑크 저, 이경남 역, 알키

《미니멀리스트의 집The Minimalist Home》, 조슈아 베커Joshua Becker 저, New York: WaterBrook, 2018.

《전반 나인 홀The Front Nine》, 마이크 발디Mike Vardy 저, New York: Diversion Books, 2012.

### 9장. 매일 추진력을 더하라

《끝도 없는 일 깔끔하게 해치우기》, 데이비드 알렌 저, 공병호 역, 21세기북스

《아주 작은 습관의 힘》, 제임스 클리어 저, 이한이 역, 비즈니스북스

《보여줘라, 아티스트처럼》, 오스틴 클레온 저, 노진희 역, 중앙북스

《최고의 나를 꺼내라!》, 스티븐 프레스필드 저, 류가미 역, 북북서

《개구리를 먹어라!》, 브라이언 트레이시 저, 이옥용 역, 북앳북스

《단 한 명의 청중An Audience of One》, 스리니바스 라오Srinivas Rao 저, New York: Portfolio, 2018.

### 10장. 당당히 마무리하라

《당신의 인생을 어떻게 평가할 것인가》, 클레이튼 M. 크리스텐슨, 제임스 올워스, 캐런 딜론 저, 이진원 역, 알에이치코리아

《순간의 힘》, 칩 히스, 댄 히스 저, 박슬라 역, 웅진지식하우스

《한 사람의 작품 세계Body of Work》, 파멜라 슬림Pamela Slim 저, New York: Portfolio, 2013.

매일 쳐내는 일에서 벗어나 진짜 내 일을 완성하는 법

**빅 워크**

**초판 1쇄 인쇄** 2020년 4월 27일
**초판 1쇄 발행** 2020년 5월 7일

**지은이** 찰리 길키
**옮긴이** 김지혜

**펴낸이** 연준혁
**출판 2본부 본부장** 유민우
**출판 2부서 부서장** 류혜정
**책임편집** 선세영
**디자인** 김준영

**펴낸곳** (주)위즈덤하우스
**출판등록** 2000년 5월 23일 제13-1071호
**주소** 경기도 고양시 일산동구 정발산로 43-20 센트럴프라자 6층
**전화** 031-936-4000 **팩스** 031)903-3893
**홈페이지** www.wisdomhouse.co.kr

값 16,000원
ISBN 979-11-90786-48-5 03190

이 도서의 국립중앙도서관 출판예정도서목록(CIP)은 서지정보유통지원시스템 홈페이지 (http://seoji.nl.go.kr)와
국가자료공동목록시스템(http://www.nl.go.kr/kolisnet)에서 이용하실 수 있습니다. (CIP제어번호: 2020016676)